乡村振兴背景下
新生代农民工
涉农创业意愿与行为研究

李伟 吴青 著

中国农业出版社
农村设物出版社
北京

图书在版编目（CIP）数据

乡村振兴背景下新生代农民工涉农创业意愿与行为研究 / 李伟，吴青著．—北京：中国农业出版社，2023.3

ISBN 978-7-109-30513-7

Ⅰ．①乡…　Ⅱ．①李…　②吴…　Ⅲ．①农业经营－创业－研究－中国　Ⅳ．①F324

中国国家版本馆 CIP 数据核字（2023）第 044575 号

中国农业出版社出版

地址：北京市朝阳区麦子店街 18 号楼

邮编：100125

责任编辑：肖　杨

版式设计：杜　然　　责任校对：吴丽婷

印刷：三河市国英印务有限公司

版次：2023 年 3 月第 1 版

印次：2023 年 3 月河北第 1 次印刷

发行：新华书店北京发行所

开本：700mm×1000mm　1/16

印张：12

字数：240 千字

定价：75.00 元

教育部人文社会科学研究规划基金项目“乡村振兴背景下新生代农民工涉农创业意愿与行为研究”（项目编号：19YJA790044）成果

目　　录

第1章　导　　论

1.1　研究背景

改革开放以来，我国的农业农村发展取得了巨大成就，粮食和重要农产品供应能力不断增强，粮食产量从 1978 年的 30 476.5 万吨增加到 2020 年的 66 949.2万吨，增加了 1.2 倍，水果产量从 1978 年的 657.0 万吨增加到 2020 年的 28 692.4 万吨，增加了 42.7 倍，肉类产量从 1979 年的 1 062.4 万吨增加到 2020 年的 7 748.4 万吨，增加了 6.3 倍。与此同时，粮食、肉类的人均占有量也迅速增加，人均粮食占有量从 1978 年的 319 千克增加到 2020 年的 474 千克，增加了 0.5 倍，人均猪牛羊肉占有量从 1978 年的 9.1 千克增加到 2020 年的 37.4 千克，增加了 3.1 倍，人均水产品占有量从 4.9 千克增加到 2020 年的 46.4 千克，增加了 8.5 倍。与此同时，农民的收入也得到了快速增长。农村居民的人均可支配收入从 1978 年的 133.6 元增加到 2020 年的 17 131.5 元，增加了 127 倍。即使扣除价格因素，农村居民人均收入的增长也超过了 20 倍。随着国家对农业农村投入力度的增加，农村的基础设施也得到了极大的改善。根据第三次全国农业普查数据，有公路的村占全国所有村的 99.3%，村里的主要道路有路灯的村占 61.9%，有高速公路出入口的乡镇占全国所有乡镇的 21.5%，有集中供水的乡镇占 91.3%，有生活垃圾集中或部分集中处理的乡镇占 90.8%。96.5% 的乡镇有幼儿园、托儿所，98.0% 的乡镇有小学，96.8%的乡镇有图书馆、文化站，96.8%的乡镇有剧院，11.9%的乡镇有电影院，16.6%的乡镇有体育馆，70.6%的乡镇有公园、休闲健身广场。

我国农业农村的发展虽然取得了巨大成就，但是仍然存在许多问题。一是部分农村出现了衰落现象。由于农村大量的青壮年劳动力转移到城镇就业，导致农村留下的主要是老人、儿童和妇女，这种现象在西部地区尤为突出。根据住房和城乡建设部发布的《全国村庄调查报告》，中国行政村的数量从 1978 年的 69 万个减少到 2012 年的 58.8 万个，平均每年减少 0.3 万个。自然村数量从 1984 年的 420 万个减少到 2012 年的 267 万个，平均每年减少 5.5 万个（范建华，2018）。二是农产品质量不高。长期以来，我国主要关注农产品产量的增加，而不太关注农产品品质的提升，导致农产品品质不高，无法满足人民日益增长的对农产品品质的需求。三是农业生产对资源环境的压力越来越大。由于耕地面积有限，为保证农产品产量，我国在农产品生产过程中大量使用化肥、农药，使单位耕地面积的化肥和农药使用量远远超过世界平均水平，并且由于耕地长年得不到休养，土地的质量也日益引起了人们的关注。虽然随着城镇化的发展，农村人口的比例将会越来越小，但是我国是一个人口大国，即使将来我国的城镇化水平达到很高的程度，仍然会有大量的人口居住在农村，因此，农村不能任其衰落。此外，农村还具有文化传承、生态涵养等功能。农业是国民经济的基础，对我国来说，农业在经济社会发展中发挥的作用更加重要。因此，必须进一步提高农业的现代化水平。在建设社会主义现代化国家的过程中，我们不能忽视农业的现代化（陈锡文，2018）。习近平总书记在党的十九大报告中提出，我国要实施乡村振兴战略，加快推进农业农村现代化。

乡村振兴的目标包括产业兴旺、生态宜居、乡风文明、治理有效和生活富裕五个方面的内容，其中产业兴旺是乡村振兴的重点。只有实现了产业兴旺，生态宜居、乡风文明、治理有效和生活富裕才有坚实基础，否则生态宜居、乡风文明、治理有效和生活富裕就成为无源之水、无本之木。而乡村产业兴旺离不开人才的支撑。

要实现乡村产业兴旺，不能仅仅依靠传统的农业产业，而是要让一二三产业实现融合发展，否则乡村的产业很难兴旺。但乡村要发展第二、三产业，对经营管理人员甚至一般的工作人员都具有较高的要求。在乡村振兴的背景下，即使要发展农业，也不可能像过去一样主要依靠简单的劳动投入，必须发展现代农业，必须提高农业的科技投入和组织化程度，提高农业的经营能力，农业才能实现优质高效，经营农业才会有利可图，这显然对经营管理者具有更高的要求。因此，无论是乡村第二、三产业的发展，还是第一产业的发展，都需要一大批人才的支撑。

改革开放以来，农村具有较高素质的劳动力大量转移到城镇就业，留在农村的主要以老年人、妇女和儿童为主，导致我国乡村的人才极度缺乏。第三次农业普查数据显示，在全国的农业经营人员中，女性占 47.5%，年龄在 55 岁以上的占 33.69%，年龄在 35 岁以下的仅占 17.6%。从学历上看，在全部的农业经营人员中，具有高中及以上文化程度的仅占 8.3%[①]。虽然农业经营人员并不完全等同于乡村的劳动人员，但是由于当前乡村的产业主要以农业为主，因此农业经营人员的性别结构、年龄结构及学历结构能很好地反映当前乡村的劳动力情况。因此，乡村的劳动力结构很难支撑产业兴旺的要求。

---

① 国家统计局．第三次全国农业普查主要数据公报（第五号）[EB/OL]．http：//www.stats.gov.cn/tjsj/tjgb/nypcgb/qgnypcgb/201712/t20171215_1563599.html.

很显然，仅仅依靠当前乡村的劳动力，要实现乡村产业兴旺和乡村振兴是一件十分困难的事情。乡村振兴的一个重要突破口就是要保证乡村人才的供给。保证乡村的人才供给无非两个途径，一是从内部培养，即对乡村当前的优质劳动力进行培养，使他们能适应乡村振兴的要求。二是从外部输入，如鼓励大中专毕业生到乡村创业，为乡村输送驻村干部等，这可以部分解决乡村振兴对人才的需求。新生代农民工将是保证乡村人才供给的重要来源。虽然新生代农民工基本上未从事过农业生产劳动（全国总工会新生代农民工问题课题组，2010），对土地的感情比较淡漠，但是新生代农民工在乡村往往还保有土地和一定的社会关系网络，与乡村有脱不开的情结，特别是乡村振兴为新生代农民工的涉农创业提供了新的机遇。如果一部分新生代农民工能充分利用家乡的资源禀赋，追踪城乡居民消费需求的新变化，返回家乡开展高效绿色种养业、乡土特色产业、农产品加工业、农村电商、休闲农业等涉农创业活动，努力延伸农业的产业链条，积极拓展农业的多功能性，对促进一二三产业融合发展、培育农业农村发展新动能、保持农业农村经济发展旺盛活力具有重要意义。

1.2 研究目的

目前我国的城镇化率还比较低，总体而言我国仍处于"要富裕农民必须减少农民"的发展阶段，必须坚定不移推进以人为核心的新型城镇化，继续促进乡村人口进城和农业劳动力向非农产业转移。但是由于我国的城乡人口流动具有"精英移民的特征"，导致向非农产业转移的劳动力的年龄结构、性别结构、知识结构明显优于留在乡村从事农业生产经营的劳动力，人才短缺的问题严重制约了乡村涉农产业的发展。本书在乡村振兴的背景下，以乡村产业兴旺对涉农人才的需求为着力点，对新生代农民工的涉农创业意愿与行为开展调查和研究，达到以下研究目标：

（1）探讨乡村振兴是否提高了新生代农民工的涉农创业意愿。虽然乡村产业的发展不能仅仅依靠农业，而应实行一二三产业融合发展，但是与城市相比，乡村的优势产业是农业，并且，农业是国民经济的基础，乡村不能不发展农业，因此，依靠农业，从纵向和横向两个方向尽力延伸农业的产业链条，仍然是乡村产业发展的主要方向。新生代农民工如果能更多地开展涉农创业活动，将为乡村产业兴旺提供重要助力。过去农村劳动力主要以从农村向城市单向流出为主，乡村振兴战略是否能改变这种局面？乡村振兴是否能吸引新生代农民工返乡从事涉农创业活动？乡村振兴的哪些内容更能吸引新生代农民工返乡开展涉农创业？本书将通过调查数据，采用调查实验的方法，对这些问题逐一进行回答。

(2) 分析影响新生代农民工涉农创业意愿与行为的因素。在乡村振兴的大背景下，一部分新生代农民工仍然愿意留在城市务工，而一部分新生代农民工可能愿意回乡从事涉农创业。新生代农民工愿意从事涉农创业的比例有多大？影响新生代农民工涉农创业意愿的因素主要有哪些？阻碍新生代农民工涉农创业意愿的因素有哪些？本书将用计量经济模型对这些问题进行逐一回答。

(3) 提出促进新生代农民工回乡开展涉农创业的政策建议。以实证分析结果为依据，结合新生代农民工对涉农创业政策的需求，综合运用经济学、管理学、社会学及创业学等学科知识，设计引导和扶持新生代农民工涉农创业的政策体系。

1.3 研究意义

2020 年我国已实现全面小康，2021 年开始全面推进乡村振兴，人才问题始终是乡村振兴面临的重要问题，对新生代农民工的涉农创业意愿与行为进行研究，不仅具有重要的理论意义，而且具有重要的现实意义。

(1) 有助于丰富劳动力流动理论。自改革开放以来，我国大量的农村劳动力开始向城镇转移，因此国内学术界对农村劳动力转移的动机、影响因素，以及农村转移劳动力在城市的就业选择、工资收入、社会保障及社会融入等方面开展了大量研究。近年来，农民工返乡创业现象逐渐增多，也有部分学者对农民工返乡创业的意愿、影响因素、创业绩效等开展了卓有成效的研究。然而新生代农民工作为农民工的重要组成部分，现有的研究较少专门关注新生代农民工的回流问题。本书拟对新生代农民工的涉农创业意愿、动机和行为开展深入研究，有助于进一步丰富劳动力流动理论。

(2) 有助于丰富创业理论。当前我国已进入“大众创业、万众创新”的时代，国内学术界关于创新创业的研究非常丰富，然而当前关于创业的研究主要集中在城镇，而关于农村创业的研究比较少，特别是关于新生代农民工创业的研究更少。本书对促进或制约新生代农民工创业意愿的因素，以及新生代农民工对创业的需求等问题的研究，可进一步丰富创业理论。

(3) 有助于破解乡村振兴人才缺乏的困境。人才振兴是乡村振兴的重要内容，只有破解了乡村振兴中人才缺乏的困境，乡村的产业发展才具有可持续性。与其他群体不一样，新生代农民工与农村有着天然的联系，并且新生代农民工接受过较好的教育，同时在外务工期间增长了才干，拓宽了见识，对新生代农民工的涉农创业意愿、创业行业及其影响因素进行研究，可为各级政府出台相关政策吸引新生代农民工开展涉农创业提供决策参考，从而破解乡村振兴中人才缺乏的困境。

1.4 研究内容

（1）导论。对本书的研究背景、研究目的、研究意义予以阐释，并介绍本书主要的分析方法和所使用的数据。

（2）国内外关于农民工返乡创业的文献综述。从国外和国内两个视角对农民工（或移民）返乡创业的相关文献进行回顾，并进行简单评述。

（3）概念界定及理论基础。在文献梳理的基础上对新生代农民工和涉农创业的概念进行界定，并简要阐述支撑本书的劳动力流动理论、人力资本理论及创业理论。

（4）乡村振兴对新生代农民工涉农创业意愿的影响。首先从理论上分析乡村振兴如何影响新生代农民工的涉农创业意愿，然后采用常规调查实验的分析方法，从总体上分析乡村振兴对新生代农民工涉农创业意愿的影响，并进一步采用析因调查实验的方法，围绕乡村振兴的产业兴旺、生态宜居、乡风文明、治理有效、生活富裕五个维度，讨论产业兴旺、基础设施建设、乡村景观、文化生活和生活环境对新生代农民工涉农创业意愿的影响，以及政府的创业支持政策对新生代农民工涉农创业意愿的影响。

（5）新生代农民工对乡村振兴政策的关注及其对涉农创业意愿的影响。首先分析新生代农民工对乡村振兴政策的关注程度、关注渠道，然后分析哪些因素会影响新生代农民工对乡村振兴政策的关注度，最后分析乡村振兴政策的关注程度对新生代农民工涉农创业意愿的影响。

（6）新生代农民工的涉农创业意愿与创业行为。主要采用描述性的统计分析方法，对新生代农民工的涉农创业意愿及其年龄和性别差异进行分析，并对有意愿从事涉农创业的新生代农民工，分析其可能选择的涉农创业类型、涉农创业地点、涉农创业规模，以及涉农创业的动机等。

（7）农业生产经历对新生代农民工涉农创业意愿的影响。首先从理论上分析农业生产经历对新生代农民工涉农创业意愿的影响，然后利用计量模型进一步从实证上分析农业生产经历对新生代农民工涉农创业意愿的影响，并从年龄、性别、教育程度三个方面进行异质性分析，最后对农业生产经历影响新生代农民工的土地情结，从而影响其涉农创业意愿的机制进行实证分析。

（8）风险态度对新生代农民工涉农创业意愿的影响。首先对风险态度与创业意愿之间的关系进行文献综述，然后从市场风险、自然风险、人为风险、技术风险、管理风险、政策风险六个方面总结涉农创业存在的风险类型，最后对风险态度与新生代农民工涉农创业意愿之间的关系进行实证分析，并从年龄、性别和教育程度三个方面进行异质性分析，以及分析农业生产经历、工作稳定性、收入满意度、涉农创业示范、社会资本在风险态度与新生代农民工涉农创业意愿的关系中的调节效应。

（9）创业机会识别对新生代农民工涉农创业意愿的影响。在对创业机会及创业机会识别的概念、创业机会识别对创业活动的影响、创业机会识别的影响因素进行综述的基础上，利用调查数据实证分析创业机会识别对新生代农民工涉农创业意愿的影响，以及对乡村振兴政策的关注和了解是否提高了新生代农民工的创业机会识别能力。

（10）创业动机对新生代农民工涉农创业规模的影响。在对创业动机的概念与类型、创业动机对创业活动的影响、创业动机的影响因素进行综述的基础上，利用调查数据实证分析创业动机特别是价值型创业动机对新生代农民工期望的涉农创业规模的影响，并从年龄、性别及教育程度三个方面分析价值型创业动机对新生代农民工涉农创业规模的异质性效应，最后进一步分析影响新生代农民工价值型创业动机的因素。

（11）研究结论与政策建议。对本书的研究结论进行总结，并从加强对乡村振兴战略的宣传、加强对在校学生的农业劳动教育、加大对新生代农民工涉农创业的政策支持三个方面提出相应的政策建议。

1.5 研究方法

1.5.1 调查实验

（1）随机实验。无论是自然科学还是社会科学，一般都会遵循发现问题、解释问题和解决问题的研究逻辑。当发现问题后，需要分析问题产生的原因或机制，从而找到解决问题的办法。因此，解释问题在科学研究中处于核心的地位。解释问题需要进行因果分析或因果推断。因果推断的关键特征是用潜在结果框架去清晰地定义因果关系。

潜在结果框架是因果推断的理论基础。如果个体 i 接受某种处置行为 D_i（如服药），它的后果 Y_i（如健康）为 $Y_i(1)$；如果没有接受这种处置，它的后果为 $Y_i(0)$。这种结果为潜在结果，具体表示如下

$$\text{潜在结果}=\begin{cases}Y_i(0)，& \text{如果 } D_i=0\\ Y_i(1)，& \text{如果 } D_i=1\end{cases} \tag{1.1}$$

$D_i=0$ 表示个体 i 没有接受处置，$D_i=1$ 表示个体 i 接受了处置。处置行为 D_i 对个体 i 的处置效应是个体 i 接受处置（$D_i=1$）的潜在结果和没有接受处置（$D_i=0$）的潜在结果的差异，即

$$D_i \text{ 对个体 } i \text{ 的处置效应 } \gamma_i=Y_i(1)-Y_i(0) \tag{1.2}$$

如果有多个个体，可以计算多个个体的平均处置效应。这种潜在结果框架的因果推断无疑是最为理想的因果识别方法。然而，对于同一个个体，人们不可能同时观测到 $Y_i(1)$ 和 $Y_i(0)$ 这两种状态，而随机实验为这种基于潜在结果框架的因果推断提供了很好的识别方法。

实验方法在过去主要应用于自然科学，因为做实验要求对实验环境和实验对象可以进行操纵或控制。如在物理实验中可以对光照、温度、湿度及压力等实验环境进行控制，也可以对实验对象进行有效控制。而社会科学很难对实验环境或实验对象进行有效操纵，或者是操纵的成本太高，或者是不符合社会伦理。

在社会科学领域，心理学是最早采用实验研究方法的学科。德国的心理学者 Willem 将药学研究中的实验方法引入心理学的研究中，于 1879 年在德国的莱比锡创建了心理学实验室。1898 年 Triplett 在《美国心理学杂志》上发表了一篇关于自行车赛车手是独自运动还是与别人竞争时才能取得更好成绩的文章，为社会助长理论提供了早期证据。该篇文章是在社会心理学领域最早采用实验研究方法的文章。随后，实验研究方法在社会学的其他领域也逐渐得到应用。实验研究方法在经济学和政治学领域的应用要稍晚一些，Maurice Allaist 和 Verson Smith 于 1953 年在经济学的研究中引入了实验研究的方法，Elderveld 于 1956 年在政治学的研究中引入了实验研究的方法。总之，自 19 世纪末，实验研究方法被引入心理学之后，该方法随后逐渐被应用到社会学、经济学和政治学等社会科学领域。20 世纪中期兴起的行为主义革命进一步推动了实验方法在社会科学领域的普及。近年来，实验方法已越来越受到更多社会学者的青睐。

与自然科学领域常采用的控制实验不同，社会科学领域的实验一般被称为随机实验。随机实验常用的方法是将实验对象随机分为两组（也可以是更多的组），然后对其中一组实施某种干预（被称为干预组），而对另一组不施加任何干预（被称为控制组）。由于分组是随机的，干预组和控制组的特征是非常相似的。在干预实施之后，如果两个组的某个特征存在显著差异，很显然这就是干预带来的因果效应。如将 100 个成年人随机分为两个组，可以预期这两个组的平均年龄、性别结构、教育程度、身体健康状况应该是大致相同的，虽然能力是很难观测的，但是仍然可以预期这两个组的平均能力也应该没有显著差异。如果对其中一个组进行为期一个月的就业能力培训，而另外一个组不进行任何培训，一段时间后，受培训组的就业能力显著高于未受培训组，就表明培训对就业能力的提升具有显著的因果效应。很显然，用随机实验进行因果推断的逻辑是非常清晰的。随机实验可以解决因果推断中最难避开的遗漏变量问题。

虽然随机实验在因果推断中的作用得到了社会学者的认可，但是随机实验仍然存在一些缺陷。第一，实验室的情境是人为营造出来的，而人们在实际生活中所遇到的情境与实验情境可能有很大差异。第二，社会科学的实验对象是人，当实验对象知道自己在被观察时，其实验结果会受到实验对象的心理或有意识的行为的影响。第三，社会科学的实验对象往往是自愿参加的，用这样的自愿样本得到的结论去推断总体可能是不合适的。第四，由于受到成本、实验室环境等条件的限制，实验对象的数量比较少，从而在分析时可能会降低统计功效。

（2）抽样调查。调查是社会科学研究中比较常用的一种研究方法。19 世纪末英国社会学家 Charles Booth 利用访谈的方式收集大量数据来研究伦敦贫民的情况，并探讨了贫困的原因。Charles Booth 被认为是最早将调查应用到社会科学研究中的学者。随后抽样调查被应用到社会科学的诸多领域，甚至一些新闻记者和市场研究者也广泛采用抽样调查的方法来研究感兴趣的问题。最初发展的抽样调查主要是一种非概率抽样，其主要特征是抽取样本时并不依据随机原则。之后概率抽样在农业研究上取得了突破性进展，标志着现代抽样调查的诞生。美国在 1940 年为了节省开支，将十年一次的人口普查用概率抽样的方法进行替代。1948 年美国总统选举前，有人用概率抽样的方法预测杜鲁门会获胜，而有人用非概率抽样的方法预测杜威会胜出。最后，概率抽样的方法战胜了非概率抽样的方法。总之，在社会科学的量化研究中，大量应用了抽样调查的方法，特别是概率抽样调查得到了广泛应用。

在社会科学的研究中，学者们非常关注因果效度和总体效度。因果效度是指在目标总体中变量之间的关联性是不是因果关系。总体效度是指基于抽样调查的统计分析结论是否可以推论目标总体。抽样调查显然并不具有因果效度。首先，抽样调查的数据往往是截面观察数据，很难确定社会现象发生的先后顺序，从而很难识别因果关系。即使可以通过跟踪调查来获取时间信息，一是成本太高，二是时期的数量比较少，很难应用时间序列的因果识别方法。其次，根据调查数据得到的两个变量之间的关联性不一定是因果关系。抽样调查虽然在因果效度上有弱点，但是概率抽样却能克服随机实验在总体效度上的弱点。是否可以将随机实验在因果效度上的优势与抽样调查在总体效度上的优势结合起来呢？

（3）调查实验。上述分析表明，随机实验的主要缺陷是实验对象的数量比较少，而抽样调查主要的缺陷是很难进行因果识别，调查实验的方法恰好可以避免这两种方法的缺陷。我们可以从早期的调查实验的工作环节大致了解调查实验的工作原理。第一，确定一个影响因子（为了简单，该因子一般具有两个取值），然后根据该因子的取值设计两个版本的问卷。第二，根据某种随机规则将这两个版本的问卷随机分发到受访人员，以保证这两组受访者具有相同的属性。第三，两组受访人员分别回答这两个版本的问卷。第四，在数据分析时，比较两个版本问卷的结果差异就可以得到想要分析的因果效应。根据影响因子将不同版本的问卷随机发放给不同的受访人员，相当于在随机实验中将实验人员随机分配到实验组和控制组。但是与随机实验不同的是，调查实验并不是在实验室完成的，而是在调查中完成的，可以在不增加较多成本的情况大幅增加受访人员（或实验对象）的数量，并且实验对象往往并不知道自己是实验中的被观测者，可以更客观地回答所调查的问题。如在研究政治人物对于公众意见的影响时，可以设计两种问卷，一种问卷提及该政治人物的观点，而另一种问卷不提及，然后将这两种问卷随机分发给两组受访人员，这两组受访者对某个意见回答的差别就可看作该政治人物对公众意见的影响。

上述这种调查实验方法是最早采用的调查实验方法，被称为分投选票法或常规调查实验。常规调查实验一般只有一个自变量（或处理变量），并且变量的取值一般只能有两个。而析因调查实验可将处理变量扩展到多个，每个处理变量的取值也可以有多个。在用析因调查进行分析时，研究者可根据处理变量的个数和取值水平编制一套假设的情境或对象，称为虚拟案例。这些虚拟案例就可看作处理手段，它们会被随机分配到受访者，受访者根据相应的案例对相应的结果变量进行回答，回答结果的差异就可看作不同的处理变量导致的因果效应。

在纸质问卷中开展调查实验是一件比较困难的事情，因为问卷需要被分为不同的版本，并且还要将不同版本的问卷随机分配到不同的受访者手中。如果只是开展常规调查实验，或许不是太难，但是对于析因调查实验，自变量可以有多个，并且每个自变量可以有多个取值，这将产生大量的虚拟案例，需要设计很多版本的调查问卷，然后将这些问卷随机分配到不同的受访者手中，工作量非常大，操作过程也非常复杂。然而随着计算机辅助调查模式的广泛应用，调查实验才变得不那么烦琐。首先，在计算机的辅助下，不需要制作纸质问卷，只是需要一个特殊的程序就可根据研究者的需要制作不同版本的问卷。其次，在计算机辅助下，将不同版本的问卷随机发放到不同的受访者也不再烦琐。最后，在计算机的辅助下，对调查实验的数据整理也变得比较容易。因此，计算机辅助调查为调查实验提供了极大的便利，使调查实验得到了广泛的应用。

1.5.2 计量模型

(1) 二值选择模型。 被解释变量只有两个取值的回归模型，被称为二值选择模型。这时候，被解释变量 y 要么取值为 1，要么取值为 0。对于这种情况，最简单的方法是采用一般的线性回归模型建立“线性概率模型”（Linear Probability Model，简记为 LPM），即

$$y_i = x'_i\beta + \varepsilon_i \tag{1.3}$$

线性概率模型计算简便，并且容易得到边际效应。但是线性概率模型必然会导致 ε_i 和 x'_i 相关，使估计结果不一致，并且模型还存在异方差。另外，虽然明知被解释变量 y 的取值是 0 或 1，但是根据线性概率模型得到的预测值却可能小于 0 或大于 1。

为了使 y 的预测值在 0 和 1 之间，在 x 给定的情况下，y 的两点分布概率为

$$\begin{cases} P(y=1 \mid x) = F(x, \beta) \\ P(y=0 \mid x) = 1 - F(x, \beta) \end{cases} \tag{1.4}$$

$F(x, \beta)$ 被称为连接函数。通过选择合适的连接函数，就可以保证被解释变量 y 的预测值介于 0 和 1 之间。如果 $F(x, \beta)$ 为标准正态的累积分布函数，则

$$P(y=1 \mid x) = F(x, \beta) = \Phi(x'\beta) \equiv \int_{-\infty}^{x'\beta} \phi(t)\mathrm{d}t \tag{1.5}$$

该模型被称为 Probit 模型。如果 $F(x, \beta)$ 为逻辑分布的累积分布函数，则

$$P(y=1 \mid x) = F(x, \beta) = \Lambda(x'\beta) \equiv \frac{\exp(x'\beta)}{1+\exp(x'\beta)} \tag{1.6}$$

该模型被称为 Logit 模型。对于 Logit 模型，一般采用极大似然法（MLE）进行估计。

（2）多值选择模型。如果被解释变量的取值不仅仅有两个选项，而是有多个选项，这时需要采用多值选择模型。假设可供个体选择的方案 $y=1, 2, \cdots, J$，即共有 J 种相互排斥的方案。如果 $J=2$，则该多值选择模型简化为二值选择模型。

假设第 i 个个体选择第 j 种方案所产生的随机效用为

$$U_{ij} = x'_i\beta_j + \varepsilon_{ij}(i=1, \cdots, n;\ j=1, \cdots, J) \tag{1.7}$$

其中，解释变量 x'_i 不会随着方案 j 变化，而只会随着个体 i 而发生变化。系数 β_j 表明 x'_i 对随机效用 U_{ij} 的影响取决于方案 j。很显然，只有方案 j 所产生的效用高于所有其他方案时，个体 i 才会选择方案 j。个体 i 选择方案 j 的概率可表示为

$$\begin{aligned} P(y_i=j \mid x_i) &= P(U_{ij} \geqslant U_{ik},\ \forall k \neq j) \\ &= P(U_{ik} - U_{ij} \leqslant 0,\ \forall k \neq j) \\ &= P(\varepsilon_{ik} - \varepsilon_{ij} \leqslant x'_i\beta_j - x'_i\beta_k,\ \forall k \neq j) \end{aligned} \tag{1.8}$$

假设 $\{\varepsilon_{ij}\}$ 为独立同分布且服从 I 型极值分布，则可证明

$$P(y_i=j \mid x_i)=\frac{\exp(x'_i\beta_j)}{\sum_{k=1}^{J}\exp(x'_i\beta_k)} \tag{1.9}$$

很显然，对各个方案选择的概率之和为 1。即 $\sum_{k=1}^{J}P(y_i=j \mid x_i)=1$。很容易看出，方程（1.9）是 Logit 模型从二值到多值的推广。由于无法同时识别所有系数 β_k，因此通常需要将其中某个方案作为参照，然后令其相应的系数为 0。从而，个体 i 选择方案 j 的概率为

$$\begin{cases} P(y_i=j \mid x_i)=\dfrac{1}{1+\sum\limits_{k=2}^{J}\exp(x'_i\beta_k)} & (j=1) \\ P(y_i=j \mid x_i)=\dfrac{\exp(x'_i\beta_j)}{1+\sum\limits_{k=2}^{J}\exp(x'_i\beta_k)} & (j=2, \cdots, J) \end{cases} \tag{1.10}$$

其中，“$j=1$”所对应的方案为参照方案。此模型也称为多项 Logit 模型，可用极大似然法进行估计。

（3）排序模型。多值选择模型的被解释变量没有排序或等级关系，如果存在排序或等级关系，多值选择模型就不再适用了，而应该选择排序模型。

假设 $y^*=x'\beta+\varepsilon$，其中 y^* 为潜变量，不可观测，其选择规则为

$$y=\begin{cases} 0, & 若\ y^* \leqslant r_0 \\ 1, & 若\ r_0<y^* \leqslant r_1 \\ 2, & 若\ r_1<y^* \leqslant r_2 \\ \cdots\cdots & \\ J, & 若\ r_{J-1} \leqslant y^* \end{cases} \tag{1.11}$$

其中，$r_0<r_1<r_2<\cdots<r_{J-1}$ 为切点，也是待估参数。假设 $\varepsilon \sim N(0,1)$，则

$$\begin{aligned} P(y=0 \mid x) &= P(y^* \leqslant r_0 \mid x)=P(x'\beta+\varepsilon \leqslant r_0 \mid x) \\ &= P(\varepsilon \leqslant r_0-x'\beta \mid x)=\Phi(r_0-x'\beta) \\ P(y=1 \mid x) &= P(r_0<y^* \leqslant r_1 \mid x) \\ &= P(y^* \leqslant r_1 \mid x)-P(y^*<r_0 \mid x) \\ &= P(x'\beta+\varepsilon \leqslant r_1 \mid x)-\Phi(r_0-x'\beta) \\ &= \Phi(r_1-x'\beta)-\Phi(r_0-x'\beta) \\ P(y=2 \mid x) &= \Phi(r_2-x'\beta)-\Phi(r_1-x'\beta) \\ &\cdots\cdots \\ P(y=J \mid x) &= 1-\Phi(r_{J-1}-x'\beta) \end{aligned} \tag{1.12}$$

对上式可以很容易写出样本似然函数，并运用极大似然法进行估计。

1.6 数据说明

笔者于 2019 年通过问卷星向新生代农民工发放调查问卷，回收了 655 份调查问卷。在这 655 份问卷中，有部分受访者出生在 1980 年之前，不符合本书关于新生代农民工的定义（本书将出生在 1980 年及之后的农民工界定为新生代农民工），因此删除了这部分问卷，最后获得的有效问卷为 435 份。受访的新生代农民工的户籍地分布在全国 22 个省份，其中户籍在重庆市的最多，一共有 168 名，占 38.6%。在 435 名受调查的新生代农民工中，男性有 224 名，女性有 211 名，占比分别为 51.5%、48.5%。平均年龄为 31 岁。在问卷中，实施了 3 个调查实验项目，其中一个为常规调查实验，另外两个为析因调查实验。在常规调查实验中，设计了两个不同版本的问卷，一个版本的问卷加入了关于乡村振兴的宣传文字，而另一个版本没有这些内容，然后将这两个不同版本的问卷随机发放到受访的新生代农民工，主要是想研究乡村振兴是否提高了新生代农民工返乡开展涉农创业的意愿。两个析因调查实验中，一个是想了解乡村振兴的哪些内容更加吸引新生代农民工返乡开展涉农创业，另一个是想了解哪些政策更加吸引新生代农民工返乡开展涉农创业。

第 2 章　国内外关于农民工返乡创业的文献综述

2.1　国外研究现状

由于国外并没有农民工的概念，而与农民工返乡创业相近的概念是回流移民的创业。国外关于回流移民的研究既包括国内移民的回流，又包括国际移民的回流。国外关于回流移民创业的研究主要集中在以下几个方面。

2.1.1　回流移民创业概率

Mccormick 等（2004）的研究表明，来自城市地区的移民的回流比例与来自农村地区的移民的回流比例几乎相等，而且这些回流移民都倾向于返回他们的原籍地区。在海外停留时间对归国人员投资创办企业的概率有正向的影响。此外，来自城市的归国人员比来自农村的归国人员更有可能投资于非农业企业。Ilahi（1999）使用来自巴基斯坦的横断面数据，发现回流移民更多地选择自营职业而不是有薪就业，因此回流移民更倾向于创业。Coulon 等（2005）对阿尔巴尼亚回流移民的研究发现，虽然回流的移民与未回流的移民相比，他们可能在劳动力市场更缺乏竞争力，然而国外的经历和在国外务工所积累的资本使他们往往选择自营职业和建立小企业。Démurger 等（2011）利用中国安徽省 2008 年的调查数据的分析表明，返乡移民比非移民更有可能从事自营职业。Dustmann 等（2002）根据土耳其回归移民的调查数据的研究发现大多数回归移民选择自营职业或非农就业作为回归后的活动。Massey 等（1998）基于 30 个墨西哥社区的调查数据的研究表明，从美国返回的移民大大增加了企业成立和生产性投资的几率，但返回移民所有的企业一般都是小型零售企业，几乎不能创造就业。

2.1.2　回流移民创业概率更高的原因

Dustmann 等（2002）提供的证据表明，回国移民的储蓄可能是微型企业创业资金的一个重要来源。他们发现，从德国返回的土耳其移民样本中，有

50% 在重新定居土耳其后 4 年内开办了一家微型企业，投资的资金是国外工作时省下的钱。Massey 等（1998）研究了墨西哥中西部 30 个社区的企业形成情况，其中包括大城市的 5 个社区。他们的结论是，在美国工作的收入在 21%的新商业形成中提供了重要的创业资金来源。Liu（2011）认为回流移民之所以更多地选择创业，主要有两个原因，一是回流移民比非移民具有更丰富的人力资本，回流移民往往具有更高的教育水平，二是回流移民比非移民具有更多的储蓄，由于在国外或城市工作的收入更高，回流移民往往具有较多的储蓄，可以部分满足创业时的资本需求。Maria 等（2016）认为回流移民在国外工作期间积累了新的技术和社交技能，并积累足够的储蓄，对于建立企业有很大帮助。Mesnard（2004）的研究表明，在一定条件下，由于外出务工或者经商可以进行物质资本和人力资本的积累，从而会促进移民回乡创业。Wahba 等（2012）认为虽然外出务工会损失在家乡积累的社会资本，但是外出务工可以积累物质资本和人力资本，物质资本和人力资本增加对创业带来的正效应将会超过社会资本损失带来的负效应，因此外出务工的经历还是会提高返乡劳动力的创业概率。

2.1.3 影响回流移民创业概率的因素

Démurger 等（2011）的研究表明返乡时带回的资金数量和移民期间工作变动的频率都增加了返乡移民从事自营职业的可能性。Dustmann 等（2002）的研究表明相对于非就业选择，年龄的增加降低了回流移民选择自营职业或领薪工人的概率，受过良好教育的人在回流后更有可能选择创业活动。Ilahi（1999）认为返回移民在国外的时间与他们返回后创业的概率呈正相关。Maria 等（2016）的研究表明，如果在移民期间学到的技能容易转移到回流地，则能促进回流移民的创业。如在美国习得的金属加工、汽车维修等技术很容易转移到墨西哥，而美国屋顶使用技术则不容易转移到墨西哥。原本打算通过自己创业来利用新技能的移民缺乏实现目标所需的金融资本，也不得不放弃创业。Hamdouch 等（2015）利用 2003—2004 年摩洛哥返回移民的调查数据，分析了影响返回移民创业的因素。其结果表明，迁移持续时间会增加创业的可能性，年轻的人更有可能成为企业家，移民前的条件对海归创业很重要，如那些雇主或个体户以及居住在城市地区的人回国后更有可能从事创业活动。此外，海外移民经历在决定创业的可能性方面起着重要作用。他们指出尽管回国人员创建中小企业的概率比较大，但回国人员在创业时仍面临许多障碍。并建议，应减少各种繁文缛节和官僚主义的许可证数量，利用正确的财政激励措施，如设置免税期，这些都有利于鼓励返回移民的创业。

2.2　国内研究现状

国内学者关于农民工返乡创业开展了大量研究，研究内容主要涉及以下几个方面。

2.2.1　农民工返乡创业的意义

高文敏（2009）认为在城市就业竞争持续增加的情况下，农民工返乡创业对于农民持续增收、扩大内需十分重要。吴克强等（2021）认为农民工返乡创业有助于消除贫困、增加农民收入，有助于促进城乡一体化发展和乡村振兴。曹宗平（2019）认为农民工返乡创业可以促进消费，从而拉动经济增长，可以推动供给侧改革，从而推动经济高质量发展，并且还可以降低社会治理的成本。杨恒生（2010）认为农民工返乡创业有利于调整农业生产结构，扩大农业经营规模，增加农民收入，有助于培育农民的市场观念，提高农民的权利意识，促进基层管理民主化，提高基层治理效率，同时也有利于促进农村文化的发展。梁栋等（2019）从乡村振兴的需求方面，讨论了农民工返乡创业的作用，并讨论了其作用机制。他们认为，农民工返乡创业有助于现代农业体系的构建，有助于生态宜居乡村的建设，有助于促进城乡之间的融合发展，有助于促进乡村治理体系现代化。彭少峰等（2021）认为农民工返乡创业带动资金、技术和人才等生产要素汇聚到农村，对促进农村经济发展，以及为脱贫攻坚取得胜利作出了重要贡献。

孔祥利等（2018）认为农民工返乡创业可以对农村的劳动力结构进行优化，提高农村劳动力的整体素质，可以带动农村的创业氛围，培养农村的创业文化，使更多的农民加入创业队伍，使农村和农民更好更快地融入全国的市场经济大环境，促进乡村振兴。阳立高等（2008）认为农民工返乡创业有利于解决内陆地区就业比较难的问题，繁荣农村经济，促进农业产业化发展，增加县域的财政收入。吴克强等（2021）认为农民工返乡创业可以减缓农村劳动力的就业压力，并且可以使部分农村劳动力在家乡附近就业，对消除贫困、促进农民增收和推动城乡一体化发展具有重要作用。

郭志仪等（2009）认为农民工返乡创业可推动当地的城镇化、工业化，有利于促进农民的就近就地就业，有利于促进农村和农业的结构转型。马建富等（2017）认为农民工在外务工期间经受了市场化、工业化“洗礼”，人力资本有了较大提升，农民工返乡创业有利于打破城乡劳动力、资金等资源要素由农村向城市单向流动的局面，通过对资源在城乡之间的重组，从而提高资源的配置效率，促进经济增长，特别是有利于县域经济的发展。辜胜阻等（2009）认为农民工返乡创业一是可以部分缓解城市的就业压力，二是可以通过增加农民收入和消费，从而拉动内需，三是有利于解决农民工大规模异地流动带来的诸多社会问题，四是有利于带动农村地区水利设施等基础设施的建设，五是有利于促进县域经济发展及农村城镇化。贺雪峰（2020）认为农民工返乡创业可以将在我国发达地区获得的技术、商业意识、管理经验以及资金等带到中西部地区，推动了先进技术向中西部地区迁移，从而促进经济增长。吕诚伦（2016）认为农民工返乡创业，可以带动城乡之间、工农之间在人才、技术、资本、市场、信息、管理和理念等方面的联动和融合，有利于为农业供给侧结构性改革、现代农业发展注入新鲜活力。许明（2020）认为农民工返乡创业有利于打破长期以来我国农村劳动力长期向城市单向转移的旧格局，从而有利于形成农村劳动力在城乡之间双向流动的新格局，拓宽了农村劳动力的就业渠道和收入来源，为城镇和农村的协同发展提供了一条重要途径。

岳园园等（2018）认为农民工创业可以增进其幸福感，从而有利于和谐社会的构建。柯健（2009）认为农民工在城市面临的就业压力比较大的情况下，农民工返乡创业对于实现经济稳定增长，持续改善民生，保障社会和谐稳定具有重要意义。杜坤（2019）认为农民工在外务工期间，受到城市文明的浸润，文化素养明显提高，法律意识和权利意识明显增强，因此农民工返乡创业可以促进当地的乡风文明建设和民主管理。

2.2.2　农民工返乡创业的有利条件及制约因素

高文敏（2009）认为农民工在外务工期间开阔了视野，积累了资金，学得了一些技术和经营管理能力，这是他们返乡创业的有利条件。郭志仪等（2009）认为农民工返乡创业容易受到思想约束、资金约束、技术约束、用地约束和创业环境约束。马建富等（2017）认为农民工外出务工期间虽然积累了一定的人力资本，但在创业过程中仍然存在人力资本不足的问题，并且容易受到社会资本和心理资本不足的制约。陈卫洪等（2009）基于贵州省调研数据的研究表明，农民工的融资渠道不畅通、抵御风险的能力比较低、经营管理水平不高是制约他们返乡创业的主要原因。蒋丙生（2009）基于湖南麻阳县的研究表明，创业培训资源分散、创业优惠政策不太明确是制约当地农民工返乡创业的主要因素。李录堂等（2009）从微观和宏观两个角度分析了制约农民工返乡创业的原因。创业能力缺乏、自身素质比较低是制约返乡农民工创业的微观原因，创业环境差、创业政策缺失是制约返乡农民工创业的宏观原因。王玉帅（2017）认为，培训政策不完善，扶持资金不足，扶持政策力度弱，扶持政策执行不到位，是当前制约农民工返乡创业的主要因素。王彦青（2020）认为农民工返乡创业主要面临以下困境：一是创业的成功率不高，真正取得创业成功的仅占10%左右；二是在创业过程中缺乏合作意识，大多数农民工在返乡创业时都采用单打独斗的方式；三是创业的行业主要集中在劳动密集型的产业，创业产业的层次不高；四是获取创业资源的能力不强，这也是农民工返乡创业成功率不高的原因之一。黄建新（2020）认为当前制约农民工返乡创业的原因主要有以下几点：一是融资难。农民工刚开始创业，缺乏有效的抵押资产，因此很难向正规金融机构获得贷款支持，大部分农民工主要通过向亲友借贷以解决资金短缺的问题。二是用工难的问题凸显。由于大量农村青壮年劳动力都选择去外地务工，留在农村的主要以老年人和妇女为主，在农村创业的企业很难在农村招聘到合适的技术人才和工人。三是农村的基础设施条件依然薄弱。虽然近年来国家加大了对农村基础设施建设的投入力度，但是乡村的道路设施、信息设施的建设仍然比较滞后，导致农村企业的物流成本等仍然比较高。四是返乡农民工在创业过程中仍然面临用地困难的制约。农民工返乡创业必然需要一定的农业用地或建设用地，但是建设用地受到法律的制约比较多，农用地的流转也存在许多困难。五是创新意识比较缺乏。农民工返乡创业所选择的项目大多缺乏创新意识，大多是低水平的重复，如乡村旅游项目往往是将其他地方的模式简单地复制到本地，缺少对本地资源的深度挖掘。

2.2.3　影响农民工返乡创业意愿的因素

孔祥利等（2018）认为性别、年龄、婚姻状况、教育程度、主观幸福感、风险偏好对农民工的返乡创业意愿具有显著影响。佟光霁等（2020）基于演化博弈模型的分析认为，农民工返乡创业的选择行为将受到收益水平、自身条件及创业环境等因素的组合影响，有效激发农民工返乡创业意愿对农民工返乡创业的行为选择很关键。李长生等（2020）认为信贷约束是制约新生代农民工返乡创业的重要因素，受信贷约束的新生代农民工，其创业概率约下降16%。张若瑾（2018）认为创业补贴和创业小额信贷对农民工的创业意愿均有显著的正向影响，但创业小额信贷的影响效应更加明显。年龄、受教育程度对老一代农民工的创业意愿具有显著影响，但对新生代农民工的影响不显著。王勇（2017）认为完善的政策环境和培训环境对新生代农民工的创业倾向具有显著的正向影响，而风险规避偏好会显著降低新生代农民工的创业倾向。袁方等（2019）认为对于返乡农民工而言，由于互联网的接入能增加他们感知新知识新技能的能力，从而能显著提高其创业概率。陈国生等（2021）从微观和宏观两个方面研究了影响农民工返乡创业的因素。其研究表明，受教育程度、出生年代、家庭年总收入对农民工的创业选择具有显著影响，同时居住地的教育环境、房价水平、消费水平也对农民工的创业选择具有显著影响。苗薇薇等（2020）利用信息搜集能力和理性应对能力衡量农民工的风险防范能力，其研究结果表明，农民工的风险防范能力越强，其创业意愿越高，此外，年龄越小，创业意愿越高，收入满意度越高，创业意愿越高。隋艳颖等（2010）认为金融机构对农民工存在地理排斥、营销排斥、条件排斥和评估排斥等金融排斥行为，而这些行为的存在会降低农民工的创业意愿。胡俊波（2009）基于创业投资决策模型从理论上分析了影响农民工创业意愿的因素，其结果表明农民工的风险态度、创业成功的概率、创业的预期收入均会影响到农民工的创业意愿。王辉等（2021）基于456份有效问卷分析了社会资本、人力资本、心理资本和乡土情结等变量对农民工返乡创业意愿的影响。其结果表明，社会资本越丰富，教育人力资本越高，农民工的返乡创业意愿越强，并且社会资本还可以通过教育人力资本间接影响农民工的创业意愿，即社会资本具有中介作用。心理资本、乡土情结不仅可以正向调节社会资本对农民工返乡创业意愿的直接影响效应，还可以正向调节社会资本对农民工返乡创业意愿的间接影响效应。石智雷等（2010）基于1 019份返乡农民工的调查数据，分析了影响返乡农民工创业意愿的因素。其结果表明，文化程度越高，交际能力越强，家庭经济状况越好，生产积极性越高，具有共产主义信仰，外出务工时从事过个体经营，从事过加工制造业，参加过技能培训的返乡农民工，其创业的意愿更加强烈。侯俊华等（2012）基于江西省的462份调查问卷，利用描述性统计分析方法对影响农民工返乡创业意愿的因素进行了研究。其研究结果表明，年龄、受教育程度、性别、务工收入、外出务工时间、家乡的投资环境、对创业政策的认知情况是影响农民工返乡创业意愿的重要因素。具体来说，受教育程度、年龄、务工收入、外出务工时间对农民工返乡创业意愿的影响具有倒U形关系，即农民工返乡创业的意愿随着年龄的增加而增加，但是当年龄超过40岁以后，其创业意愿开始减弱。农民工的返乡创业意愿随着学历的增加而增加，但是对于学历很高的农民工，其创业意愿反而有所减弱。农民工返乡创业的意愿随着外出务工时间的增加而增加，但是当务工时间超过6年后，其创业意愿有所减弱。随着务工收入的增加，农民工的返乡创业意愿逐渐增强，但超过一定的临界点，其创业意愿开始下降。男性农民工的返乡创业意愿高于女性，农民工对政府的创业政策越了解，家乡的投资环境越好，农民工的返乡创业意愿越高。吕诚伦（2016）根据湖南省的调查数据，分析了影响返乡农民工创业意愿的因素。研究结果表明，创业成功案例、参加技能培训、风险态度对农民工的返乡创业意愿具有显著的正向影响，而农民工的外出务工年限、家庭年收入对农民工返乡创业意愿具有显著的负向影响。张立新等（2016）基于山东省的368份农民工调查数据，运用结构方程模型分析了影响农民工返乡创业意愿的因素，研究结果表明，自信程度、对待风险的态度、对待生活的态度和对待工作的态度等态度对农民工的返乡创业意愿具有显著的正向影响，人力资本和政策环境对农民工的返乡创业意愿也具有显著的正向影响，此外，成就性动机和社会性动机对农民工返乡创业意愿亦具有显著的正向影响，许明（2020）采用倾向得分匹配法，运用中国城乡劳动力流动调查数据，分析了外出务工经历对农民工返乡创业成功率的影响，其结果表明，外出务工经历使农民工的见识有了较大增长，视野有了较大拓展，人力资本有了较大提升，获取外部资源的能力有所增强，因此增加了其返乡创业的意愿。张思阳等（2020）根据西安市的 406 份调查数据，研究了社会资本对农民工返乡创业意愿的影响。其结果表明，现实社会资本直接正向影响农民工的返乡创业意愿，虚拟社会资本直接负向影响农民工的返乡创业意愿，而间接正向影响农民工的返乡创业意愿。虚拟社会资本可以转化现实社会资本，并且虚拟社会资本对农民工返乡创业意愿的影响效应在逐步增加，甚至超过现实社会资本的影响。苗薇薇等（2020）使用在临沂市（位于山东省）调查所获得的 393 份数据，主要分析了风险防范能力对农民工创业意愿的影响。其结果表明，理性应对能力、收入满意度、信息获取能力和实际收入水平对农民工的创业意愿具有显著的正向影响，并且信息获取能力、实际收入水平、收入满意度对理性应对能力具有显著的正向影响，因此理性应对能力在农民工返乡创业意愿的影响因素中还起到了中介作用。王亚欣等（2020）分析了影响返乡农民工从事旅游创业的影响因素，其研究结果表明，农民工的学历、外出务工的收入、对创业风险的态度、创业信息的获取能力、未成年的子女数量、创业金融支持政策、旅游市场环境等显著影响返乡农民工开展旅游创业的意愿，表明返乡农民工的旅游创业意愿既受到主观和客观因素的影响，又受到内因和外因的影响，甚至受到不同因素的交互影响。

2.2.4　影响农民工创业绩效的因素

王转弟等（2020）的研究认为创新和心流两种创业激情对农民工创业的组织绩效和个人绩效具有显著的正向影响，但乐观和身份认同两种创业激情对农民工创业的组织绩效没有显著影响，而只影响其个人绩效，创业学习不只对农民工创业的组织绩效具有显著影响，对其个人绩效也具有显著影响。吴克强等（2021）的研究认为喜欢变化、喜欢冒险、喜欢坚持、不怕失败等反映创业韧性的特质对农民工的返乡创业绩效具有显著的正向影响。汪昕宇等（2020）认为由于返乡农民工创业能力比较欠缺，并且创业资源比较匮乏，因此创业的不确定性较大。彭少峰等（2021）分析了社会资本规模和资源获取对农民工返乡创业绩效的影响，其结果表明社会资本密度和社会资本的关系强度对农民工的返乡创业绩效具有显著的正向影响，资源获取效率和资源获取效果对农民工返乡创业绩效具有显著的正向影响。方鸣（2021）的实证研究表明，创业培训对农民工的返乡创业绩效具有显著的提升作用。其影响机制是创业培训可显著提高创业者获取国家政策的能力，从而显著提高创业者的创业绩效。他进一步从地区和行业匹配的角度进行了异质性分析，其结果表明，东部地区的扶持政策对农民工创业绩效的影响效果要好于中西部，创业前所从事的行业与创业时的行业一致时，扶持政策对农民工创业绩效的影响效应显著，如果创业前所从事的行业与创业时的行业不一致时，扶持政策对农民工创业绩效的影响效应不显著。吴克强等（2021）基于北京、天津、山东、河北、甘肃、陕西等地667份有效问卷，主要分析了创业韧性对农民工创业绩效的影响。其研究结果表明，创业韧性一方面能直接对农民工的创业绩效产业显著的正向影响，也能间接地通过创业自我效能感对农民工的创业绩效产生正向影响。制度环境不仅能对创业韧性与创业自我效能感之间的关系产生正向调节作用，还对创业自我效能感的中介效应产生正向调节，即随着制度环境的改善，创业自我效能感在创业韧性和创业绩效的中介效应越明显。许明（2020）的研究表明，虽然外出务工经历有助于提升农民工的返乡创业意愿，但是外出务工影响了返乡农民工在家乡的人缘关系、个人声誉和社会评价，从而降低了其返乡创业成功的概率，有外出务工经历的农民返乡创业的成功概率比未外出务工的农民显著低9%左右。

2.2.5 支持农民工返乡创业的政策

郭志仪等（2009）认为应为农民工返乡创业提供创业培训、融资服务、用地服务及税收优惠等政策支持。柯健（2009）认为应通过加强对农民工的创业宣传、培育创业氛围，加强对农民工的金融、财政、税收支持，加强对创业的培训力度，建立适合农民工特点的创业服务体系等途径，促进农民工返乡创业。方鸣（2021）认为政策获取能力是提升农民工返乡创业绩效的重要因素，而创业培训对政策获取能力具有显著的正向影响。因此，政府应加强对返乡创业农民工的培训，建立完整的创业培训体系，营造良好的创业培训氛围。为了保证培训效果，还应注重开展个性化的创业培训。石丹淅等（2021）认为应在解决相对贫困、全面推进乡村振兴的背景下，实施更加积极的扶持返乡农民工创业的政策。首先，在财税金融政策方面，一是充分利用财政补贴和税收政策，降低农民工的返乡创业成本；二是切实解决融资难的问题，积极探索返乡创业信用贷款的政策，扩大抵押担保的物品范围；三是尝试建立农民工返乡创业失败的补偿政策和保险政策，降低农民工返乡创业的风险预期。其次，为农民工返乡创业搭建优良平台，例如，进一步加强农村创新创业孵化基地、返乡入乡创业园的建设力度，鼓励引导返乡创业农民工入驻，为农民工返乡创业提供便利化、低成本的服务，同时，加强农村的物流设施、互联网基础设施等基础设施建设。最后，加强创业教育，政府部门之间加强合作，整合农业、工商、教育培训机构和涉农院校的力量，构建科学合理的创业培训体系，将创业培训落到实处。罗竖元（2020）认为政府应从政策性创业环境和市场性创业环境两个方面为农民工的返乡创业营造良好的环境条件。在农民工返乡创业初期，应主要重视政策性创业环境的作用，随着创业企业的成长，市场性的创业环境更加重要，政府应着力营造一个公平、开放、规范的创业市场环境，并引导和协助创业者主动积极对接市场。王彦青（2020）认为当前支持农民工返乡创业的政策主要存在两个问题：一是返乡农民工对具体的创业政策的知晓度比较低，对具体的申请程序不清楚；二是支持的力度总体上偏小，很大一部分返乡创业的农民工不能获得创业支持，即使部分农民工能获得创业支持，但是支持的力度也比较小。黄建新（2020）认为政府应从产业打造、金融支持、创业培训等方面加大对农民工返乡创业的支持力度。一是从产业打造来看，地方政府应对当地的资源进行充分调研，把握本地的资源、人才、管理等方面的优势，动态把握产业发展现状及市场需求，制定符合本地实际的创业项目规划，从而为农民工提供创业项目的指导。二是从金融支持来看，要进一步对农村的金融产品和服务进行创新，对贷款担保制度进行完善，可探索将林权、海域（滩涂）、生产设施、生产订单、农业保单作为担保的标的物，以满足农民工返乡创业的资金需求。三是从创业培训来看，要进一步整合资源，加大对创业培训的支持力度，拓宽创业培训对象，创新培训内容与方式，为农民工提供精准的创业培训服务，使返乡创业农民工能及时了解创业政策，提升农民工管理能力、决策能力和技术能力。并且要积极完善农村的人才市场，通过互联网平台及时发布用工需求，解决农民工返乡创业用工难的问题。

2.3　文献述评

可以看出，目前学术界针对农民工返乡创业的问题已开展了卓有成效的研究，为本书的研究提供了重要的参考，但是现有研究还存在一些有待补充或完善的方面。①在乡村振兴的大背景下探讨农民工返乡创业的研究比较少。由于乡村振兴战略是在2017年党的十九大报告中首次提出来的，因此，目前在乡村振兴的大背景下讨论农民工返乡创业的研究还比较少。虽然已有一些文献认识到农民工返乡创业对乡村振兴的重要意义，但是乡村振兴是否能吸引农民工返乡创业，这方面的研究非常缺乏。②专门针对农民工涉农创业的研究非常缺乏。目前关于农民工返乡创业的研究主要是从较大的范围进行研究，而专门针对农民工返乡从事涉农创业的研究非常缺乏。虽然国家对农民工返乡创业的行业并没有限制，但是乡村与城市毕竟有诸多不同，因此在乡村的创业与在城市的创业应该有所差别，这样才能凸显乡村的特色和优势，才能使乡村的创业活动具有持续的竞争力。农业是乡村独具特色的产业，围绕农业开展创业活动，尽力发掘农业的多功能性，尽量延伸农业的产业链条，使农业与第二、三产业深度融合发展，这是乡村最大的优势和特色。因此，研究农民工的涉农创业意愿很有必要。

第 3 章　概念界定及理论基础

3.1　概念界定

3.1.1　新生代农民工

（1）农民工的概念。农村劳动力从农村向城市转移，这是世界上许多国家都经历过或正在经历的现象。工业化、城镇化需要大量的工人，如果没有大量的农村人口流入，工业化和城镇化将很难推进。在新中国成立之前，中国就已经有农民流向城市寻找工作的现象。随着外国资本在 19 世纪中期开始在中国上海、广州等沿海口岸投资建厂，浙江、江苏的许多农民涌入上海，湖南、广西、广东的许多农民涌入广州。到 20 世纪初期，随着民族工业资本投资的增加，越来越多的农村劳动力流入沿海城市，这种情况一直延续到 20 世纪 50 年代中期（厉以宁，2018）。这个时期，进入沿海城市工作的劳动力，无论是来自农村，还是来自其他城市，只要有了工作，就可以在所迁入的城市登记户籍，他们的配偶和孩子也可以在城市登记户籍。因此，当时并没有明确区分农村户籍和城市户籍，户籍登记只是为了方便人口管理，户籍更像家庭住址的概念。因此，这个时期，虽然有农民进城工作，但并没有出现与农民工相似的称谓。

我国 1958 年开始实施的户籍制度将户籍明确区分为农村户籍和城市户籍。户籍制度的核心功能是控制人口迁徙，主要是控制农村人口向城市迁移。在改革开放前，农民不得随意向城市迁移，农民进城有严格的限制，不符合条件的进城或离开农村谋生的，被认为是黑户籍，是“盲流”（厉以宁，2018）。改革开放以来，国家鼓励农村富余劳动力到城市就业，户籍制度控制人口流动的功能逐渐消失，但是附着在户籍上的公民身份证明、公共福利差别的功能仍然十分明显。农村劳动力虽然离开了农村，从事着非农工作，但是他们自己及家人的户籍并不能很容易地迁入其工作的城市，从而就不能享受到附着在城市户籍上的各种福利安排。这些进城务工的农村劳动力由于并不从事农业生产，甚至居住地长期也不在农村，因此，他们与农民有着本质的差别，但是与城市人相比，他们又没有城市户籍，不能与城市人享受相同的公共福利，从而与城市人也有着明显的界限，为了与农民和城市人进行区别，从而产生了农民工的称谓。

农民工这一概念是张雨林教授首次提出的，他在中国社会科学院的《社会学通讯》发表的一篇文章将离开农村，在城市从事第二、三产业的农民称为农民工（汪勇，2007）。从此，农民工作为一个新的概念被普遍使用。笔者在中国知网查询的结果显示，在论文题目中出现“农民工”3 个字的文章达到36 231篇，其中中文核心有 8 951 篇，南大核心（CSSCI）有 6 538 篇。1991年后，国家在许多正式文件中也开始使用农民工这一概念。如 1991 年，国务院发布的《全民所有制企业招用农民合同制工人的规定》中将企业招用的农民合同制工人统称为“农民工”，主要指“从农民中招用的使用期限在一年以上，实行劳动合同制的工人，包括从农民中招用的定期轮换工”。2006 年国务院发布的《关于解决农民工问题的若干意见》指出：“农民工是我国改革开放和工业化、城镇化进程中涌现的一支新型劳动大军。他们户籍仍在农村，主要从事非农产业，有的在农闲季节外出务工、亦工亦农，流动性强，有的长期在城市就业，已成为产业工人的重要组成部分。”党的十六届六中全会通过的《中共中央关于构建社会主义和谐社会若干重大问题的决定》指出：“严格执行国家劳动标准，加强劳动保护，健全劳动保障监察体制和劳动争议调处仲裁机制，维护劳动者特别是农民工合法权益。”

虽然农民工已成为学术界和政策界普遍使用的概念，但是学术界对农民工的具体含义仍有不同的阐释。李强（2004）认为城市农民工是从农村来到城市，却未被纳入正式的城市居民之内的非正式城市群体，是处于中国社会分层体系中的一个社会群体。国务院研究室课题组（2006）认为农民工是指从事非农工作，收入来源主要是工资，但户籍身份还是农民，并且在农村还有承包地的人员，是我国经济社会处于转型期的特殊概念。郑英隆（2007）从三个层面对农民工的概念进行界定。从劳动性质看，农民工是在工商企业劳动，从事的工作岗位主要与农业无关，并且遵守企业用工制度。从劳动力来源看，农民工往往是农村中教育程度较高、风险意识较强、有拼搏精神的高素质劳动力。从迁移动因来看，农民工因为发现了城乡收入差异，从追求收入最大化的角度出发，而果敢地从农村转移到城市。沈立人（2005）认为农民工兼具农民和工人两种身份和两种角色，并且“农”是其起点，而“工”是其归宿。农民工是我国经济社会处于过渡期所特有的现象。张文学等（2011）认为农民工是指从农村来到城镇从事非农工作，但户籍还在农村的劳动者。农民工主要包括两种类型，一种是在当地（主要是本乡镇）的工商企业从事非农工作，一种是在外地（本乡镇以外）的工商企业从事非农工作。严征（2006）认为农民工是一种职业上的称谓，最初是指在本地的乡镇企业工作的农民，后来泛指从农村来到城市，主要从事非农劳动，并获得工资性收入，工作和生活重心已转移到城市，但是户口还在农村的劳动者。邢海燕（2008）认为农民工是指从农村转移到城市，一年中在城市的务工时间超过3个月，在城市的居住时间超过6个月，并且仍保留农业户籍的劳动者。蒋谦（2009）认为农民工是指具有农业户籍，年满16周岁，具有务工能力，从事非农劳动并从中获得劳动报酬的劳动者。陆学艺（2004）认为农民工具有四个特性：一是户籍在农村；二是从事非农职业；三是属于被雇佣者，因为如果是自我雇佣，即使拥有农村户籍，也应该是个体工商户或私营企业主；四是来源于农村，是农村的富余劳动力，既包括在家乡务工的劳动者，又包括在外务工的劳动者。王春光（2005）也从四个方面对农民工的概念进行了界定：一是从职业来看，农民工从事的主要是非农职业；二是从身份来看，农民工的户籍仍在农村，其身份仍然是农民；三是从劳动关系来看，农民工是被雇佣者；四是从地域来看，农民工均来自农村。卢秉利等（2007）认为农民工是指户口在农村，在外地或本地城镇从事非农产业的雇佣劳动者。

上述学者主要从户口性质、职业性质、收入性质、工作地点、来源地等方面对农民工的概念进行界定。首先从户口性质来看，所有文献都一致认为农民工拥有农业户口。其次，从职业性质来看，有些文献认为只有从事非农职业才有可能是农民工，而有些文献认为农民工主要从事非农职业。事实上，有些农村劳动力转移到外地务工，从事的仍然是农业工作，而这部分人与未转移的本地农民具有很大差异，因此也可被归入农民工的范畴。从收入性质来看，目前很多学者认为农民工只能是被雇佣者，因此其获得的收入只能是工资性收入。但是有些学者对此持反对态度，认为自我雇佣者也可被称为农民工。事实上，当前在城市的农民工中，有很大一部分人都在从事个体经营，并且很多地方在统计农民工时，既包含进城务工的农民工，又包含进城经商的农民工。并且，目前也有很多学者在研究农民工在城市的创业行为（朱志胜，2021；李俊，2018；朱明宝等，2018），很显然这部分学者也是将自我雇佣的农民工（包括个体经营和开办民营企业）归为农民工的范畴。因此，农民工的收入也可能来自经营性收入。从工作地点来看，一般认为，农民工的工作地点是在城镇，既包括本乡镇，也包括本乡镇以外的城镇，在本乡镇以内务工的称为本地农民工，在本乡镇以外务工的称为外地农民工。由于第二、三产业主要分布在城镇，因此农民工的工作地点在城镇是没有问题的。但关键的问题是，根据邢海燕（2008）的定义，在城市的居住时间要超过6个月才算农民工，事实上很多地方在统计农民工数量时，也使用了该标准，而在本乡镇务工的农民工一般会回家居住，在城市居住的时间可能不会超过6个月。从来源地来看，所有学者均认为农民工均来源于农村。然而有些学者认为农民工是来源于农村的富余劳动力，如果是改革开放初期，这种观点可能是没有问题的，然而，现在许多农村地区也出现了劳动力短缺的情况，并因此导致了土地荒芜，但是农村的青壮年劳动力仍然不愿意留在农村，而是继续向城市转移，因此现在很多农村地区流出的劳动力已不是富余劳动力。

由此可以看出，对农民工概念的界定不能太细致，越细致越容易出现相互矛盾的情况。因此本书认为，农民工是指户籍在农村，工作地点主要在城镇，主要从事第二、三产业并从中获得工资性收入或经营性收入的劳动者。

此外，目前也有很多学者在讨论农民工概念的歧视性问题。在改革开放之初，随着沿海经济特区的设立，沿海地区对劳动力产生了大量的需求，于是大量的农村劳动力涌入到沿海地区务工。由于没技术、没文化，他们在城市做着最苦、最累、最脏、最险的工作，靠体力挣取少量的报酬。由于城乡二元体制的限制，这些外出务工的农民生活在城市社会的最底层，与拥有城镇户籍的市民格格不入，于是广大市民就将男的叫“打工仔”，女的叫“打工妹”。这种称谓虽然较“盲流”的歧视性有所减弱，但仍然饱含贬义，以及体现了市民对外出务工农民的冷漠和鄙视（汪勇，2007）。农民工这个概念出现后，社会上普遍使用农民工这一概念，相较“打工仔”“打工妹”的称谓有了很大的进步。然而，农民工的称谓仍然含有“农民”二字，并且其目的是与城市市民相区别，暗含有一定的歧视性（汪勇，2007）。因此，国家在一些文件中开始使用“进城务工人员”这一称谓，如《中共中央关于制定国民经济和社会发展第十一个五年规划的建议》和《“十一五”规划纲要》就多次使用“进城务工人员”这一新称谓。“进城务工人员”的称谓从字面上已经没有了歧视的含义，体现出政府和社会对农民工更加的尊重与关怀，但这一称谓仍然是为了与城市市民相区别。

其实，之所以认为农民工具有歧视含义，是因为农民工中含有农民二字，根据该逻辑，似乎农民两个字也存在歧视。农民本身是一种职业，与工人、医生、教师等职业一样，因此农民二字本身是不含有任何歧视的。过去，从事农业的收入很低，农村比较落后，因此农民成了很多人想要逃离的职业，很多人不愿意当农民。当前，全国正在大力推进乡村振兴，将来，农村将会变得更美，农民将会变得更富，农民将会成为人人羡慕的职业。到那时，农民工的称谓也就不含有任何歧视。并且随着新型城镇化的建设，农民工与城市市民在福利待遇方面将不存在任何差别，也就没有必要将农民工与城市市民区别开来，不仅农民工这一称谓会消失，进城务工人员这一称谓也会消失。

因此，笔者认为，农民工这一概念本身是不存在歧视的，这只是一个过渡性的概念，是为了与农民和城市市民区别开来，鉴于当前有许多学术文章和国家的政策文件仍在使用农民工这一概念，本书仍然使用这一概念。

（2）新生代农民工的概念。王春光（2001）在 2001 年首次提出了“新生代农村流动人口”的概念，这个概念对应的就是现在的“新生代农民工”的概念（彭仁贤，2011）。之后，大量的文献开始关注新生代农民工的相关问题。在2010年之前，新生代农民工的概念只是在学术界使用，在2010年之后，政府的许多文件也开始使用这一概念。2008年5月，南京师范大学的几名大学生在参加一项学科竞赛中，对2 000多名出生于1980年后的农民工的价值观进行了调查，形成了《江苏省当代农村进城务工青年价值观研究报告》。随后，该课题组组织了多项活动，促进青年农民工群体与大学生群体进行价值观的交融，这些活动得到了多家媒体的报道，并引起了中央的重视，在2010年的中央1号文件中提出“着力解决新生代农民工问题”（高荣政，2010）。

王春光（2001）当时对新生代农民工的定义是，出生在20世纪70年代末80年代初，年龄大多在25岁以下，成长在20世纪80年代，外出务工在20世纪90年代，他们有更多机会和更好的条件接受学校教育，因此他们的受教育程度比第一代农民工更高，而参加务农的时间比第一代农民工更少，甚至完全没有务农经历，他们外出务工的动机和期望与第一代农民工也存在很大差异。高荣政（2010）认为“新生代农民工”是指出生在1980年后的农民工，他们中的大部分没有从事过正式的农业生产，对农村、农业和农民不是很熟悉，他们有更高的受教育程度，有更高的职业期望，对物质和精神生活有更高的追求，但工作的耐受力比较低，他们更加渴望融入城市的生活。

一些学者进一步分析了新生代农民工的特征。王春光（2001）调查了深圳、杭州和温州的新生代农民工，对新生代农民工的特征进行了总结。新生代农民工的平均年龄为23岁，76%的人是在20世纪90年代出生的，具有初中学历的占54%，具有高中学历的占29%，具有务农经历（包括在上学期间协助父母做农活）的只占39%，外出的主要目的不仅仅是为了提高经济收入，也是为了更高的生活质量，甚至一部分人外出的目的主要是为了追求生活质量。刘传江（2010）于2008年调查了部分武汉市的新生代农民工。他的调查表明，新生代农民工的平均年龄为23岁，具有初中学历的比例为57%，具有高中学历的比例为20%，具有职业高中学历的比例为10%，平均受教育年数为10年，38%的新生代农民工没有务农经历。这两篇文献关于新生代农民工的年龄、受教育程度及务农经历的结论非常相似。

之所以将农民工划分为老一代和新生代，主要是认为老一代农民工和新生代农民工在很多方面具有明显差异，从而在解决农民工的相关问题的时候，可以分类施策。何瑞鑫等（2006）从价值观的角度讨论了新生代农民工与老一代农民工的差异性。他们认为新生代农民工的自我意识更强，新生代农民工不仅仅是为了挣钱，还有长见识、谋发展的目的。新生代农民工对生活的不满足感更强，对物质利益更加渴望，更加希望融入城市生活。高荣政（2010）从三个方面分析了新生代农民工与老一代农民工的区别。首先，从工作岗位的选择上，新生代农民工一般不愿意选择脏、累、险的工作岗位，并且对工作的收入有较高的要求。其次，从消费观念上，比较重视物质享受，不再愿意省吃俭用，把所挣的钱全部寄回家里。最后，在外出务工的动机上，新生代农民工不是为了"生存"而外出，而是为了寻找更好的发展机会，并且希望像城里人一样生活。李伟（2018）认为新生代农民工与老一代农民工相比拥有更高的素质，主要表现在有更高的受教育程度和文化素养，从事的职业更集中在第二、三产业等方面。王东等（2002）认为新生代农民工外出务工的目的和动机主要是寻找机会跳出农门、开阔眼界、增长见识、学习技术，为将来做生意积累资金。因此，与老一代农民工主要关注当前的挣钱目标不同，新生代农民工更加关注自我发展和事业成长。吴红宇等（2006）的研究表明新生代农民工对自身的发展更加关注，拥有比较强烈的学习愿望，69%的人表现出利用业务时间学习知识的意愿，89%的人认识到自己知识的不足，表示如果有机会愿意继续回学校读书，99%的人希望能够学习一门过硬的技术，对专业技术和创业知识表现出很强烈的学习愿望，67% 的人具有创业意愿。任娜（2009）的研究表明新生代农民工的思想更加活跃，更加重视对自己权益的保障，对参与城市政治生活的热情较高，具有较强的法律意识，更加关注社会保障，更加关注子女教育问题。在就业观念上，新生代农民工更加追求个人价值的实现。在消费观念上，新生代农民工追求时尚消费的倾向更加突出。全国总工会新生代农民工问题研究课题组（2010）总结了新生代农民工相对于传统农民工在观念上存在"六个转变"：一是外出就业的动机从"改善生活"转变为"体验生活、追求梦想"；二是对劳动权益的诉求从实现基本劳动权益的要求转变为实现体面劳动和发展机会的要求；三是对职业角色的认同从农民转变为工人；四是对所务工城市的心态从过客心理转变为期盼长期稳定的生活；五是维权方式从被动表达转变为积极主张转变；六是对外出务工的精神、情感生活的忽略转变为需要得到更好满足。

国家统计局的数据显示，2018 年农民工总量为 28 836 万人，其中 1980 年及以后出生的新生代农民工数量为 14 851 万人，占全部农民工 51.5%，比 2017 年提高了 1 个百分点。在新生代农民工中，"80 后"占 50.4%；"90 后"占 43.2%；"00 后"占 6.4%[①]。随着时间的推移，新生代农民工的规模将越来越大。

综上所述，由于新生代农民工具有更高的受教育程度，具有更高的文化素

① 国家统计局 . 2018 年农民工监测调查报告［EB/OL］. http://www.stats.gov.cn/tjsj/zxfb/201904/t20190429_1662268.html

养，更加追求个人成就和个人价值的实现，新生代农民工相比于老一代农民工，可能具有更强的创业意愿。全国总工会新生代农民工问题课题组（2010）的调查显示，打算“做小生意或创办企业”的新生代农民工占27%，比传统农民工高出将近10个百分点。因此本书重点关注在乡村振兴背景下，1980年及其以后出生的新生代农民工的涉农创业意愿与行为。

3.1.2 涉农创业

（1）创业。目前关于创业的含义有多种解释。《辞海》对创业的解释为“创立基业”。《现代汉语词典》对创业的解释为“创办事业”。管理者把创业描述为创新、变化、驱动、冒险、创造和增长导向，即创建和管理新企业。一些学者通过研究创业的本质、动力、独特性及其局限性等更加丰富了创业的内涵（刘沁玲等，2016）。在通常意义上，创业是人类社会生活中一项最能体现人的主体性的社会实践活动。它是一种劳动方式，是一种需要创业者组织和运用服务、技术、器物进行思考、推理和判断的行为。创业有广义和狭义之分。广义的创业，是指社会生活各个领域中的人们开创新的事业所从事的社会实践活动，其突出强调的是主体在能动性的社会实践中所体现的一种特定精神、能力和行为方式。狭义的创业是一个经济学的范畴，是指主体以创造价值和就业机会为目的，通过组建一定的企业组织形式，为社会提供有创造性的产品或服务，填补了市场需求的空白（徐明，2016）。

创业的概念最早出现于18世纪，其含义一直在不断演化。很多人把创业等同于创办工商企业，但大多数经济学家认为，创业的含义要广泛得多。对某些经济学家来说，创业者是指在有盈利机会的情况下自愿承担风险、进行创业的人。另一些经济学家则强调，创业者是一个推销自己新产品的创新者。还有一些经济学家认为，创业者是指那些将有市场需求却尚无供应的新产品和新工艺开发出来的人。

目前学术界比较普遍使用的是霍华德·H.史蒂文森（Howard H. Stevenson）提出的创业概念。他认为，“创业是个人或组织不拘泥于当前资源条件的限制对机会的追寻，将不同的资源组合，以利用和开发机会并创造价值的过程”。该定义包含几个要点：首先，创业的本意在于不受当前资源条件的限制对于机会的捕捉和利用，代表一种以创新为基础的做事与思考方式；其次，创业是一种发掘机会，并组织资源建立新公司或开展新事业，进而提供市场新的价值；最后，创业活动突出表现在机会导向、创新的强度、创造价值的程度以及对社会的贡献等方面。

（2）涉农创业。目前，一些学者按照不同的分类标准对创业的类型进行了划分。刘沁玲等（2016）在《创新与创业管理》一书中根据六种标准对创业的类型进行了划分。一是根据创业的动机，将创业分为机会型创业和生存型创业，这是关于创业的最主要的分类方法。二是根据创业的主体将创业分为个体创业和公司创业。三是根据创新程度将创业分为创新型创业和模仿型创业。四是根据创业效果将创业分为成功的创业、失败的创业、催化剂式创业和重新分配式创业。五是根据创业的初始条件将创业分为边缘型创业、冒险型创业、与风险投资融合的创业、大公司内部创业和革命型创业。六是根据价值创造分为商业创业和社会创业。虽然该书从多个方面对创业的类型进行了划分，但是并没有根据行业对创业的类型进行划分。本书提出的涉农创业概念是从创业涉及的行业提出的概念。郭铖（2019）认为农民涉农创业是指农民采取多种组织形式介入农业产业链的各个环节，以农业资源为依托，发现创业机会并投入一定数量的资金整合各类资源，以实现财富增加和自身发展的行为和过程，即农民在“大农业”中的创业。

涉农创业虽然与农业有关，但是涉农创业并不等同于狭义的农业创业，狭义的农业创业仅包括种植业和养殖业的创业。随着乡村振兴战略的实施和农业农村现代化的发展，农村出现了许多新的业态，如农产品加工业、农产品电子商务、乡村旅游和休闲农业等。因此本书将涉农创业界定为充分利用农业的多功能性，主要依靠农村和农业资源，开展规模种植、规模养殖、农产品加工、农村电商、乡村旅游和休闲农业等创业活动。

3.2 理论基础

3.2.1 劳动力转移理论

（1）刘易斯劳动力转移理论。刘易斯在20世纪50年代中期提出了基于二元经济结构的劳动力转移理论。该理论认为大部分发展中国家均存在“二元经济”现象，一个是现代化程度比较高、生产效率比较高的工业部门，一个是现代化程度很低、生产效率很低的农业部门。工业部门由于比农业部门具有更高的生产效率，因此，工业部门的工资也会高很多。同时，一个国家的经济发展需要现代化程度比较高的工业部门的不断扩张，工业部门的扩张产生大量的劳动力需求，在这种情况下，农业部门的劳动力就会源源不断地流向工业部门。

刘易斯劳动力转移理论将这种劳动力流动分为两个阶段。在第一阶段，农业部门的劳动力比较丰裕，而土地、资本比较稀缺，导致劳动生产率低，收入水平低，而工业部门资本比较丰裕，而劳动力比较稀缺，导致劳动生产率高，收入水平高，因此农业部门的劳动力会不断向工业部门流动。在第二阶段，随着农业部门的劳动力不断流出，劳动力相对土地、资本的过剩状态不断消除，农业劳动的生产效率逐渐提高，收入也会不断提高，另外，随着大量劳动力不断流向工业部门，工业部门的劳动力稀缺状况也会逐渐消除，从而农业部门与工业部门的收入差距也会不断缩小甚至最终消失，并且农业部门也会像工业部门一样实现现代化。

刘易斯的劳动力转移理论较好地解释了大多数发展中国家的农村劳动力向城市转移的现象。刘易斯的劳动力转移理论认为随着农业劳动力向工业转移，农业劳动力相对土地、资本的过剩就会消除，从而农业部门的劳动生产率得以提高，并实现现代化。但是刘易斯并没有注意到农业部门转出的劳动力结构，许多的实证研究均表明从农村转移出去的劳动力往往都是素质比较高的劳动力，而留在农村的劳动力往往都是因为素质比较低，无法实现转移而被迫留在农村。在这种情况下，即使农业部门的劳动力大幅减少，农业劳动的生产效率也难以提高，农业部门也很难实现现代化。在我国，从农村转移出去的劳动力往往也是比较年轻、受过更多教育的劳动力，因此这些劳动力的大量流出，使留守在农村的劳动力主要以老年人、妇女、儿童为主，导致许多农村地区出现了凋敝现象，并且在我国的乡村振兴过程中，人才短缺成为重大的现实困境。

（2）拉尼斯—费景汉模型。费景汉和拉尼斯对刘易斯的劳动力转移模型进行了一些改进，因此有些书籍将刘易斯模型和拉尼斯—费景汉模型统称为刘易斯—拉尼斯—费景汉模型。费景汉和拉尼斯认为刘易斯的劳动力转移模型存在两个主要的缺陷，一是未重视农业发展对工业的促进作用，二是没有注意到农业劳动生产率的提高是农业劳动力能持续流入工业部门的先决条件。

费景汉和拉尼斯将劳动力的流动分为三个阶段。第一阶段，工业部门吸收的是边际生产力等于零或接近零的劳动力。在农业部门的劳动力刚开始向工业部门流动时，农业部门存在大量的过剩劳动力，这部分劳动力的边际生产力等于零或接近零，即农业生产中存在隐性失业。当这部分隐性失业的劳动力流向工业部门时，并不会减少农业总产量。农业部门的边际生产力也不会提高，从而农业部门的人均收入也不会发生改变，农业部门的富余劳动力将持续地向工业部门流动。

第二阶段，工业部门吸收的是农业边际生产力大于零的劳动力。随着农业部门的劳动力持续向工业部门流动，农业部门内部的劳动力相对于土地和资本的比例逐渐下降，边际生产力等于或接近于零的劳动力完全消失，这时继续流入工业部门的劳动力的边际生产力将大于零，这部分劳动力的转出将会减少农业总产量，消费农产品的价格将会上升，工业部门为了吸引农业劳动力转入，就必须提高工资水平。为了不使工业部门的工资太高而影响工业部门的扩张，就必须提高农业生产效率，以增加农产品的供应。

第三阶段，农业部门的富余劳动力全部被转移到了工业部门。在这个阶段，农业部门的富余劳动力全部转移到了工业部门，农业部门的边际生产力已提高到与工业部门相当的水平，农业部门的平均收入水平也与工业部门的工资水平大致相等，农业部门的劳动力不再大规模地向工业部门转移，并且与工业部门一样实现了现代化。

改革开放以来，由于家庭联产承包责任制的实施极大地解放了农业生产力，大量的农村富余劳动力开始向城镇转移，为我国的工业化和城镇化贡献了大量的人口红利。大约在2008年前后，我国东部的一些企业开始出现了“招工难”的现象，并且农民工的工资开始有了较大增长，有许多学者认为我国的劳动力流动已达到刘易斯转折点（蔡昉，2008），但是也有许多学者认为我国还未到达刘易斯转折点（周天勇，2010）。其实出现这种争论的关键是，对刘易斯转折点的认识不同（侯东民等，2009）。根据拉尼斯—费景汉关于劳动力流动的三个阶段划分，刘易斯转折点有两个，一个是从第一阶段到第二阶段的转折点，另一个是从第二阶段到第三阶段的转折点。认为我国已到达刘易斯拐点的学者一般考虑的是第一个转折点，认为我国未到达刘易斯转折点的学者一般考虑的是第二个转折点。当然，测算方法的不同也是导致刘易斯拐点之争的重要原因。根据王德文等（2005）的测算，2004年我国的富余劳动力比例不到农村全部劳动力的1/4，并且在这些富余劳动力中，一半以上的是年龄在40岁以上的劳动力，而这部分劳动力的流动意愿比较低，40岁以下的农村富余劳动力不到5 800万人。因此，未来的农村不可能为城市提供无限的劳动力供给。我国学者关于刘易斯拐点的争论主要发生在2010年前后。即使在那个时候，我国还未到达刘易斯的第二个拐点，但是到现在也已达到或接近刘易斯的第二个拐点。例如，周天勇（2010）当时预测我国刘易斯拐点到来的时间大概在2020年，贾先文等（2010）预测我国刘易斯拐点到来的时间大概在2030年。

近年来，我国农民工数量的增速放慢，农民工的年龄逐渐增加，也可以证明我国农村富余劳动力的数量所剩不多的事实。2018年我国的农民工数量相对2017年增长了0.6%，增速回落了1.1个百分点，农民工的平均年龄比2017年提高了0.5岁①。2019年农民工数量增长了0.8%，平均年龄提高了0.6岁②。2020年全国的农民工数量下降了1.8%，平均年龄提高了0.6岁③。

① 国家统计局．2018年农民工监测调查报告［EB/OL］．http：//www.stats.gov.cn/tjsj/zxfb/201904/t20190429_1662268.html.

② 国家统计局．2019年农民工监测调查报告［EB/OL］．http：//www.stats.gov.cn/tjsj/zxfb/202004/t20200430_1742724.html.

③ 国家统计局．2020年农民工监测调查报告［EB/OL］．http：//www.stats.gov.cn/tjsj/zxfb/202104/t20210430_1816933.html.

虽然从总量来看，我国农业劳动力的规模还很庞大，或者是还远远大于基于现代农业所需要的劳动力数量，但是由于从事农业的劳动力年龄普遍偏大，农业生产中劳动力的结构性短缺已非常明显。

根据刘易斯—拉尼斯—费景汉模型，当劳动力流动进入第二个转折点后，农业部门可以和工业部门一样实现现代化。虽然我国农业现代化的水平不断提高，农业生产中资本要素的占比不断扩大，但是我国农业生产的科技贡献率还比较低，远远低于发达国家的水平，并且农业机械化、信息化、组织化程度也还比较低，还远未实现现代化，甚至在农村青壮年劳动力持续流出的情况下，农业的兼业化、农村的空心化现象十分突出。因此在我国农村富余劳动力几乎消失的情况下，农业部门并没有像刘易斯—拉尼斯—费景汉模型预期的那样自动实现现代化。因此，农村富余劳动力的转移并不能使农业自动实现现代化，还需要制度的推动。我国当前实施的乡村振兴战略，就是要从制度上推动我国农业、农村的现代化。

(3) 托达罗模型。从美国和西欧一些发达国家和地区的经验来看，农村劳动力从生产效率比较低的农业部门转向生产效率比较高的工业部门，实现了劳动力资源的优化配置，从而推动了这些国家的工业化和城镇化。刘易斯、拉尼斯和费景汉依据这些发达国家的经验建立了他们的劳动力流动模型，并应用到发展中国家。然而在20世纪60年代，尽管许多发展中国家城市就业率不高和失业的压力不断加剧，农村仍有大量的劳动力源源不断地流入城市，而刘易斯—拉尼斯—费景汉模型并不能很好地解释这种现象。托达罗认为，需要建立一种适合发展中国家的劳动力流动理论，以解释农村劳动力持续流入城市和城市失业率不断增长的矛盾。正是基于这种认识，托达罗提出了他的劳动力流动模型。

托达罗认为，劳动力流动是一种经济现象，劳动力的流动将基于收益与成本的比较。与刘易斯—拉尼斯—费景汉模型只强调农业部门与工业部门的实际收入差距不同，托达罗模型考虑了农业劳动力在农业部门的实际收入与转入城市中的预期收入差距。城市中的预期收入等于城市中找到工作的概率乘以城市的工资水平。只要城市中的预期收入高于农村的实际收入，农村的劳动力就会源源不断地流入城市。托达罗模型很好地解释了为什么城市中存在高失业率的情况下，农村劳动力还会持续不断地流入城市。

托达罗模型特别强调预期的作用。在许多发展中国家，尽管城市不能实现充分就业，农村劳动力如果只从现实的城乡工资差异出发而流入城市，可能的后果就是找不到工作，或者是只能在“非正规部门”谋求临时性就业。因此，在做出是否流入城市的决策时，他们还会考虑到在城市寻找到工作的概率的大小。只要在城市中找到工作后的收入乘以找到工作的概率，即预期收入大于在农村的现实收入，农村劳动力就会选择流入城市。农村富余劳动力流入城市后，在短期内可能难以找到工作，但是随着在城市居留时间的增加，找到工作的概率也会增加，从而预期收入也会增加。在许多发展中国家，从农村流入城市的主要是青壮年劳动力，他们并不会急于在短期内找到工作，而是从更长远的时间考虑，即他们并不只是考虑短期找到工作的概率，还要考虑长期找到工作的概率，他们认为只要在城市居留更长的时间，找到工作的机会就会增加。

托达罗的劳动力流动模型主要有以下几点含义：①劳动力的流动决策是基于收益与成本的考虑。②劳动力的流动决策并不是基于现实的城乡工资差异，而是基于预期的城乡工资差异，城市的预期工资等于城市的工资水平乘以就业概率。③农村劳动力向城市的流动率超过城市工作机会的增长率不仅是可能的，而且是合理的，关键的原因就是农村劳动力的流动决策是基于城乡预期工资收入的比较。

托达罗模型不仅具有理论上的意义，还具有政策上的意义。其政策含义主要包括以下内容：①应当尽量缩小城乡发展机会。如果城市工资的增长速度一直快于农村收入的增长速度，即使城市的就业压力很大，农村的劳动力仍然会源源不断地流入城市，这不仅会对城市造成许多经济社会问题，而且农村劳动力过量流出会对农业生产造成负面影响。②努力增加农村的就业机会。如果在不断增加城市就业机会的情况下，不考虑提高农村的收入和就业机会，农村的劳动力将会大量涌入城市，从而导致城市更多的就业带来更高的失业率。③应当摆脱只注重发展城市的偏见。如上所述，如果只注重提高城市的工资水平和就业机会，而忽略增加农村的收入水平和就业机会，不仅会导致城市失业率居高不下，在城市形成贫民窟，还会导致农业劳动力不足而影响农业生产。

托达罗模型对于推动我国城乡协调发展具有重要的启示意义。虽然我国的改革开放是从农村开始的，但是在改革开放后很长一段时期，我国的经济政策主要是偏向于城市的发展，导致城乡收入差距不断扩大。近年来，虽然国家十分重视农业农村的发展，农村居民的收入有了很大提高，但是城乡收入之间依然存在很大的差距。除了收入之外，城乡之间在基础设施建设、社会公共服务和产业发展之间的差距也巨大，农村的产业主要以农业为主，农村劳动力在家乡附近很难获得除农业之外的就业机会。在这种背景下，农村劳动力源源不断地流入城市，特别是青壮年劳动力，离开农村、农业的意愿非常强烈，导致现代农业的发展十分缺乏人才支撑。2017 年 10 月，习近平总书记在党的十九大报告中正式提出实施乡村振兴战略，根本的目的是解决城乡之间、区域之间发展不平衡的问题，从根本上改变偏重城市的发展战略，补齐农业农村发展的短板，推进城乡协调发展，同步推动城市和乡村的现代化。

（4）推拉理论。无论是刘易斯—拉尼斯—费景汉模型，还是托达罗模型，都认为促使农村劳动力移动的都是基于农业部门与工业部门的收入差距的比较。只不过刘易斯—拉尼斯—费景汉模型考虑的是农业部门与工业部门的现实收入差距，而托达罗考虑的是预期收入差距。劳动力的流动决策可能更加复杂，除了收入之外，可能还有其他因素发生作用。目前在许多发达国家，如美国和日本，从事农业的收入已非常接近甚至超过从事工业的收入，但是农村也很难留住年轻人，农业生产的老龄化程度非常高。推拉理论综合考虑了多种因素对劳动力流动决策的影响。

首先提出推拉理论的是博格（Bague），但是该理论最早可追溯到英国学者拉文斯坦（Ravenstein）在 19 世纪 80 年代发表的《人口迁移之规律》提出的相关观点，后来迈德尔（Mydal）、索瓦尼（Sovani）、贝斯（Base）、特里瓦撒（Trewartha）等作了进一步的修正和完善，从而形成了如今比较经典的人口流动理论（推拉理论）。推拉理论认为推力和拉力两种力量的共同作用促使人们作出流动决策。形成推力的因素主要包括就业机会差、收入水平低、基础设施落后、生活环境差、教育落后、医疗条件差、社会保障不足等，这些因素将促使劳动力流出；形成拉力的主要因素包括更多的就业机会、更高的收入水平、基础设施比较完善、生活环境好、教育质量高、更好的医疗条件和社会保障等，这些因素将促使劳动力流入。该理论有两个重要假设，一是迁移者是理性的，二是迁移者对迁出地和迁入地的信息有较多的了解。

推拉理论主要考虑推力和拉力中的外在影响因素，而没有考虑劳动力内在的影响因素，不能解释为什么同样一个地方，有些人流出了，而有些人没有流出。后来，E. S. Lee 又在推力和拉力之间增加了一个中间因素（中间障碍因素），中间障碍因素主要包括距离远近、物质障碍、语言文化的差异，以及移民本人对于以上这些因素的价值判断。即劳动力的流动决策是由推力、拉力和中间障碍因素共同作用的结果。

推拉理论也可以较好地解释我国农村劳动力的流出动机。我国大规模的劳动力流动发生在 20 世纪 90 年代初，正值我国开始实行社会主义市场经济，城市第二、三产业的发展需要大量的劳动力，城市有更多的就业机会、更高的收入水平，因此大量的农村劳动力流入城市。开始的时候，就业机会、城乡收入差距可能是农村劳动力流出的重要动因，而随着外出务工人员的增加，他们对流入地的信息有了更多了解，如城里具有完善的基础设施、更好的生活环境，他们把这些信息传回家乡，家乡的劳动力在进行充分对比后，又有更多的劳动力流向城市，因此后来从农村迁入城市的劳动力可能并不是收入差距的驱动，而是农村诸多推力因素和城市诸多拉力因素共同作用的结果，特别是对于新生代农民工而言，推拉理论也许可以更好地解释他们的流动动因。

不仅在改革开放之前，而且在改革开放之后很长一段时期，我国经济发展的重心主要在城市，因此城乡在就业机会、收入水平、基础设施、生活环境、教育质量、医疗条件和社会保障等许多方面存在巨大差距，从而在农村形成了巨大的推力，而在城市形成了巨大的拉力，这两种力的共同作用导致大量的农村劳动力向城市转移。2004 年中央 1 号文件提出了“要把解决好农业、农村、农民问题作为全党工作的重中之重”，我国开始重新重视农业农村的发展，全面取消了农业税，实行城乡统筹发展的政策，提出了“工业反哺农业、城市支持农村”的工作方针，开展社会主义新农村建设，农村的收入水平、基础设施、公共服务、生活环境等有了极大的改善，农村对劳动力的推力有所减小。2017 年习近平总书记在党的十九大报告中提出实施乡村振兴战略，乡村振兴的目标是“产业兴旺、生态宜居、乡风文明、治理有效和生活富裕”，这五个目标的逐步实现不仅会进一步减小农村对劳动力的推力作用，而且会增加对在城市务工的农民工及其他劳动力的拉力作用。近年来，我国省内流动的农民工呈持续增长的态势，而跨省流动的农民工呈持续下降的趋势，这表明家乡附近的就业机会在逐渐增加，更多的农民工选择了就近就地就业。2018 年，包括大学生、退役军人、科技人员和农民工的返乡下乡创新创业人员在全国超过 780 万人①，2019 年达到 850 万人②，2020 年这一数据增加到 1 010 万人③。农民工跨省流动数量的减少，以及各类返乡下乡创业人员的持续增加均表明农村对各类劳动力的推力在减小，而拉力在增强。

3.2.2 人力资本理论

(1) 人力资本的概念。在近现代经济学中，英国古典经济学家威廉·配第是第一位明确将人视为资产的经济学家。人们通常通过将物质资产在有效使用寿命内产生的收入资本化来计算物质资产的价值。威廉·配第在计算人口的经济价值时也采用了这一想法。根据这种方法，威廉·配第计算出英国每个人的平均价值约为 80 磅。计算依据是，扣除其他物质资产创造的收入后，英国创造的年收入为 2 600 万英镑。当时，英国人口约为 600 万人，因此每人每年创造的价值约为 43 万英镑。如果每个人工作 20 年，每个人的平均价值约为 80 磅。威廉·配第还指出，每个劳动力的经济价值都不同，因为不同劳动力创造的收入不同。例如，在英国，海员的周收入可以达到 12 先令，而土地耕种者的周收入不超过 4 先令。因此，海员的经济价值大约是农民的 3 倍。从现代的

① 我国返乡下乡创业创新人员达 780 万人 带动收入增加 . http://www.rmzxb.com.cn/c/2019-01-10/2260839.shtml.

② 全国返乡下乡创新创业人员将超过八百五十万 . http://www.gov.cn/xinwen/2019-11-19/content_5453359.htm.

③ 2020 年全国各类返乡入乡创业创新人员达到 1 010 万人 . https://m.gmw.cn/2021-10-19/content_35243094.htm.

角度来看，威廉·配第实际上通过对预期年收入进行折现或资本化来估计人口的经济价值。虽然威廉·配第计算个人经济价值的方法是合理的，但他并没有从总收入中扣除生活费用。

英国统计学家威廉·法尔（William Farr）使用净收入的贴现值来计算个人人力资产的价值。净收入是指个人未来的总收入减去生活费用后的差额。因此，与威廉·配第的计算方法相比，威廉·法尔的方法更加严格。德国统计学家恩斯特·恩格尔（Erst Engel）认为，很难估计预期收入的价值，尤其是对一些特殊人群而言。因此，他考虑了另一种计算个人经济价值的方法，即通过一个人在成长过程中所花费的成本来衡量他的经济价值。另一位德国统计学家维茨坦（Wittsein）在估算人力资本时，综合采用了威廉·法尔的预期净收入折现法和恩斯特·恩格尔的成本消耗法。

亚当·斯密（Adam Smith）是第一位提出人力资本概念的经济学家。在《国富论》中讨论分工时，亚当·斯密提到，人们在天赋方面可能存在差异，但这种差异可能没有我们感觉的那么大。成年后，人们在不同的职业中可能表现出非常不同的才能。在大多数情况下，这种差异可能不是分工的原因，而是分工的结果。例如，亚当·斯密说，哲学家和街头搬运工有着非常不同的性格，他们之间有着巨大的差异。这不是因为天性，习惯、风俗和教育是造成这种差异的主要原因。七八岁之前，他们的天性应该非常相似。此后，他们的职业差别很大，所以他们的才能逐渐显现，他们之间的差异逐渐增大。显然，亚当·斯密已经认识到，人的能力是从实践和发展中获得的，而不是从天赋中获得的。

亚当·斯密认为，人们学到的有用才能是固定资本的重要组成部分。要获得才能，人们需要接受教育、上学和当学徒，这将花费大量资金。这种资本似乎已经实现并固定在学习者身上。人们学到的这些有用的才能不仅是他个人财产的一部分，也是他所在的社会财产的一部分。例如，工人通过学习来提高他们的工作能力，这种能力就像节省劳动和方便劳动的工具和机器一样，可以被视为社会的固定资本。人们需要提前花一笔钱来学习一种才能，但这种才能不仅可以通过工作来得到补偿，还可以盈利。因此，人们学到的有用才能与固定资本非常相似。

此外，亚当·斯密进一步解释了不同职业之间工资差异的原因。他说，不同职业要求的难度不同，因此要学习这些业务的成本也不同。有些职业需要特殊的技能和熟练程度，这需要大量的时间和资金来学习。能够从事这一职业的人需要收回他们在学习这类业务方面的所有投资，并且至少还可以在普通工资之外获得普通利润。因此，熟练劳动力和普通劳动力的工资会有所不同。由此可见，亚当·斯密不仅提出了人力资本的概念，而且在一定程度上探讨了人力资本投资的原则，这对人力资本理论的发展具有重要意义。

自现代人力资本理论建立以来，通过深入研究，人力资本的概念逐渐变得清晰。舒尔茨认为，人力资本是“作为生产者和消费者的人的能力”，人力资本是“通过投资本身获得的有用能力的组成部分”。“我们称这种资本为人力资本，因为它已经成为人们的一部分，而且因为它可以在未来带来满足感或收入，我们称之为资本。”贝克尔认为，人力资本是一种才能，它将对他未来的财务和心理收入产生重大影响。与其他资本相比，人力资本是一种非常缺乏流动性的资产。国内许多学者也对人力资本的概念进行了探讨。李建民（1999）认为，人力资本是指存在于人体内的，具有经济价值的，后天获得的知识、技术、能力和健康等素质因素的总和。李忠民（1999）认为，人力资本是指可以增加商品或服务的有用性，凝结在人体内的一种价值。朱必祥（2005）认为，人力资本是存在于人体内的一种价值，是通过投资形成的知识、技能和健康因素，并在未来可以赚取收入。张凤林（2011）认为，人力资本是人的各种能力的总和，是通过对人力资本的投资开发出来的。他把人力资本分为三种形式：一是身体素质，主要是人的体力、耐力和预期寿命；二是科技文化素质，主要包括人的知识水平、操作技能、认知能力和创新能力；三是道德素质，主要涉及道德标准、意志品质和人生态度。

（2）人力资本投资的形式。人力资本投资和物质资本投资都是投资行为，因此没有显著差异。由于人力资本独立于人体而存在，人力资本的形成和使用也受人的主观意愿的影响，因此人力资本投资与物质资本投资之间又存在一定的差异。至于人力资本投资的形式，亚当·斯密认为，为了学习才能，人们需要做学徒，需要接受教育。穆勒（Mill）指出，一个人从出生到成长需要耗费大量的劳动。例如，用于教授生产技能需要耗费劳动，用于预防和治疗疾病也需要耗费劳动。因此，穆勒认为，家庭教育、学校教育和医疗都是人力资本投资的形式。马克思在讨论劳动的价值时强调，教育和培训是改变普通人的本性、获得某些工作技能的重要途径。因此，马克思认为，教育和职业培训是人力资本投资的重要形式。舒尔茨首先系统分析了人力资本投资的内容。舒尔茨认为，人力资本投资的形式主要包括以下几个方面：

第一，保健投资。人力资本的载体是人，个人只有保持良好的健康状态，其知识和技能等才能得到有效发挥，因此通过对医疗、卫生、保健等服务进行投资，从而提高人们的健康水平十分重要。

第二，教育投资。教育投资主要是指通过支付一定的成本使个人在学校接受系统的、正规的初等、中等和高等教育。教育不仅可以通过向受教育者传授知识与技术，提高他们的科学文化知识和技术水平，从而提高他们的工作效率，还可以培养人们的认知能力和创造性思维能力，并且教育可以提高受教育者的道德水平，使他们具有较高的忠诚度和责任感，能够遵章守纪，具有更强的进取心。因此，教育是人力资本投资最核心的部分。

第三，职业培训。职业培训一般是企业或其他机构举办和提供的教育与培训，旨在帮助职工提高生产技术水平，或者是掌握一种新的技能。与正规的学校教育相比，职业培训的周期一般比较短。如果雇员离开工作岗位进行职业培训，这种职业培训称为离职培训；如果雇员不离开工作岗位进行职业培训，这种职业培训称为在职培训，"干中学"是在职培训最典型的方式。正规学校教育和职业培训在侧重点上有所不同，正规学校教育比较注重教授基础性知识，注重培养基础性的能力，而职业培训更加注重教授应用性知识，注重培养应用性能力，因此职业培训与正规学校教育具有互补性。

第四，迁移投资。为了获得更高的收入，或者为了满足某方面的偏好，有些人会从一个地方迁移到另一个地方，或者是从一个产业迁移到另一个产业，这种迁移往往需要支付一定的成本。劳动力的迁移可以改善人力资本配置的效率，从而提高劳动生产率，因此这种迁移行为也是人力资本投资的一种形式。

第五，信息投资。信息投资是指通过支付一定的成本来获取关于商品价格、供求状况等市场信息，以方便有关主体作出最优的经济决策。现实市场中的信息是不完全的，为了获得更多的信息以方便决策，就需要进行信息投资。如购买报纸、电视和网络服务等以获取商品信息，就是一种信息投资行为。

3.2.3　创业理论

(1) 蒂蒙斯 (Timmons) 创业模型。蒂蒙斯创业模型的核心观点是：创业过程包括创业机会、创业团队和创业资源三个相互联系、相互作用的要素，这三个要素缺一不可。

第一，创业机会。创业机会是驱动创业活动的首要因素。对于一个新的创业活动而言，发现创业机会是启动创业活动的首要条件。创业活动其实就是将创业机会付诸实践的过程。创业机会的来源比较复杂，Echhardt 等 (2003) 总结了创业机会的来源，外在的信息冲击、信息不对称、供应方变化、需求方变化、促进生产率的机会以及寻租的机会都可能成为创业机会的来源。总之创业机会对启动创业活动非常重要，发现和发掘创业机会是创业活动开启的关键条件。

第二，创业资源。创业机会是创业活动开展的必要条件，而非充要条件。创业者必须拥有与创业机会相匹配的创业资源，否则创业机会仅仅是空中楼阁，只能停留在想象中，而无法将创业机会付诸实践。根据蒂蒙斯的观点，创业者要想获得成功，必须合理地利用和配置资源，使资源产生最大的收益，而付出最小的成本。创业者必须制定切实可行的资源利用战略，以便最合理地利用创业资源。因此拥有创业资源以及能合理利用创业资源是创业活动开启以及取得成功的重要条件。

第三，创业团队。创业活动的主体是人，因此创业者的能力和素质对成功开展创业活动十分重要。除了规模非常小的创业活动之外，创业活动往往需要一个在能力、性格、拥有的资源等方面具有互补性的创业团队。创业团队的主要工作是发现和发掘创业机会、开发及合理利用资源等。

创业活动其实是创业机会、创业资源及创业团队的匹配和平衡过程。在创业的过程中，创业机会、创业资源及创业团队往往会存在差距，存在不适应及不匹配的现象，创业团队需要作出完整的创业计划书，对这三个要素之间的匹配和平衡进行战略规划。创业团队需要不断地对这三个要素的匹配和平衡性进行评估，如创业机会是否存在问题，创业资源是否适应创业机会的需要，创业资源是否进行了最合理化的应用，创业团队自身是否适应创业机会与创业资源的匹配，如何筹集企业初创及扩展的资金，如何吸引和留住适应创业需要的优秀人才等。创业机会、创业资源及创业团队的平衡并不是静态的，而是动态的。在创业之初，这三者之间往往是不平衡的，经过创业团队的努力，它们逐渐趋向平衡，但是随着企业的发展，又会出现新的不平衡，从而需要进一步的平衡。因此创业过程是一个不断寻求创业机会、创业团队和创业资源动态平衡的过程。

新生代农民工从农村转移到城市就业，是因为发现城市比农村有更好的就业机会。新生代农民工如果希望返回农村创业，一定是发现了农村存在创业机会。因此对于新生代农民工的涉农创业而言，创业机会仍然是其开启创业活动的先决条件。虽然农村劳动力的流动从来都不是单向的，有流出也有流回，但是过去农村劳动力从城市返回农村更多是年龄增加、身体状况变差等导致的被动回流。随着国家对农业、农村发展的重视程度逐渐增加，国家不断加大资金、人才和政策的支持力度，农村面貌发生了巨大变化，农业重新焕发出生机，在农村从事创业活动的机会明显增加，因此，当前许多新生代农民工紧紧抓住农业农村发展的机会，主动回到农村从事包括涉农创业在内的各种创业活动。

农村的资源既有人文的，又有自然的。人文方面，乡村具有异于城市的生活气息、劳作方式、文化生活、风土人情等人文资源；自然方面，乡村具有耕地、林地、草地、水塘等自然资源。这些人文和自然资源为新生代农民工返乡创业提供了丰富的资源，关键是需要创业者正确识别创业机会，并合理利用这些资源，使机会与资源之间达到平衡。对于返乡农民工来说，资金可能是他们面临的最为稀缺的资源，除了依靠返乡农民工自己努力筹集之外，同时国家应采取积极措施，帮助返乡创业者解决资金短缺的困境。

新生代农民工在外务工期间学到了许多管理知识、市场知识及技术技能等，并且见识更加丰富，视野更加开阔，这使他们在识别创业机会和合理利用资源方面比未外出过的农民更具优势。但是，与许多城市创业者相比，新生代农民工往往受教育程度要低很多，并且在技术上也缺乏优势，在机会识别与资源利用方面还存在诸多不足，对创业活动的开启及成功存在诸多制约，因此对新生代农民工加强创业教育和培训，不断提高其人力资本存量，使新生代农民工的创业活动实现机会、资源与团队的平衡十分重要。

（2）威克姆（Wichham）创业模型。威克姆的创业模型在蒂蒙斯三要素的基础上增加了一个新的要素——组织，即创业活动包括创业者、机会、资源与组织。威克姆特别强调创业者在创业活动中的作用，他认为创业者在创业活动中处于中心地位。威克姆创业模型至少具有以下三层含义：

第一，在创业的四要素中，创业者是核心要素。这一点，其实很容易理解。创业机会的识别、发现和发掘，离不开创业者。创业资源的利用和管理也离不开创业者。创建一个组织，并对组织进行领导和管理，也需要创业者付出努力。

第二，创业者需要对机会、资源和组织之间的关系进行有效协调。由于创业者在创业活动中居于核心地位，因此创业者要将资源集中用于机会的开发，在此过程中，应注意资源的节约、成本的降低及尽可能地避免可能的风险。在集合各种资源的过程中，组织得以形成。创业者必须对组织加强领导和管理，使组织中的各要素协调一致，以适应所开发的机会。总之，创业者必须有效协调机会、资源与组织的关系，集合适合的资源用于所要开发的机会，并形成相应的组织，组织也必须适合所要开发的机会。

第三，创业组织是一个学习型组织。在威克姆的创业模型中，创业组织本质上是一个学习型组织。创业环境十分复杂并处于不断的变化中，因此创业组织必须根据创业环境及市场的变化不断进行调整，持续从成功或失败中吸取经验和教训，对不断变化的机会和挑战及时作出反应，使组织的要素、规则、结构、程序、规模、制度、文化等不断进行完善和调整，实现各要素的动态平衡，从而使组织得到不断成长、发展和壮大，成功实现创业。作为创业四要素的核心，创业者必须进行开放性的学习，才能使创业组织成为学习型组织。

威克姆创业模型十分强调创业者在创业活动中的作用，这对研究新生代农民工的创业活动具有重要的参考价值。在当前关于农村的创业中，更多学者关注的是返乡农民工的创业。事实上，返乡农民工可以回农村创业，未外出的本地农民也可以创业，没有任何政策只鼓励农民工创业，而不鼓励未外出的本地农民创业。学术界之所以十分关注返乡农民工的创业，是因为在创业活动的诸要素中，创业者居于十分重要的地位。因为创业者需要对机会、资源及组织之间的关系进行协调，必然要求创业者具备较高的素质。从农村转移到城市的劳动力，即农民工往往具有更高的受教育水平，并具备一定的冒险意识，在外出务工的过程中，他们又学习到了更多的管理知识、市场知识，视野更加开阔，因此平均而言，返乡农民工与未外出的本地农民相比，他们具有对机会、资源及组织更强的协调能力，从而也更能取得创业成功。

(3) 加纳 (Gartner) 创业模型。加纳认为，创建新企业就是新的组织的创建，也就是对相互独立的不同行为要素，按照合理的结构进行整合以获得预期的结果。加纳构建了具有一个复杂结构的创业模型，他认为创业活动包括四个相互作用的要素，即创业者（创立新企业的个人）、组织（创建新企业的类型）、创业环境（新企业所面临的环境）以及创业过程（新企业的创立过程）。

创业者个人应该具备一定的特质，如具有强烈的取得成就的愿望，有敢于冒险的精神，有独到的见解，有比较丰富的阅历等。创业过程主要包括发现和识别商业机会、对资源进行合理整合、成立新的组织、进行产品生产或服务提供。创业环境指创业企业所需要的各种因素，包括生产产品或提供服务的各种技术因素，原料供应及产品销售面对的市场因素，国家及地方政府的政策因素，企业面临的交通因素等。组织则包括组织内部机构的设置方式、组织战略选择及长短期发展规划等。

对这四个要素以及他们的相互作用关系进行深入研究，可以发现创建新企业过程的复杂性。加纳创业模型不仅可以回答一个新企业是如何创建的，还可以对新创企业的发展进行有效指导。

加纳创业模型虽然并没有特别强调创业者的作用，但是该创业模型特别强调了创业者的特质。该模型强调创业者应具有强烈的取得成就的愿望，有比较丰富的阅历和有敢于冒险的精神。农民工与未外出过的本地农民相比，他们的阅历更加丰富，这是不容置疑的，这也是学术界比较关注农民工创业以及政策界大力鼓励农民工创业的主要原因。

(4) 莫里斯 (Morris) 创业模型。迈克尔・H. 莫里斯（Michael H. Morris）从创业过程的投入和产出的角度提出了其创业模型。该模型将影响创业活动的理论和实践进行了有效融合，将创业过程看作各种因素的结合。

创业投入主要包括四个因素。一是环境机遇，如出现了新的技术，人口数量或结构发生较大变化，政策发生较大变化等。二是创业者个人，创业者个人需要具备确认机会并抓住机会的能力，并能提出独特的商业创意，如针对特定顾客的需求，提出新的解决方案，或者针对特定的生产，提出新的技术方案等，创业者还需要承担实施创业的风险和责任。三是组织背景，创业者个人在实施商业创意的过程中需要一些组织背景，如与创业者有关系的地方官员、连锁店的特许经营商等。四是资金等资源，创业必然需要资金和非资金等资源的投入，创业者需要对这些资源进行合理整合。

创业产出的形式多种多样，创业项目的不同以及创业强度的不同均会造成创业产出形式的差异性。创业强度主要体现在创新、风险承担及执行的差异，这些差异会导致产出的不同，最后的产出包括经营中的企业、新产品和新服务、新的技术、利润或收益、工作机会、经济增长等，但是创业的最终产出可能是失败，从而会导致创业者个人的经济损失、精神打击甚至付出社会成本等。

莫里斯的创业模型强调环境机遇在创业过程中的重要性。自2017年习近平总书记在党的十九大报告中提出我国要实施乡村振兴战略，经过两年多时间的准备、规划、试验，2021年我国开始全面推进乡村振兴战略。乡村振兴战略是我国的一项重大战略，国家对农业农村的重视程度将达到一个前所未有的高度，这对于新生代农民返乡从事涉农创业活动将是一个重要的环境机遇。未来将会有更多的新生代农民工回乡开展创业活动。

莫里斯创业模型还强调了创业投入中的组织背景，这其实相当于社会资本的概念。农民工在外务工期间，结识了许多新的朋友，这对于他们开展创业活动具有很大帮助。郭铖等（2017）认为社会资本是一种关系资源和媒介资源，可以对农民工的创业提供支持和帮助，农民工的社会资源越丰富，就越容易获得创业所需的资源。周菁华（2013）认为社会资本的数量多少及质量高低，对农民工的创业绩效具有重要影响。

（5）刘常勇创业模型。刘常勇基于对创业者、创业网络、创业环境及创业执行力的深入研究而提出了一种创业模型。该模型涉及四个创业因素。与其他创业模型一样，创业家是不可或缺的，还包括了创业精神、创业倾向和创业能力。这四个因素相互作用从而推动了新企业的形成。事实上，这四个因素的相互作用还会推动创业机会、创业资源、创业团队和商业模式的互动，由此产生创业执行力。刘常勇创业模型特别强调了创业网络的作用，该模型认为在创业的全过程，在创业的每一个阶段，创业网络均贯穿其中，并且创业网络还是创业环境和创业过程主要的连接平台。该模型还将创业环境进行了详细的划分，社会经济环境、资源取得环境、技术和市场环境、政策法律环境、创业能力和企业发展环境、各种支持和鼓励环境均属于创业环境。任何创业行业和创业过程均离不开创业环境的影响，创业环境将创业围在其中。

刘常勇创业模型的基本思想是：创业者基于一定的创业精神、创业倾向和创业能力发现创业机会，然后基于一定的商业模式将资源和团队整合起来，形成创业执行力，从而实施创业行为。创业网络作为一个小环境会影响整个创业过程，创业的大环境也会持续影响整个创业过程。

刘常勇创业模型是国内比较完整和有影响力的创业模型，该模型的主要贡献是将创业环境进行了细化，并首次提出了其他创业模型未考虑的政府政策与法律环境要素。为支持返乡农民工创业，中央和地方政府出台了许多支持政策。例如，2015 年国务院办公厅出台了《关于支持农民工等人员返乡创业的意见》，明确了支持农民工返乡创业的主要任务，并从健全基础设施和服务体系建设、政策体系建设和组织保障方面对地方政府提出了具体要求。各级地方政府也根据各地的实际情况制定了相应的执行办法和措施。国家支持农民工返乡创业的政策取得了明显的成效：一是在农民工中已形成了浓厚的创业氛围，农民工创业已成为全民创业的重要组成部分；二是农民工的创业领域有了较大拓展，农民工返乡创业的领域不仅涉及三次产业，还渗透到社会公益事业、基础设施建设等多个层面；三是创业带动就业的效应十分明显，农民工返乡创业为农村劳动力就地就近就业提供了极大的方便（黄迈等，2016）。还有许多学者从实证的角度分析了创业政策对农民工创业意愿及创业绩效的影响。张若瑾（2018）基于四川和河南的 330 个样本数据分析了创业补贴和创业小额贷款对农民工创业意愿的影响，其结果表明创业补贴和创业小额贷款均对农民工的创业意愿具有显著的正向影响，但创业小额贷款的影响效应更加明显。徐辉等（2015）基于新生代农民工的调查数据分析了创业公共支持政策对创业绩效的影响，其研究结果表明得到过政府的金融支持、创业补贴和税费减免的，新生代农民工的创业绩效更好。石丹淅等（2021）基于湖北、重庆、湖南和贵州的 1 131 名返乡创业农民工的研究表明，对创业政策越了解，农民工的创业质量越高。戚迪明等（2018）的研究表明是否获得政策支持以及获得政策支持的数量均对农民工的返乡创业绩效具有显著的正向影响。由此可以看出，刘常勇创业模型在创业环境中提出了政府政策和法律环境因素，不仅具有理论意义，还具有重要的实践意义。

（6）巴伦（Baron）创业过程理论。巴伦根据创业的时间顺序将创业过程分为创业前、创业中和创业后三个阶段。创业前阶段指在创建新企业之前的准备活动，创业中阶段指新企业的创建活动以及新企业创建之初 12～18 个月的经营活动，创业后阶段指新企业创建后 18～24 个月的经营活动。巴伦认为，个人层面的变量、群体层面的变量及社会层面的变量均会对这三个阶段创业活动的发展变化产生影响。同时，巴伦还给出了每个阶段的活动范例和因变量测量范例。巴伦的创业过程理论从多个维度考虑了创业活动的影响因素，创业过程模型构架的思路很清晰。但是该模型主要是对前期的研究成果进行整合，仍然受到线性思维创业过程的影响，对创业过程关键活动之间的动态关系，以及前次创业活动在创业过程中的反馈作用的关注不够（徐明，2016）。

（7）巴韦（Bhave）创业过程理论。巴韦主要是从案例研究的角度，构建了新企业的创建过程模型。巴韦将创业过程分为三个阶段，即机会阶段、技术确立和组织创建阶段，以及交换阶段，并确定了每个阶段的关键要素。第一阶段的关键要素是激发机会识别的内外部因素，第二阶段的关键要素是生产技术，第三阶段的关键要素是产品。巴韦的新企业创建过程模型将创业过程看作是一个闭环系统，其中顾客反馈对每个阶段都有影响，当然战略反馈和动作反馈也会对每个阶段有一定的影响。该模型主要是从微观环境考虑创业过程，而忽略了宏观环境因素，因此对创业过程的影响未能进行全面刻画。同时该模型对创业过程的关键活动之间的动态关系没有进行有效描述，因此也不能准确反映创业过程的本质（徐明，2016）。

（8）刘沁玲创业过程理论。刘沁玲创业过程理论特别强调创业环境对创业过程的影响（刘沁玲等，2016）。该理论认为，任何创业活动都根植于特定的经济、社会环境之中，因此，任何创业活动都会受到当地创业环境的影响。创业环境包括创业政策、创业教育、创业文化、创业融资及创业信息环境等。

创业环境有助于培育创业精神、创业知识、创业经验，也有助于创业机会的发现，从而产生创业者。对创业机会的精心评估、对产业的创意进行精心筛选就会产生创业项目。创业项目确定后，就需要精心设计创业计划，寻求创业资金和为创业实施进行必要的准备，然后对资源进行匹配和整合创建创业组织。总之，创业过程是一个由潜在的创业者到现实的创业者，再到创造价值的一个动态发展过程。也是在创业环境的影响和驱动下，从产生创业精神、创业动机到实现创业目标的创业项目开发实施过程。

刘沁玲创业过程理论认为一个创业项目是否能成功，除了创业者个人的能力和素质之外，创业环境非常重要。此外，一个地方是否能产生创业者以及创业者的多少，也与当地的创业环境密切相关。

刘沁玲的创业过程理论对当前鼓励农民工返乡创业也具有非常重要的启示。虽然目前也有许多的农民工开始返乡开展创业活动，但是与乡村振兴的要求相比，还有很大差距，因此当前应加强对农民工返乡创业的宣传，大力宣传当地取得成功的返乡创业者，树立创业榜样，发挥创业榜样的引导示范作用，以培育创业精神，鼓励更多的优秀农民工返乡创业，为乡村振兴提供人才支撑和产业支撑。另外，应进一步优化当地的创业环境。农民工返乡创业是否能取得成功受到很多因素的影响，项目的技术条件是否成熟、所生产的产品或服务是否适应市场需要、创业者个人的素质和能力都是重要的影响因素，除此之外，创业环境也很重要。有些地方只重视鼓励农民工返乡创业和引进创业项目，却不重视对农民工创业过程的指导和服务，从而降低了农民工创业的成功率。因此，优化创业环境也非常重要。

第4章 乡村振兴对新生代农民工涉农创业意愿的影响

习近平总书记在十九大报告中首次提出实施乡村振兴战略，随后2018年中央1号文件《关于实施乡村振兴战略的意见》出台。乡村振兴战略实施以来，新生代农民工的涉农创业意愿增强了吗？近年来，我国的返乡创业人数快速增加，2019年全国返乡入乡创业的人数已达到850万人①，2020年，这一数据增加到1 010万人，比2019年增加了160万人，增长率达到19%②。但是返乡创业农民工人数的增加是因为乡村振兴引致的吗？近年来，世界经济复苏缓慢，以及我国供给侧结构性改革的深入推进，农民工在城市的就业面临极大压力，这些都可能会影响到农民工的返乡创业决策。因此，衡量乡村振兴是否提升了新生代农民工的返乡创业意愿比较困难。基于此，本章将采用调查实验的常规调查实验和析因调查实验方法，分析乡村振兴对新生代农民工涉农创业意愿的影响，以及乡村振兴的哪些内容和哪些扶持政策更能促进新生代农民工的涉农创业意愿。

4.1 乡村振兴促进新生代农民工返乡从事涉农创业的理论分析

根据劳动力流动理论，劳动力的流动决策是理性选择的结果，一般会对成本和收益比较后再作出是否流动的决策。农村劳动力选择从农村流入城市，是在进行成本和收益比较后作出的决策。当农民工选择从城市返回农村，也是进行成本和收益比较后作出的决策。笔者将根据推拉理论，从理论上分析乡村振兴对农民工涉农创业意愿的影响。推拉理论认为，劳动力的流动决策将受到流出地推力和流入地拉力的双重作用。农民工返乡开展涉农创业，其流出地是外出务工的城镇，流入地是家乡所在的乡村。

---

① 返乡入乡创业创新人员达850万人　农村创业创新正当时 . http：//www. xinhuanet. com/fortune /2019-11-21/.

② 打通返乡创业堵点　让“领头雁”扎根广袤乡村 . http：//chinajob. mohrss. gov. cn/h5/c/2021-03-17/295881. shtml.

4.1.1 城镇对新生代农民工返回乡村的推力作用

总体而言，城镇由于良好的基础设施、更多的就业机会以及更好的公共服务，对农民工特别是新生代农民工仍然具有巨大的吸引力。基于 2014 年流动人口动态监测调查数据的分析结果表明，打算留在城市的新生代农民工的比例为 43.18%，没有考虑好是否留在城市的新生代农民工的比例为 38.29%，而明确表示不打算留在城市的新生代农民工的比例只有 18.53%（黎嘉辉，2019）。由此可以看出，城市对新生代农民工仍然具有很大的吸引力。但是，不可否认的是，城市对新生代农民工的推力作用也十分明显。

(1) 房价高企的推力作用。伴随着我国经济的快速上涨，城市的房屋价格也呈现出快速上升的趋势。例如，从 2011 年 1 月到 2016 年 11 月，北京、上海、广州和深圳的房价分别上涨 75.75%、77.22%、45.17% 和 135.50%。与房价同时上涨的还有城市房屋的租金，在同样的时间段内，四个城市的租金分别上涨了 75.95%、78.14%、71.21% 和 141.12%（黎嘉辉，2019）。2017 年党的十九大报告明确了“坚持房子是用来住的、不是用来炒的”定位，较好地抑制了房价的过快上涨。然而，对于一般的新生代农民工而言，想要在城市购买房屋仍然是一件十分困难的事情。因此，过高的房价对新生代农民工返乡起到了推力作用。刘斌等（2022）认为较高的房价除了直接增加农民工的购房成本外，还会增加农民工的生活成本，从而降低了农民工在城市的定居意愿。他们基于 2017 年中国流动人口动态监测调查数据进行实证分析的结果也证明了这一点。刘金凤等（2021）的研究也得出了相同的结论。

(2) 就业压力的推力作用。农村劳动力大量向城市转移的根本原因是因为城市具有更多的就业机会，然而近年来，许多因素导致用工需求减少，给农民工的就业造成了很大压力。首先，世界经济复苏缓慢，加上中美贸易战的影响，外贸订单减少，城镇工业部门减少了用工需求。其次，许多城市都在进行产业的转型升级，减少了对低技能工人的需求。最后，人工智能的发展，替代了许多相对比较简单的重复性工作，从而也减少了用工需求。农民工由于受教育程度不高，缺少高技能，从而在城市的就业市场缺乏竞争力，就业面临很大的压力。

(3) 户籍制度产生的推力作用。近年来，我国加大了户籍制度改革的力度，户籍制度导致的许多不公平现象正在逐渐消失。但是不可否认的是，当前的户籍制度仍然给农民工在城市的生活带来许多不便，阻碍了农民工的城市融入，从而在一定程度上对农民工返乡产生了推力作用。

4.1.2 乡村振兴对新生代农民工返回乡村的拉力作用

(1) 乡村基础设施建设明显改善。由于过去我国主要偏重于城市建设，城市的基础设施发生了翻天覆地的变化，而农村的基础设施建设非常落后，这是导致很多年轻的农村劳动力不愿意留在农村的重要原因之一。近年来，国家加大了农村基础设施建设的力度，农村的基础设施建设有了很大改善。从道路建设来看，据第三次全国农业普查数据，我国有高速公路出入口的乡镇占全部乡镇的21.5%，其中东部占28.9%，中部占22.6%，西部占17.0%，东北占19.9%。通公路的村占全部村庄的99.3%，其中东部占99.9%，中部占99.5%，西部占98.3%，东北占99.7%。在通村的主要道路中，水泥路面占76.4%，柏油路面占20.2%，沙石路面仅占2.3%。即使是村内道路中，沙石路面也只占6.7%，而水泥路面和柏油路面分别占80.9%、8.6%。村内主要道路有路灯的村占61.9%。从能源和通信设施来看，通电的村占全部村的99.7%，通天然气的村占11.9%，通电话的村占99.5%，安装了有线电视的村占82.8%，有宽带互联网的村占89.9%，有电子商务配送站点的村占25.1%。从环境卫生设施来看，实行集中或部分集中供水的乡镇占91.3%，实行生活垃圾集中处理或部分集中处理的乡镇占90.8%，实行生活垃圾集中处理或部分集中处理的村占73.9%，实行生活污水集中处理或部分集中处理的村占17.4%，完成或部分完成改厕的村占53.5%。从文化教育设施来看，有幼儿园、托儿所的乡镇占全部乡镇的96.5%，有小学的乡镇占98.0%，有图书馆、文化站的乡镇占96.8%，有剧场、影剧院的乡镇占11.9%，有体育场馆的乡镇占16.6%，有公园及休闲健身场所的乡镇占70.6%。从医疗设施来看，有医疗卫生机构的乡镇占99.9%，有执业（助理）医师的乡镇占98.4%。

以上这些数据是截至2016年末的数据。事实上，我国提出实施乡村振兴战略以来，对基础设施建设的投入力度更大。中共中央、国务院于2018年9月印发的《乡村振兴战略规划（2018—2022年）》在第28章专门强调要加强农村基础设施建设，不断加大投入力度，推动农村基础设施提档升级，使城乡之间的基础设施实现互联互通，并且对农村交通物流设施、农村水利基础设施、农村现代能源体系和乡村信息化建设规定了具体任务。

因此，乡村振兴会极大地改善农村基础设施落后的面貌，农村的生产设施和生活设施会极大地完善，与城市的基础设施条件差距快速缩小，从而对外出务工的劳动力产生一定的吸引力。

（2）乡村的就业创业机会显著增加。由于工业、服务业等产业主要集中在城镇，这些产业对劳动力的吸纳能力很强，从而产生较大的用工需求，因此城镇能够提供更多的就业机会。然而随着经济社会的发展，农村地区也能提供更多的就业创业机会。

第一，人们对食品更高品质的需求为乡村提供了更多的创业机会。过去，由于人们收入水平比较低，对食品的需求主要停留在能吃饱就行。然而随着人们收入水平的提高，对食品的品质要求越来越高，如生态安全、口感好、能提供更丰富的营养。要提供这种品质的食品，靠传统的农业生产方式很难达到，而只有依靠更现代化的生产方式、更精细化的管理才可能达到。当然这种食品价格更高，生产者可以得到比较满意的利润回报，从而为农民包括返乡农民工提供了通过生产高品质的食品而进行创业的机会。

第二，乡村产业发展迎来了巨大机遇。产业兴旺是乡村振兴的首要任务，只有乡村实现了产业兴旺，乡村振兴的其他目标才更容易实现。在改革开放之初，乡镇企业获得了很大的发展，吸纳了许多农村劳动力就近就地就业。后来，许多乡镇企业逐渐失去了市场竞争力，从而慢慢地退出了历史舞台，导致农村主要以农业为主。一方面，我国的耕地面积有限，无法容纳太多的劳动力，另一方面，农业的比较效益低，从事农业的收入远远低于外出务工的收入，因此，许多富余劳动力选择了外出务工。而乡村振兴为农村的产业发展带来了巨大机遇。《乡村振兴战略规划（2018—2022年）》在第五篇专门对“发展壮大乡村产业”进行了规划。该规划明确指出，要深入发掘农业农村文化体验、休闲观光、生态涵养和健康养老等多种功能和多种价值，大力发展乡村服务业，要加强农产品加工关键技术的研究与示范，支持农产品生产加工，从多个层次、多个环节实现农产品的增值。由此可以看出，将来的乡村，不仅有第一产业，还将积极发展第二、三产业，一二三产业融合发展将极大地推动乡村产业兴旺，为农民工返乡创业就业提供了很多机会。

第三，互联网的快速发展为乡村提供了更多的创业就业机会。事实上，我国农村有十分丰富的农产品类型，包括很多特色产品，但是由于信息不畅通，很多优质农产品被埋没在深山里，其价值无法得到体现。而互联网的发展改变了这种局面，许多优质农产品通过互联网走出大山，实现了其应有的价值。2020年，我国县域的农产品网络零售额达到3 507.6亿元，比2019年增长了29.0％。随着区块链、大数据、物联网、人工智能、移动互联网等现代信息技术与农村产业加速融合应用，农业农村信息化不断创新发展，融合业态持续丰富，涌现出信任农业、认养农业、智慧农业、可视化农业、体验农业、共享农业等新业态新模式。因此，利用互联网技术，农民及返乡农民工可以突破时空的限制，将农村的优质资源销往全国各地乃至世界各地，从而实现创业就业。据统计，返乡入乡的创业项目中，许多项目都运用了直播直销、开办网店、无接触配送等模式，55％的项目均运用了信息技术①。随着乡村振兴战略的全面

① 农业农村部信息中心，中国国际电子商务中心．2021全国县域数字农业农村电子商务发展报告［EB/OL］．

推进，农村互联网将迎来更快速的发展。根据《数字农业农村发展规划（2019—2025）》，我国农业数字经济占农业增加值的比重将从 2018 年的 7.3%增加到 2025 年的 15%，农产品网络零售额占农产品总交易额的比重将从 2018 年的 9.8%增加到 2025 年的 15%，农村互联网的普及率将从 2018 年的 38.4%增加到 2025 年的 70%。由此可见，互联网的快速发展为乡村提供更多的创业就业机会，一定程度上可提高农民工返乡创业的意愿。

第四，政府对农民工返乡创业给予了大力支持。农民工利用在外务工积累的资金、技能和信息等资源返回家乡，在县城、小城镇或乡村创办工商企业或从事现代农业生产，对当地的经济发展具有重要作用。许多学者总结了农民工返乡创业对当地经济发展的作用机制。第一，由于外出农民工往往是农村劳动力中素质比较高的劳动力，因此农民工返乡可以提升农村劳动力的平均素质，从而可以促进当地的经济发展（王西玉等，2003）。第二，农民工返乡不仅可为当地带回发展经济所需的资金，还可以带回务工地的先进技术、现代化的管理理念和市场信息等，而这些往往是制约地方经济发展的重要的要素瓶颈（张茂林，1996；林亦平等，2018）。第三，农民工返乡创业可以促进一二三产业融合发展，推动农村产业结构的调整（赵联飞，2021），并且可以创造新产业、新业态从而增加更多的就近就业机会（陈锡文，2018）。第四，由于返乡农民工的创业活动一般都集中在集镇或县城，有利于推动资源要素向城镇流动和集聚，既带动了农村人口的市民化转型，又推动了地区经济的发展，有利于加快乡村城镇化（王展祥，2009）。但是，由于经营资金和管理经验缺乏，农民工返乡创业过程面临许多挑战，需要政府从政策上给予一定的扶持（彭安明等，2013）。因此，近年来，国务院及相关部委出台许多政策以支持农民工返乡创业，如《关于支持农民工等人员返乡创业的意见》（国办发〔2015〕47 号）、《关于进一步推动返乡入乡创业工作的意见》（人社部发〔2019〕129 号）、《关于推动返乡入乡创业高质量发展的意见》（发改就业〔2020〕104 号）等。除此之外，许多地方政府也出台了许多政策大力支持农民工返乡创业。由于政府的大力支持，农民工在返乡创业时可以减少很多烦琐的手续，在用地方面可以得到很大的帮助，并且还可以得到许多财政和金融方面的扶持，从而可以极大地提高创业成功的概率，吸引更多的农民工返回家乡创业。

（3）农村公共服务得到了极大改善。第一，建立了城乡统筹的基本养老保险制度。城市与农村实行不同的养老保险制度是城乡分割的重要体现。改革开放以来，我国不断改革农村养老保险制度，已基本建立了城乡统筹的基本养老保险制度，虽然当前我国的城市与农村在养老保险的金额上还存在差异，但是随着乡村振兴的全面推进，养老保险的城乡差别将会完全消失。当然，我国农村的养老保险制度改革是渐近推进的。

在新中国成立初期，我国并没有专门针对农村和农民建立养老保险制度。老年人的社会保障主要体现在国家针对农村特殊人群的救济体系上。例如，1954年颁布的《中华人民共和国宪法》规定年老和有疾病的特殊群体公民有获得物质帮助的权利，这包括在农村年老的公民。1953年有关部门制定的《农村灾荒救济粮款发放使用办法》规定在粮食救济方面要对农村中的孤老残幼等人群给予优待。很显然，新中国成立初期国家虽然没有专门建立关于农村农民的养老保险制度，但是国家针对包括农村老年人在内的特殊人群给予的救助和帮扶政策弥补了传统家庭养老的不足，使农村的养老模式开始走向制度化（张婷等，2019）。

在农业集体化时期，开始形成现代养老保险制度的雏形。1956年中共中央发布的《一九五六年到一九六七年全国农业发展纲要》规定对于鳏寡孤独者，合作社应进行统一照顾，保障他们的吃穿和死葬等问题。1956年第一届全国人民代表大会第三次会议通过的《高级农业生产合作社示范章程》提出要对鳏寡孤独者实行保吃、保住、保穿、保医、保葬的制度，即“五保户供养制度”，并且国家还提出了在农村建立养老院。1958年人民公社化运动开始在全国范围内展开，传统的家庭养老模式逐渐消失，形成了一种事实上的集体养老模式。1958年国家又提出要为“五保户”提供较好的生活场所，全国许多地方开始兴建敬老院。1958年底，全国办了15万所敬老院，收养的老人达到300余万人（封小平，2010）。1962年国家颁布的《农村人民公社工作条例》规定在生产队应设立公益金，用于提高集体福利和农村社会保险。虽然公益金并不仅仅用于农村社会保险，但主要用在农村社会保险，其中包括对老、弱、孤、寡、残的社员提供救济。受限于当时的经济条件，这种保险制度的作用十分有限，当时的农村养老本质上还是一种土地保障模式，但是通过筹集公益金来开展养老保险已具备了现代养老保险制度的雏形。

改革开放后，农村真正意义上的养老保险制度形成。1978年后，我国开始实施家庭联产承包责任制改革，极大地提高了农村的生产力，农村经济获得了较快发展，为进一步完善农村养老保险制度奠定了很好的基础。民政部以当时的生产队为基础开始探索农村的养老保险制度。该制度要求生产队用队办企业的利润和公益金为老年人支付养老金。年满65周岁的男社员，以及年满60岁以上的女社员，参加了10年以上的集体生产劳动的，都可领取养老金。养老金的数额每个月为10～15元，也有超过20元的。在1982年，全国11个省（直辖市）的3 457个生产队实行了这种养老金制度，大约有42万农村居民领到了养老金（米红等，2018）。但是随着家庭联产承包制改革的深入，这种以生产队为基础的养老保险政策难以继续实施，很快又回到了家庭养老模式。然而农村土地包产到户后，农民直接面向市场存在一定的市场风险，同时农村家庭结构的变化导致农村家庭的养老功能开始逐渐弱化。在此背景下，国家在1986年的“七五”计划中提出对农村的养老保险制度进行探索研究，并根据各地的实际情况开展试点。同年10月，民政部在江苏省的张家港市（当时的沙洲县）召开会议，明确提出要开展农村养老保险制度的建设。当时，各个地方开展的试点方案大致从以下四个方面表现出差异性：一是综合型和单向型的差异。综合型是指在养老保险中包含农村养老保险，资金统一筹集统一管理，单向型是指单独进行农村养老保险试点；二是按照务工、务农、工农结合的方式分别实施养老保险试点；三是筹资方式包括预先积累、现收现付、预先积累和现收现付相结合；四是在养老金的统筹层次上分为县级、乡级和村级三种类型。在试点的基础之上，1992年民政部制定了《县级农村社会养老保险基本方案(试行)》。该方案是新中国成立以来建立的第一个专门针对农村养老保险的比较系统的制度，该方案的制定意味着现代意义的农村保险制度开始形成。该方案规定，农村社会养老保险制度的建设不能脱离实际，资金的来源要以个人缴纳为主，集体补助为辅，国家给予一定的扶持。具体做法是：个人的养老金账户以县级为单位进行统筹，个人缴纳和集体补助的金额全部纳入个人养老金账户。参加保险的农民在60岁之后根据个人账户积累的资金按照相应的公式进行计算发放养老金。这种农村养老保险方案被学术界称为“旧农保”，对应于2003年后我国开始逐步实施的“新农保”制度。1994年民政部设立了农村社会保险司，并成立了农村社会养老保险管理服务中心，专门对农村社会保险事务进行管理。1995年，由于国家政策的大力支持，“旧农保”在比较大的范围进行了推广。到了1997年，全国1 000多个县成立了关于农村养老保险的机构，全国农村养老保险的管理体系基本形成，参与保险的农民数量不断增加，农村社会养老保险制度初步建立了起来。在1998年的机构改革中，农村社会保险管理职能被划入劳动和社会保障部，以便对社会保险实行统一管理。受到很多原因的影响，全国大部分地区农村社会养老保险出现了参保人数下降、基金运行难度加大等困难，一些地区农村社会养老保险工作甚至陷入停顿状态。1999年7月，国务院指出，我国农村目前还不具备普遍实行社会养老保险的条件，因此决定对已有的业务进行清理整顿，停止接受新业务，有条件的地区应逐渐向商业保险过渡（刘伯龙等，2005）。

2003年后逐渐形成城乡统一的居民养老保险制度。由于“旧农保”存在一些缺陷，农民参保的积极性不断下降。但是党和国家仍然十分关注农村居民的养老问题，在2002年召开的党的十六大提出要探索建立农村养老保险制度。2004年的《中华人民共和国宪法修正案》也增加了关于建立健全社会保险制度的条文。2006年中央1号文件提出了用公共财政补贴农村养老的意见。2007年党的十七大报告提出要建立覆盖城乡居民的社会保障体系。同年，劳动和社会保障部等部门也下发了关于做好农村社会养老保险工作的通知。在这个时期，国家出台了许多政策大力支持农村养老保险工作，各个地方也在不断地进行关于农村养老保险的探索和试点工作，为进一步健全和完善农村养老保险制度做了大量的准备。在前期探索和试点的基础上，2008年中共中央发布的《关于推进农村改革发展的若干重大问题的决定》明确提出："贯彻广覆盖、保基本、多层次、可持续原则，加快健全农村社会保障体系。按照个人缴费、集体补助、政府补贴相结合的要求，建立新型农村社会养老保险制度。"这种制度被称为"新农保"，以便与之前实施的"旧农保"相区别。随后在2009年国务院出台了指导开展农村新型养老保险的具体意见。与"旧农保"相比，"新农保"主要在以下几个方面进行了改革：一是养老金账户由基础养老金和个人养老金组成，国家财政对基础养老金给予保障，并且还会根据经济的发展情况进行调整，个人养老金以个人缴纳为主，逐渐累积。二是个人养老金并不完全由个人缴纳，而是由地方财政给予补贴。由于"新农保"相对于"旧农保"有了很大改进，保障力度显著加强，因此农民参与的积极性比较高，"新农保"的试点工作也取得了很大成功。国家"十二五"规划纲要提出要在"十二五"期间实现"新农保"全覆盖。2010年10月28日通过、2011年7月1日实施的《中华人民共和国社会保险法》进一步推动了"新农保"的实施进展，2011年底覆盖率达到60%，2012年底参保人数上升到4.6亿人（米红等，2018）。至此，农村的老年人基本参加了"新农保"。党的十八大提出了城乡一体化的发展战略，并且由于"新农保"的制度设计与城镇居民的养老保险制度很类似，因此国家开始对农村居民的养老保险和城镇居民的养老保险进行统一的制度设计。2014年国务院制定了《关于建立统一的城乡居民基本养老保险制度的意见》，对城乡居民参加养老保险的范围、养老保险的待遇、养老保险的领取条件、养老保险的资金筹集等问题进行了明确。人力资源和社会保障部、财政部进一步对城乡居民基本养老保险的衔接办法进行了规定。虽然城乡居民养老保险统一之后，农村居民的养老保险仍然实施的是"新农保"的方案，但是农村居民的养老保险水平有了较大提高，更关键的是，这种制度变革为将来建立真正统一的社会保险制度奠定了重要基础。随着乡村振兴战略的实施，将来农村居民与城镇居民之间将建立真正无差别的养老保险制度，从而也吸引了部分农民工返回家乡创业和就业。

第二，建立城乡统筹的医疗保障制度。医疗卫生是十分重要的民生问题，不仅直接关系到居民的健康，同时也对经济发展具有十分重要的作用。现实中存在许多因病致贫或因病返贫的现象。党和国家十分关注农村医疗卫生事业的发展，但是城乡之间在医疗保障方面仍然存在较大差距，随着乡村振兴战略的逐步推进，农村的医疗保障将会获得更快发展，最终将会建立城乡统一的医疗保障制度。同农村的养老保险制度一样，农村的医疗保障制度也经历了一个不断发展和不断完善的过程。

新中国成立到改革开放前我国农村合作医疗逐步发展。我国农村采用的医疗保障制度主要是合作医疗制度。在我国采用“合作制”或“群众集资”的方式开展医疗卫生事业由来已久。陕、甘、宁边区在抗日战争时期就曾开办过卫生合作社（或医疗合作社)。1944 年，因伤寒、回归热等传染病流行，政府委托大众合作社办理了卫生合作社，总社设在延安。大众合作社和保健药社是卫生合作社主要的投资方，同时也吸收了部分团体和私人股金，政府也赠送了部分药材。因此，卫生合作社是一种民办公助的医疗机构。这种卫生合作社在 1946 年达到 43 个。1950 年前后，东北各省也倡导采用合作制和群众集资的方式建立基层卫生组织，以解决广大农村缺医少药的问题。1952 年东北地区属于合作社经营的农村卫生所有 85 个，属于群众集资建立的农村卫生所有 225 个，两者合计占东北地区全部农村卫生所的 17.44%。其中有些地区还鼓励农民用粮食和鸡蛋等实物入股建立了一批医药合作社（刘伯龙等，2005)。当然，这些卫生所、卫生合作社及医药合作社都还只是具有合作性质的医疗保健机构，还不是具有保险性质的医疗保健制度。新中国成立之后，在 1950 年召开了第一届全国卫生工作会议，提出为解决很多农民吃不起药、看不起病的问题，要健全和发展卫生基层组织。之后，全国卫生基层组织获得了快速发展，1949 年全国的县级卫生机构数量只有 1 400 余所，1952 年很快增加到 2 123 所，覆盖了全国 90%以上的地区（曹普，2006)。1950 年由私人医生开办的乡卫生室和联合诊所只有 803 所，1956 年增加到 51 000 所（徐杰，1997)。1955 年农业合作化运动高潮时期，我国农村开始出现具有保险性质的合作医疗保健制度，在湖北、河南、山西等省份出现了由群众自发集资建立的合作医疗站或保健医疗站（张自宽，1992)，其中山西省高平县米山乡于 1955 年 5 月建立的联合保健站最为典型。其基本做法是：资金由农业生产合作社、农民群众和医生共同筹集，农民每年根据自愿原则缴纳二角钱的“保健费”，农业社从公益金提取 15%～20%，医生用医疗业务收入（主要是药品利润）出资，农民免费享受医疗保健服务，挂号、出诊免费。

1956 年全国人大一届三次会议通过的《高级农业生产合作社示范章程》对农村的医疗保健问题作出了相应的规定，即对于因公负伤或因公致残的社员，合作社要负责医疗，并且要给以一定的劳动日作为补助，从而首次对集体介入农村居民的疾病医疗赋予了一定的责任。1959 年 11 月召开的全国农村卫生工作会议提交给中共中央的报告《关于人民公社卫生工作几个问题的意见》归纳了农村两种主要的医疗制度形式，一种是实行谁看病谁出钱，另一种是实行人民公社社员集体保健医疗制度，并指出，根据当前的实际情况，实行人民公社社员集体保健医疗制度更为适宜。中共中央肯定了该意见，并要求各地参照执行。1962年8月，卫生部发布的《关于调整农村基层卫生组织问题的意见(草案)》强调要以面向广大农村、服务广大社员为目标，按照“分散、小型、多点”的原则建立农村基层卫生机构。这一系列制度推动了农村合作医疗制度的快速发展。1958年全国的生产大队建立合作医疗的比例为10%，1960年上升到32%，1962年进一步增加到46%（周寿祺，2002）。至此，农村基本形成了县、乡、村三级医疗卫生网络。1965年，毛泽东同志指示要将医疗卫生工作的重点放到农村去，同年9月中共中央在批转卫生部《关于把卫生工作重点放到农村的报告》时再次强调要逐步解决农村的医药卫生问题。从此，农村的合作医疗制度得到了进一步发展，截至1965年底，全国已有十多个省份在实行合作医疗制度，农民享受医疗保障的基本形式逐步以合作医疗为主。1968年毛泽东同志肯定了湖北省长阳县乐园公社办合作医疗的经验。此后，农村的合作医疗真正实现了大面积的普及。1971年底，全国74%的生产大队建立了合作医疗站，到1976年底，全国90%的生产大队实行合作医疗制度，合作医疗覆盖了农村85%以上的人口（周寿祺，2002）。1978年3月5日五届人大通过的《中华人民共和国宪法》规定国家逐步发展公费医疗和合作医疗事业。卫生部、农业部等部门根据宪法精神制定了《农村合作医疗章程(试行草案)》，农村的合作医疗正式走上了制度化的轨迹，绝大部分农村地区的县、公社和生产大队建立了医疗卫生机构，形成了比较完善的医疗保健网络。

改革开放初期农村卫生合作医疗制度出现了衰退。改革开放前农村合作医疗制度的运行主要依靠集体经济的支撑，例如，公社卫生院主要依赖于社、队财务的支持，大队卫生室则几乎完全依靠集体经济的维持，卫生室的房屋和医疗器械由大队投资，其他经费则主要由生产队拨付。改革开放后我国农村实行“统分结合、双层经营”的家庭联产承包责任制，总体而言，许多地方比较侧重于分散经营这一层面，而比较忽视统一经营这个层面，集体经济非常薄弱，农村的合作医疗缺少了集体经济的支撑，从而农村的合作医疗很快就走向了解体、停办，农村合作医疗的覆盖面大幅下降，1983年坚持合作医疗的行政村下降到20%以下，1986年这一比例继续下降到5%以下，农村的合作医疗跌到了最低谷，农民基本上没有医疗保障，缺医少药的现象又开始凸显。农村贫困户中因病致贫（返贫）的农户占30%～40%，有的地方甚至高于60%。即使在经济比较发达的苏州地区，20%以上的农民仍然看不起病（郑秉文等，2001）。20世纪90年代，党和政府开始积极探索恢复和重建农村合作医疗制度。1993年，中共中央在《关于建立社会主义市场经济体制若干问题的决定》中提出要“发展和完善农村合作医疗制度”。1994年国务院研究室等部门在部分地区开展了“中国农村合作医疗制度改革”的试点及研究工作，并在1996

年6月召开了经验交流会。1997年1月中共中央、国务院在《关于卫生改革与发展的决定》中提出要“积极稳妥地发展和完善合作医疗制度”，1997年3月国务院批复了卫生部等部门提交的《关于发展和完善农村合作医疗的若干意见》。这一系列努力，为恢复和重建农村的合作医疗制度起到了一定的效果，但是并没有达到期望的目标。在1997年，全国的行政村建立合作医疗的只有17%，农民参加合作医疗的比例只有9.6%。卫生部在1998年进行的“第二次国家卫生服务调查”的结果显示，农村居民得到某种程度医疗保障的只占12.56%，其中合作医疗的比重仅为6.5%（刘伯龙等，2005）。

2003年以后开始形成城乡统一的医疗保障制度。2003年1月16日，国务院批转了卫生部等部门的《关于建立新型农村合作医疗制度的意见》，决定从2003年起在全国选择部分县市进行新农合的试点。新型农村合作医疗制度的基本原则主要有以下3条：①自愿参加，多方筹资。农民以家庭为单位自愿参加新型农村合作医疗。在资金的筹措上，农民按时缴纳一定金额的合作医疗经费，乡镇和村集体给予一定的资金扶持，中央和地方各级财政每年都要安排专项资金给予支持。②以收定支，保险适度。新型农村合作医疗制度要坚持以收定支、收支平衡的原则，既要保障农民享受到最基本的医疗服务，又要保证制度的持续运行。③先行试点、逐步推广。通过试点，不断总结经验，完善制度设计，然后再全面推广。在总结前期试点的基础上，2006年1月，卫生部等部门下发的《关于加快推进新型农村合作医疗试点工作的通知》提出进一步扩大新农合的试点范围，2006年、2007年开展新农合试点的县（市、区）数量达到全国县（市、区）总数的40%、60%，2010年实现新农合的全覆盖。2008年3月5日国务院在召开的全国新型农村合作医疗工作会议中提出了关于新农合试点的5个方向。2008年12月22日，新农合制度被纳入《中华人民共和国社会保障法(草案)》，至此，新农合得到了国家法律的保障。2010年中共中央、国务院颁布的《关于深化医药卫生体制改革的意见》提出要提高政府在新型农村合作医疗制度中的补助水平，适当增加农民缴费额度，从而提高保障能力。在国家政策的大力支持下，新型农村合作医疗制度得到快速发展，截至2011年底，全国有2 637个县（市、区）开展了新农合试点，占全国总县（市、区）的92.4%，参加新农合的农民达到8.32亿人，参加率为97.5%（孟宏斌，2011）。2016年国务院发布了《关于整合城乡居民基本医疗保险制度的意见》，决定不再单独设立城镇居民基本医疗保险制度和新型农村合作医疗制度，而是将这两项制度进行整合，建立统一的城乡居民基本医疗保险制度。该意见指出城乡之间要共享统一的缴费标准、就医范围、待遇水平等。截至2018年底，全国各省（直辖市、自治区）均出台了相应的整合文件，但是政策的执行还比较慢（孟宏斌，2019），事实上，许多已参加城乡居民基本医疗保险的农村居民实行的仍然是新农合的方案。但是，随着乡村振兴战略的实施，整合的步伐一定会加快，最后真正形成城乡统一的居民医疗保险制度。

4.2　调查实验设计与实施

调查实验是一种将调查和实验相结合的方法。从调查的角度看，抽样调查中的核心技术是抽样和问卷设计，调查实验就是在这两种技术之外增加实验设计，具体包括随机化分配和处理的操纵设计等。从实验的角度看，调查实验可以理解为实验方法的拓展，只不过实验的地点从实验室扩展到实地，并且从少量自愿样本扩展到大量抽选样本，处理手段主要是通过调查设计来实现（任莉颖，2018）。调查实验通常会设计几个不同版本的问卷，然后随机地让受试单元分别对不同的问卷作答，相当于将受试单元随机地分配到了实验组和控制组（张开平等，2020）。调查实验由于在因果推断中具有很好的优势，在国外社会科学的研究中已得到了很好的应用，国内这方面的应用也开始起步。如孟天广等（2015）利用调查实验中的启动效应实验方法分析了公民意见对地方财政决策的影响。郭凤林等（2016）同样利用启动效应实验方法分析了不同的网络议程对网民政治参与行为的影响。孟天广等（2016）利用调查实验中的列举实验方法分析了互联网介入方式对网络政治参与的影响。

4.2.1　调查实验的对象

由于本书研究的是新生代农民工的涉农创业意愿，因此研究对象为新生代农民工。国家统计局将 1980 年及以后出生的农民工定义为新生代农民工①，因此本书也沿用此定义。课题组设计好问卷以后，通过问卷星向新生代农民工聚集比较多的微信群发放问卷，并鼓励受试者向其朋友群或同事群扩散，为了尽可能多地收集问卷，我们并没有严格控制受试者的年龄。最终收回有效问卷 655 份，但其中有 220 份的受试者是出生在 1980 年之前的，因此最终得到的新生代农民工的问卷数量为 435 份。考虑到调查成本的原因，本书并没有采用严格的随机抽样方法，而是通过网络的方式采用了滚雪球的抽样方法，但是在我们所调查的样本中，“80 后”占 57.9%，“90 后”占 37.2%，“00 后”占 4.9%，与国家统计局关于新生代农民工的各年龄段所占的比例非常接近②。

---

① 2018 年农民工监测调查报告，http：//www.gov.cn/xinwen/2019-04-30/content_5387773.htm。

② 根据国家统计局公布的《2018 年农民工监测调查报告》，在新生代农民工中，“80 后”占 50.4%，“90 后”占 43.2%，“00 后”占 6.4%。

这表明我们抽样获得的样本具有较好的外部有效性。表 4.1 描述了样本基本特征，可以发现，在我们所调查的新生代农民工中，男性的比例为 51.6%，平均年龄为 31.67 岁，63.7%为在婚状态，教育的平均值为 3.308，非常健康的占 54.9%。

表 4.1 样本的基本特征

变量	变量含义	样本容量	均值	标准差	最小值	最大值
male	性别，男性为 1，女性为 0	435	0.516	0.500	0	1
age	年龄	435	30.670	5.929	16	40
marriage	婚姻状况，已婚为 1，其他为 0	435	0.637	0.481	0	1
education	教育程度，小学及以下为 1，初中为 2，高中为 3，大专及以上为 4	435	3.308	0.878	1	4
health	健康状况，非常健康为 1，其他为 0	435	0.549	0.498	0	1

4.2.2 干预的设计

调查实验是通过在问卷中设计不同问题让受访人进行回答以实施干预。调查实验的方法一般包括常规调查实验、启动效应实验、析因调查实验和列举调查实验（任莉颖，2018）。本调查设计了 3 个不同的调查实验，主要回答以下 3 个问题：第一，乡村振兴是否提高了新生代农民工的涉农创业意愿？第二，乡村振兴的哪些内容对新生代农民工的涉农创业意愿有更显著的影响？第三，政府的哪些政策更能促进新生代农民工的涉农创业意愿？对第一个问题的回答采用了常规调查实验，对第二、三个问题的回答采用了析因调查实验。现分别对这 3 个调查实验的干预设计进行说明。

（1）乡村振兴与新生代农民工涉农创业意愿。在调查时，本研究设置了两种情景，一种是“如果国家不实施乡村振兴战略，您回到农村从事规模种植、养殖、农产品加工经营或乡村旅游等创业活动的可能性有多大”，另一种是“当前国家正在大力实施乡村振兴战略，您回到农村从事规模种植、养殖、农产品加工经营或乡村旅游等创业活动的可能性有多大”。将受访者随机分为 3 个组，其中第 1 组在第一种情景下回答其参与涉农创业的可能性，这可被看作控制组，第 2 组在第二种情景下回答其参与涉农创业的可能性，这可被看作实验组，第 3 组同时在两种情景下回答参与涉农创业的可能性。第 1 组与第 2 组分别在不同情景下回答问题，这在调查实验中被称为组间设计，第 3 组同时在两种情景下回答问题，这在调查实验中被称为组内设计。受访者的回答有5个选项，包括“非常可能”“比较可能”“一般”“不太可能”“非常不可能”，在后面的分析中，将这5个选项赋值为“5”“4”“3”“2”“1”，数值越大表示参与涉农创业的意愿更强烈。

（2）乡村振兴内容与新生代农民工涉农创业意愿。本研究采用析因调查的方法来分析乡村振兴的内容对新生代农民工涉农创业意愿的影响。析因调查的重要环节是设计虚拟案例并将他们随机分配给受访者，受访者基于给定的案例情形进行相应的回答，而设计虚拟案例最核心的工作就是筛选影响因素或自变量。根据党的十九大报告，乡村振兴的内容包括产业兴旺、生态宜居、乡风文明、治理有效和生活富裕5个方面，本调查也设计了5个影响因素，即产业兴旺、基础设施建设、乡村景观、文化生活和生活环境，其中文化生活可从一个侧面反映乡风文明，乡村景观和生活环境可反映生态宜居，基础设施建设既是产业兴旺的前提，同时也是生态宜居的重要内容。设计的影响因素没有包含治理有效和生活富裕，其实产业兴旺是生活富裕的关键，已经暗含了生活富裕的内容，由于治理有效包含的内容太多，并且比较抽象，很难设计合适的情景进行分析，因此本调查没有包含治理有效的内容。

确定了虚拟案例中的影响变量后，接下来就是确定这些变量的测量水平。本研究用“不会有太大变化”和“发生较大变化”来衡量每个特征变量的类别。根据特征变量的个数（5个）和每个特征变量的类别，可以构建32个虚拟案例（表4.2列出了其中8个虚拟案例），本研究随机地将这些案例分配给每个受访者（每个受访者被分配了4个虚拟案例），这些受访者在这些虚拟案例设计的情景下回答参与涉农创业的意愿，其选项仍然包括“非常可能”“比较可能”“一般”“不太可能”“非常不可能”，将这5个选项分别赋值为“5”“4”“3”“2”“1”。

表4.2 乡村振兴内容的部分虚拟案例

案例编号	案例内容
1	如果农村将来的产业仍然以传统的种植、养殖为主，缺少新的发展机会，并且水电路等基础设施、乡村景观、文化生活、生活环境都不会有太大变化，您回到农村从事规模种植、养殖、农产品加工经营或乡村旅游等创业活动的可能性有多大
2	如果农村将来的产业仍然以传统的种植、养殖为主，缺少新的发展机会，水电路等基础设施、乡村景观、文化生活都不会有太大变化，但生活环境变得更加干净整洁，您回到农村从事规模种植、养殖、农产品加工经营或乡村旅游等创业活动的可能性有多大
3	如果农村将来的产业仍然以传统的种植、养殖为主，缺少新的发展机会，水电路等基础设施、乡村景观、生活环境都不会有太大变化，但文化生活变得更加丰富，您回到农村从事规模种植、养殖、农产品加工经营或乡村旅游等创业活动的可能性有多大

（续）

案例编号	案例内容
4	如果农村将来的产业仍然以传统的种植、养殖为主，缺少新的发展机会，水电路等基础设施、乡村景观都不会有太大变化，但文化生活变得更加丰富，生活环境变得更加干净整洁，您回到农村从事规模种植、养殖、农产品加工经营或乡村旅游等创业活动的可能性有多大
5	如果农村将来的产业仍然以传统的种植、养殖为主，缺少新的发展机会，水电路等基础设施、文化生活、生活环境都不会有太大变化，但乡村景观变得更加漂亮，您回到农村从事规模种植、养殖、农产品加工经营或乡村旅游等创业活动的可能性有多大
6	如果农村将来的产业仍然以传统的种植、养殖为主，缺少新的发展机会，水电路等基础设施、文化生活都不会有太大变化，但乡村景观变得更加漂亮，生活环境变得更加干净整洁，您回到农村从事规模种植、养殖、农产品加工经营或乡村旅游等创业活动的可能性有多大
7	如果农村将来的产业仍然以传统的种植、养殖为主，缺少新的发展机会，水电路等基础设施、生活环境都不会有太大变化，但乡村景观变得更加漂亮，文化生活变得更加丰富，您回到农村从事规模种植、养殖、农产品加工经营或乡村旅游等创业活动的可能性有多大
8	如果农村将来的产业仍然以传统的种植、养殖为主，缺少新的发展机会，水电路等基础设施不会有太大变化，但乡村景观变得更加漂亮，文化生活变得更加丰富，生活环境变得更加干净整洁，您回到农村从事规模种植、养殖、农产品加工经营或乡村旅游等创业活动的可能性有多大

（3）政府支持政策与新生代农民工涉农创业意愿。本研究仍然采用析因调查的分析方法来讨论政府支持政策对新生代农民工涉农业创业意愿的影响。政府支持农民工返乡创业的政策变量非常多，无法一一列举，参考朱红根（2012）、黄迈等（2016）、张亮等（2017）、石丹淅等（2021）的研究，本研究将政府支持新生代农民涉农创业的政策归纳为用地帮助、贷款支持、技术培训与指导、税收优惠 4 个因素，并且用“没有”和“有”来衡量每个因素的类别，根据特征变量的个数（4 个）和每个特征变量的类别，可以构建 16 个虚拟案例（表 4.3 列出了其中 8 个虚拟案例），本研究随机地将这些虚拟案例分配给每个受访者（每个受访者被分配了 2 个虚拟案例），这些受访者在这些虚拟案例设计的情景下回答参与涉农创业的意愿，其选项仍然包括“非常可能”“比较可能”“一般”“不太可能”“非常不可能”，将这 5 个选项分别赋值为“5”“4”“3”“2”“1”。

表 4.3　政策支持的部分虚拟案例

案例编号	案例内容
1	如果您老家所在地的政府没有提供用地帮助，没有提供贷款支持，没有提供技术培训或指导，也没有税收优惠政策，您回到农村从事规模种植、养殖、农产品加工经营或乡村旅游等创业活动的可能性有多大

（续）

案例编号	案例内容
2	如果您老家所在地的政府没有提供用地帮助，没有提供贷款支持，没有提供技术培训或指导，但提供税收优惠政策，您回到农村从事规模种植、养殖、农产品加工经营或乡村旅游等创业活动的可能性有多大
3	如果您老家所在地的政府没有提供用地帮助，没有提供贷款支持，没有税收优惠政策，但提供技术培训或指导，您回到农村从事规模种植、养殖、农产品加工经营或乡村旅游等创业活动的可能性有多大
4	如果您老家所在地的政府没有提供用地帮助，没有提供贷款支持，但提供技术培训或指导，也提供税收优惠政策，您回到农村从事规模种植、养殖、农产品加工经营或乡村旅游等创业活动的可能性有多大
5	如果您老家所在地的政府没有提供用地帮助，没有提供技术培训或指导，没有提供税收优惠政策，但提供贷款支持，您回到农村从事规模种植、养殖、农产品加工经营或乡村旅游等创业活动的可能性有多大
6	如果您老家所在地的政府没有提供用地帮助，没有提供技术培训或指导，但提供贷款支持，也提供税收优惠政策，您回到农村从事规模种植、养殖、农产品加工经营或乡村旅游等创业活动的可能性有多大
7	如果您老家所在地的政府没有提供用地帮助，没有提供税收优惠政策，但提供贷款支持，也提供技术培训或指导，您回到农村从事规模种植、养殖、农产品加工经营或乡村旅游等创业活动的可能性有多大
8	如果您老家所在地的政府没有提供用地帮助，但提供贷款支持，提供技术培训或指导，也提供税收优惠政策，您回到农村从事规模种植、养殖、农产品加工经营或乡村旅游等创业活动的可能性有多大

4.3　乡村振兴对新生代农民工涉农创业意愿的影响

4.3.1　干预分配及平衡性检验

表 4.4 显示了 435 位新生代农民工受访者在 3 个组间的分布情况，分在第 1、2、3 个组的比例分别为 30.11%、36.09%、33.79%，由此可以看出，将受访者随机分配到 3 个组，分配到 3 个组的人数大致是相当的。其中，第 1 组、第 2 组为组间设计，即受访者只在一种情景下回答参与涉农创业的意愿，第 3 组为组内设计，即受访者在两种情景下都要回答参与涉农创业的意愿。

表 4.4　样本观测值在组间的分配

组别	观测值个数	百分比（%）	累积百分比（%）
第 1 组	131	30.11	30.11
第 2 组	157	36.09	66.21

（续）

组别	观测值个数	百分比（%）	累积百分比（%）
第 3 组	147	33.79	100.00
总计	435	100.00	100.00

表 4.5 是对控制变量进行平衡性检验的结果，从性别（*male*）来看，第 1 组、第 2 组、第 3 组的男性比例分别为 52.67%、51.59%、50.34%，数值非常接近，方差分析的结果表明，男性比例在 3 个组之间没有显著差异；从年龄来看，第 1 组、第 2 组、第 3 组的年龄均值分别为 30.90 岁、30.54 岁、30.65 岁，数值也非常接近，方差分析的结果表明，年龄在 3 个组之间没有显著差异。此外，婚姻状态、教育程度和健康状况在 3 个组之间也没有显著差异。由此可以看出，受访对象进入哪一个组完全遵循了随机化原则。

表 4.5 控制变量的平衡性检验

变量	组中比例（或均值）			方差分析	
	第 1 组	第 2 组	第 3 组	F 统计量	P 值
male	52.67%	51.59%	50.34%	0.08	0.927 4
age	30.90	30.54	30.65	0.14	0.869 0
marriage	63.36%	63.69%	63.95%	0.01	0.994 9
education	3.23	3.35	3.33	0.77	0.462 5
health	52.67%	60.51%	51.02%	1.58	0.207 9

4.3.2 干预效果的描述性分析

本研究将第 1 组作为控制组，将第 2 组作为实验组，暂不考虑第 3 组，对干预效果进行简单的描述性分析，其结果见表 4.6。从表 4.6 可以看出，实验组中的新生代农民工对于开展涉农创业活动的可能性选择“非常可能”“比较可能”“一般”的比例分别为 19.11%、23.57%、34.39%，控制组选择“非常可能”“比较可能”“一般”的比例分别为 9.16%、14.50%、31.30%，因此实验组选择“非常可能”“比较可能”“一般”的比例均高于控制组。实验组中的新生代农民工选择“不太可能”“非常不可能”的比例分别为 19.75%、3.18%，而控制组中的新生代农民工选择“不太可能”“非常不可能”的比例分别为 38.17%、6.87%，因此实验组选择“不太可能”“非常不可能”的比例均低于控制组。从简单的描述性分析可以看出，实验组的新生代农民工开展涉农创业的意愿要强于控制组。

表4.6　干预效果的描述性分析

可能性	控制组	实验组	总计
非常不可能（1）	9 6.87%	5 3.18%	14 4.86%
不太可能（2）	50 38.17%	31 19.75%	81 28.13%
一般（3）	41 31.30%	54 34.39%	95 32.99%
比较可能（4）	19 14.50%	37 23.57%	56 19.44%
非常可能（5）	12 9.16%	30 19.11%	42 14.58%
总计	131 100.00%	157 100.00%	288 100.00%

4.3.3　干预效果的回归分析

（1）基准回归。上述的描述性分析已比较直观地显示了实验组（即在问卷中强化了我国当前正在实施乡村振兴战略）的新生代农民工的涉农创业意愿要高于控制组。为了进行更为严谨的分析，本研究采用了计量模型进行分析。在基准回归中，本研究不考虑第3组的组内设计，只是将第1组作为控制组，将第2组作为实验组进行分析。由于涉农创业意愿是一个取值为5的有序变量，因此本研究采用有序Logit模型（Odered Logit）和有序Probit模型（Odered Probit）进行分析，分析结果见表4.7。

表4.7　基准回归估计结果

变量	有序Logit模型		有序Probit模型	
	(1)	(2)	(3)	(4)
treat	0.934*** (0.221)	0.960*** (0.228)	0.530*** (0.128)	0.537*** (0.130)
male		0.349 (0.228)		0.147 (0.127)
age		−0.037* (0.021)		−0.018 (0.012)
marriage		0.303 (0.277)		0.215 (0.162)
education		−0.276** (0.131)		−0.160** (0.078)

（续）

变量	有序 Logit 模型		有序 Probit 模型	
	(1)	(2)	(3)	(4)
health		0.371* (0.216)		0.246** (0.124)
N	288	288	288	288
Pseudo R^2	0.021 9	0.037 3	0.020 9	0.036 2
Wald	17.81	29.91	17.03	30.56

注：***、**、* 分别表示 1%、5%、10%的显著性水平，括号中的数值为稳健标准误。

表 4.7 的第（1）、（2）列为有序 Logit 模型的估计结果，第（3）、（4）列为有序 Probit 模型的估计结果，第（1）、（3）列未加任何控制变量，第（2）、（4）列加入了所有控制变量。从第（1）列可以看出，有序 Logit 模型的估计显示，处理变量的估计系数为 0.934，并且在 1%的水平显著，当第（2）列加入控制变量后，估计系数略有增加，但是变动很小，并且仍然在 1%的水平显著。有序 Probit 模型的估计结果与有序 Logit 模型的估计结果非常相似，只是估计系数小一些。由此可以看出，当在处理中强化了国家正在实施乡村振兴战略后，新生代农民工参与涉农创业的意愿显著增加。

从控制变量来看，性别、婚姻状况对新生代农民工的涉农创业意愿均没有显著影响。在有序 Logit 模型中，年龄在 10%的显著性水平对新生代农民工的涉农创业意愿具有负向影响，表明年龄越大的农民工，涉农创业的意愿有所减弱，但是在有序 Probit 模型中，年龄的估计系数虽然仍然是负的，但是变得不显著。在有序 Logit 模型和有序 Probit 模型中，教育程度均在 5%的显著性水平对新生代农民工的涉农创业意愿具有负向影响。由此可以看出，在当前农村，受教育程度较高的劳动力，离开农村的倾向仍然比较强烈，离开农村后，返乡创业的意愿也不强，因此人才振兴仍然是我国乡村振兴中亟待破解的难题。此外，健康状况对新生代农民工的涉农创业意愿具有显著的正向影响。

（2）稳健性检验。在基准回归中，本研究只考虑了基于组间设计的受访者，即只考虑了第 1 组、第 2 组，而未考虑第 3 组。在稳健性检验中，本研究除了单独对第 3 组的数据进行分析外，并且还将第 3 组的数据与第 1 组、第 2 组的数据合并后进行分析。对第 3 组数据即组间设计的估计结果见表 4.8，对第 1 组、第 2 组和第 3 组的合并数据进行估计的结果见表 4.9。表 4.8、表 4.9 的估计结果均表明，处理变量对新生代农民工的涉农创业意愿均具有显著的正向影响，因此本研究关于乡村振兴战略对新生代农民工的涉农创业意愿具有显著正向影响的结论是十分稳健的。

表 4.8　组内设计的估计结果

变量	有序 Logit 模型		有序 Probit 模型	
	(1)	(2)	(3)	(4)
treat	1.128*** (0.232)	1.170*** (0.236)	0.609*** (0.132)	0.627*** (0.133)
male		0.203 (0.228)		0.152 (0.129)
age		0.038 (0.025)		0.024* (0.014)
marriage		−0.098 (0.302)		−0.065 (0.169)
education		−0.069 (0.121)		−0.042 (0.068)
health		0.697*** (0.223)		0.401*** (0.127)
N	294	294	294	294
Pseudo R^2	0.033 3	0.051 1	0.030 0	0.049 9
Wald	23.72	34.58	21.37	33.24

注：***、* 分别表示 1%、10%的显著性水平，括号中的数值为稳健标准误。

表 4.9　合并组内、组间设计的估计结果

变量	有序 Logit 模型		有序 Probit 模型	
	(1)	(2)	(3)	(4)
treat	1.025*** (0.159)	1.047*** (0.163)	0.570*** (0.091)	0.577*** (0.092)
male		0.284* (0.162)		0.155* (0.091)
agecation		−0.007 (0.016)		−0.001 (0.009)
marriage		0.151 (0.202)		0.096 (0.116)
education		−0.188** (0.092)		−0.116** (0.054)
health		0.538*** (0.154)		0.330*** (0.088)
N	582	582	582	582
Pseudo R^2	0.026 8	0.039 4	0.025	0.039 3
Wald	41.47	57.16	38.89	57.55

注：***、**、* 分别表示 1%、5%、10%的显著性水平，括号中的数值为稳健标准误。

4.4 乡村振兴内容对新生代农民工涉农创业意愿的影响

4.4.1 干预分配及平衡性检验

从表 4.10 可以看出，由于每个受访者需要回答 4 个案例，因此案例的总数为 1 740 个。从表 4.10 还可以看出，乡村振兴内容的 32 个虚拟案例在样本中的分配是比较均衡的。

表 4.10 乡村振兴内容虚拟案例在样本中的分配

案例编号	频数	百分比（%）	累积百分比（%）
1	44	2.53	2.53
2	46	2.64	5.17
3	92	5.29	10.46
4	36	2.07	12.53
5	43	2.47	15.00
6	76	4.37	19.37
7	49	2.82	22.18
8	65	3.74	25.92
9	65	3.74	29.66
10	66	3.79	33.45
11	79	4.54	37.99
12	54	3.10	41.09
13	33	1.90	42.99
14	33	1.90	44.89
15	36	2.07	46.95
16	46	2.64	49.60
17	49	2.82	52.41
18	36	2.07	54.48
19	54	3.10	57.59
20	65	3.74	61.32
21	22	1.26	62.59
22	97	5.57	68.16
23	86	4.94	73.10

（续）

案例编号	频数	百分比（%）	累积百分比（%）
24	43	2.47	75.57
25	65	3.74	79.31
26	98	5.63	84.94
27	22	1.26	86.21
28	22	1.26	87.47
29	44	2.53	90.00
30	46	2.64	92.64
31	79	4.54	97.18
32	49	2.82	100.00
总计	1 740	100.00	100.00

本研究检验了 *male*、*age*、*marriage*、*education*、*health* 这 5 个控制变量在 32 个虚拟案例中的平衡性。从表 4.11 可以看出，男性比例、年龄均值、已婚比例、教育程度的均值、非常健康的比例在 32 个虚拟案例中分配非常均衡，方差分析的结果也表明，这 5 个变量在 32 个虚拟案例中不存在显著差异，即虚拟案例在受访者中的分配是随机的。

表 4.11　控制变量乡村振兴内容虚拟案例中的平衡性

案例编号	*male*	*age*	*marriage*	*education*	*health*
1	59.09%	31.25	56.82%	3.41	47.73%
2	45.65%	30.22	65.22%	3.26	58.70%
3	47.83%	30.37	63.04%	3.36	55.43%
4	58.33%	31.33	61.11%	3.31	47.22%
5	51.16%	30.05	65.12%	3.42	41.86%
6	47.37%	30.86	69.74%	3.29	46.05%
7	44.90%	30.65	61.22%	3.31	67.35%
8	56.92%	30.06	63.08%	3.32	56.92%
9	56.92%	30.06	63.08%	3.32	56.92%
10	54.55%	31.39	59.09%	3.39	51.52%
11	54.43%	31.23	64.56%	3.38	53.16%
12	53.70%	30.02	61.11%	3.15	57.41%
13	42.42%	31.91	75.76%	3.12	51.52%

（续）

案例编号		*male*	*age*	*marriage*	*education*	*health*
14		42.42%	31.91	75.76%	3.12	51.52%
15		58.33%	31.33	61.11%	3.31	47.22%
16		45.65%	30.22	65.22%	3.26	58.70%
17		44.90%	30.65	61.22%	3.31	67.35%
18		58.33%	31.33	61.11%	3.31	47.22%
19		53.70%	30.02	61.11%	3.15	57.41%
20		56.92%	30.06	63.08%	3.32	56.92%
21		45.45%	31.64	63.64%	3.36	59.09%
22		52.58%	30.52	63.92%	3.28	57.73%
23		51.16%	30.59	66.28%	3.43	50.00%
24		51.16%	31.14	67.44%	3.44	58.14%
25		56.92%	30.06	63.08%	3.32	56.92%
26		56.12%	30.57	59.18%	3.27	53.06%
27		45.45%	31.64	63.64%	3.36	59.09%
28		45.45%	31.64	63.64%	3.36	59.09%
29		59.09%	31.25	56.82%	3.41	47.73%
30		45.65%	30.22	65.22%	3.26	58.70%
31		44.30%	30.92	69.62%	3.20	55.70%
32		44.90%	30.65	61.22%	3.31	67.35%
方差分析	*F* 统计量	0.61	0.47	0.37	0.47	0.74
	P 值	0.956 7	0.994 7	0.999 4	0.994 0	0.847 2

4.4.2 干预效果的回归分析

表 4.12 是乡村振兴内容对新生代农民工涉农创业意愿影响的回归分析。在有序 Logit 模型中，当未加入控制变量时，产业兴旺对新生代农民工涉农创业意愿的估计系数为 0.438，并且高度显著，当加入控制变量后，其估计系数略有增加，但是变动很小，并且仍然在 1%的水平显著。在有序 Probit 模型中，无论是否加入控制变量，产业兴旺对新生代农民工涉农创业意愿的估计系数均为 0.246，并且在 1%的水平显著。由此可以看出，乡村的产业兴旺是促进新生代农民工涉农创业意愿的重要变量。

表 4.12　乡村振兴内容对新生代农民工涉农创业意愿影响的回归分析

变量	有序 Logit 模型		有序 Probit 模型	
	(1)	(2)	(3)	(4)
产业兴旺	0.438***	0.443***	0.246***	0.246***
	(0.090)	(0.090)	(0.051)	(0.051)
基础设施建设	0.323***	0.316***	0.194***	0.191***
	(0.088)	(0.089)	(0.051)	(0.051)
乡村景观	0.077	0.088	0.043	0.049
	(0.089)	(0.090)	(0.051)	(0.051)
文化生活	0.068	0.065	0.038	0.036
	(0.090)	(0.090)	(0.051)	(0.052)
生活环境	0.178**	0.168*	0.106**	0.101**
	(0.089)	(0.090)	(0.051)	(0.051)
male		0.327***		0.193***
		(0.091)		(0.052)
age		0.002		−0.001
		(0.010)		(0.005)
marriage		0.085		0.097
		(0.120)		(0.068)
education		−0.221***		−0.130***
		(0.053)		(0.031)
health		0.168*		0.099*
		(0.090)		(0.051)
N	1 740	1 740	1 740	1 740
Pseudo R^2	0.009 1	0.016 8	0.009 1	0.017 5
Wald	44.21	79.29	44.23	86.45

注：***、**、* 分别表示 1%、5%、10%的显著性水平，括号中的数值为稳健标准误。

在有序 Logit 模型中，当未加入控制变量时，基础设施建设对新生代农民工的涉农创业意愿的估计系数为 0.323，并且在 1%的水平显著，当加入控制变量后，基础设施建设对新生代农民工的涉农创业意愿的估计系数略有减小，但仍然在 1%的水平显著。在有序 Probit 模型中，当未加入控制变量时，基础设施建设的估计系数为 0.194，并且在 1%的水平显著，当加入控制变量后，估计系数变为 0.191，略有减小，但仍然在 1%的水平显著。可以看出，基础设施建设对新生代农民工的涉农创业意愿具有显著的正向影响。

在有序 Logit 模型中，当未加入控制变量时，生活环境对新生代农民工的涉农创业意愿的估计系数为 0.178，并且在 5%的水平显著，但加入控制变量后，系数的估计值下降到 0.168，显著性水平也变为 10%。在有序 Probit 模型中，当未加入控制变量时，生活环境对新生代农民工的涉农创业意愿的估计系数为 0.106，并且在 5%的水平显著，但加入控制变量后，生活环境对新生代农民工的涉农创业意愿的估计系数略有减小，但仍然在 5%的水平显著。由此可以看出，生活环境对新生代农民工的涉农创业意愿具有显著的正向影响。

无论是在有序 Logit 模型中，还是在有序 Probit 模型中，以及无论是否加入控制变量，乡村景观和文化生活对新生代农民工的涉农创业意愿都没有显著影响。

此外，从控制变量来看，男性新生代农民工的涉创业意愿显著高于女性，教育程度显著降低了新生代农民工的涉农创业意愿，而身体健康状况显著提高了新生代农民工的涉农创业意愿。此处关于控制变量的估计结果与前面常规调查实验的估计结果非常相似。

上述分析表明，在关于乡村振兴的内容中，产业兴旺、基础设施建设和生活环境对新生代农民工的涉农创业意愿具有显著的正向影响，而乡村景观和文化生活对新生代农民工的涉农创业意愿没有显著影响。在有显著影响的 3 个变量中，产业兴旺的估计系数最大，其次是基础设施建设，最后是生活环境。

在我国乡村振兴战略的 20 字方针中，产业兴旺被排在了首位，即产业兴旺是实现其他目标的基础，只有乡村的产业蓬勃发展，生态宜居、乡风文明、治理有效、生活富裕才有物质基础。我国在农村进行家庭联产承包责任制的改革之后，农民的积极性被极大地调动起来，农村的种植业、养殖业有了极大发展，并且在 20 世纪 80 年代后期及 90 年代初期之前，许多农村地区的乡镇企业也有了很大发展，虽然在这个时期，我国农村经济发展的总体水平还比较低，但是农村地区的第一、二产业得到了蓬勃发展。

20 世纪 90 年代后，我国开始实行社会主义市场经济体制，市场在资源配置中起到基础性作用，城市经济的改革步伐加快，处于农村地区的乡镇企业在与城市经济的竞争中处于劣势，许多乡镇企业得以消失不在，同时城市经济的快速发展也需要大量的务工人员，吸引了大量的青壮年劳动力转移到城镇务工。城市经济的快速发展，不仅使农村地区的第二产业快速消退，而且由于农村大量青壮年劳动力外出务工，农业兼业化现象比较突出，从而使农村地区的种植业和养殖业也出现了一定的衰落迹象。农村产业的衰退进一步促进了农村青壮年劳动力的离农倾向，因此如果要吸引新生代农民工返回家乡创业，必须使农村地区的产业发展焕发出生机，新生代农民工返乡创业才能有更多机会。因此，在本研究中，乡村的产业兴旺是吸引新生代农民工回乡开展涉农创业的最重要的变量。

由于我国过去一直实行的是偏向城市的发展政策，因此城市的基础设施十分完善，与此相比，农村的基础设施要落后很多。虽然近年来，我国也逐渐加大了对农村地区的基础设施建设投资，农村的基础设施建设有了很大改善，但是由于基础设施建设过去欠账太多，与城市仍然存在巨大差距。农村基础设施的建设不仅与发展乡村产业密切相关，还是实现生态宜居、改善农村生活环境的重要变量，对于在城市务工的新生代农民工而言，他们对城乡基础设施建设的巨大差距有更深刻的感受，新生代农民工要返乡开展涉农创业，基础设施建设是他们重要的考量，因此在本研究中，基础设施对新生代农民工的涉农创业意愿具有重要影响。

与城市相比，农村虽然有更干净的空气，但是缺少集中的垃圾处理设施，许多农村地区脏、乱、差的现象比较突出，因此新生代农民工对于回乡创业，生活环境也是他们重要的考量。

乡村景观与城市相比，具有自己独特的特点，因此对于新生代农民工来说，这并不是他们回乡创业需要重点考虑的地方。此外，由于当前网络比较发达，新生代农民工完全可以通过网络去解决他们的文化生活需要，并且我们询问的是他们的涉农创业意愿，他们可能更关注直接影响创业的变量，从而并没有考虑到文化生活的问题，因此文化生活对新生代农民工的涉农创业意愿没有显著影响。

4.5　政策支持对新生代农民工涉农创业意愿的影响

4.5.1　干预分配及平衡性检验

表 4.13 显示的是 16 个虚拟案例在样本中的分配，可以看出，这 16 个虚拟案例在样本中的分配是比较均衡的。

表 4.13　政策支持虚拟案例在样本中的分配

案例编号	频数	百分比（%）	累积百分比（%）
1	65	7.47	7.47
2	43	4.94	12.41
3	92	10.57	22.99
4	65	7.47	30.46
5	44	5.06	35.52
6	43	4.94	40.46
7	33	3.79	44.25
8	46	5.29	49.54

（续）

案例编号	频数	百分比（%）	累积百分比（%）
9	49	5.63	55.17
10	36	4.14	59.31
11	54	6.21	65.52
12	101	11.61	77.13
13	55	6.32	83.45
14	54	6.21	89.66
15	44	5.06	94.71
16	46	5.29	100.00
总计	870	100.00	100.00

从表 4.14 可以看出，男性比例、年龄均值、已婚比例、教育程度的均值以及非常健康的比例在政策支持的 16 个虚拟案例中是比较均衡的，方差分析的结果表明，这些变量在 16 个虚拟案例中不存在显著差异，即关于虚拟案例在受访者中的分配符合了随机性的原则。

表 4.14　控制变量在政策支持虚拟案例中的平衡性

案例编号	*male*	*age*	*marriage*	*education*	*health*
1	49.23%	30.58	64.62%	3.40	47.69%
2	51.16%	30.047	65.12%	3.42	41.86%
3	47.83%	30.88	64.13%	3.37	63.04%
4	56.92%	30.06	63.08%	3.32	56.92%
5	59.09%	31.25	56.82%	3.41	47.73%
6	51.16%	31.14	67.44%	3.44	58.14%
7	42.42%	31.91	75.76%	3.12	51.52%
8	45.65%	30.22	65.22%	3.26	58.70%
9	44.90%	30.65	61.22%	3.31	67.35%
10	58.33%	31.33	61.11%	3.31	47.22%
11	53.70%	30.02	61.11%	3.15	57.41%
12	57.43%	30.51	62.38%	3.32	53.47%
13	43.64%	31.80	70.91%	3.22	54.55%
14	53.70%	30.02	61.11%	3.15	57.41%
15	59.09%	31.25	56.82%	3.41	47.73%

（续）

案例编号		*male*	*age*	*marriage*	*education*	*health*
16		45.65%	30.22	65.22%	3.26	58.70%
方差分析	*F* 统计量	0.68	0.54	0.41	0.66	0.92
	P 值	0.804 0	0.917 2	0.977 6	0.824 5	0.538 3

4.5.2　干预效果的回归分析

表 4.15 是政策支持变量对新生代农民工涉农创业意愿影响的回归分析结果。在有序 Logit 模型中，当没有加入任何控制变量的时候，提供用地帮助对新生代农民工涉农创业意愿的估计系数为 0.408，并且在 1%的水平显著，当加入控制变量后，该系数估计值略有减少，但是仍然在 1%的水平显著。在有序 Probit 模型中，当没有加入任何控制变量的时候，提供用地帮助对新生代农民工的涉农创业意愿的估计系数为 0.248，当加入控制变量后，该系数的估计值略有下降，但是仍然在 1%的水平显著。由此表明，政府提供用地帮助对新生代农民工的涉农创业意愿具有显著的正向影响。

表 4.15　政策支持变量对新生代农民工涉农创业意愿的影响

变量	有序 Logit 模型		有序 Probit 模型	
	(1)	(2)	(3)	(4)
提供用地帮助	0.408***	0.385***	0.248***	0.239***
	(0.125)	(0.126)	(0.072)	(0.072)
提供贷款支持	0.279**	0.276**	0.136*	0.140*
	(0.125)	(0.127)	(0.073)	(0.073)
提供技术培训或指导	0.224*	0.207	0.111	0.098
	(0.125)	(0.127)	(0.072)	(0.073)
税收优惠	0.175	0.170	0.093	0.092
	(0.125)	(0.128)	(0.072)	(0.073)
male		0.468***		0.275***
		(0.128)		(0.073)
age		−0.003		0.001
		(0.013)		(0.008)
marriage		0.165		0.118
		(0.163)		(0.095)
education		−0.198***		−0.116***
		(0.072)		(0.041)

（续）

变量	有序 Logit 模型		有序 Probit 模型	
	(1)	(2)	(3)	(4)
health		0.495***		0.293***
		(0.127)		(0.072)
N	870	870	870	870
Pseudo R^2	0.009 1	0.024 8	0.008 5	0.025 3
Wald	23.74	62.89	21.42	64.66

注：***、**、* 分别表示 1%、5%、10%的显著性水平，括号中的数值为稳健标准误。

在有序 Logit 模型中，当未加入控制变量时，提供贷款支持对新生代农民工的涉农创业意愿的估计系数为 0.279，并且在 5%的水平显著，当加入控制变量后，该系数的估计值略有减小，但仍然在 5%的水平显著。在有序 Probit 模型中，当未加入控制变量时，提供贷款支持对新生代农民工的涉农创业意愿的估计系数为 0.136，并且在 10%的水平显著，当加入控制变量后，该系数的估计值变为 0.140，并且仍然在 10%的水平显著。由此表明，政府提供货款支持对新生代农民工的涉农创业意愿具有显著的正向影响。

提供技术培训或指导只是在未加入控制变量的有序 Logit 模型中具有微弱的显著性，在其他模型中均不具有显著影响，总体而言，政府提供技术培训或指导对新生代农民工的涉农创业意愿没有显著影响。

政府提供的税收优惠在 4 个模型中对新生代农民工的涉农创业意愿均没有显著影响。此外，从控制变量来看，男性新生代农民工的涉农创业意愿显著高于女性，教育程度越高，新生代农民工的涉农创业意愿越弱，身体越健康，新生代农民工的涉农创业意愿越强烈。在本研究中，一共设计了 3 个调查实验，一个是常规调查实验，两个是析因调查实验，新生代农民工均是在 3 种情景下分别回答其涉农创业意愿，在这 3 个实验中，性别、教育程度和健康状况对新生代农民工的涉农创业意愿的影响具有很大的一致性。

从上述的分析可以看出，新生代农民工的涉农创业意愿对政府提供的用地帮助和贷款支持比较敏感，而对政府提供的技术培训与指导，以及税收优惠政策并不敏感。

新生代农民工开展涉农创业，土地是必需的投入要素。近年来，国家出台了一系列政策支持土地流转，并且农业生产建设用地也有一系列的政策支持，但在实际的农村创业过程中，土地问题仍然是重要的制约因素，因为土地流转产生纠纷、矛盾的现象也不少，因此，各地应在国家的政策框架下，创新土地流转的方式、方法，在保障农民利益的基础上，为返乡创业的农民工在用地上提供更多帮助。

资金是开展创业的首要条件，与其他创业不同，涉农创业可能并不需要太多设备和厂房，但是在平整土地、开展基础设施建设等过程中投入比较大，而这些投入往往是隐形的，很难以这些投入作为抵押获得银行贷款。因此应进一步创新农村金融体制机制，为返乡创业的农民工解决资金之忧。

技术培训或指导对新生代农民工返乡开展涉农创业意愿影响不强烈，可能的原因是新生代农民工在创业之前会选择自己比较熟悉的项目，或者是因为没有实际创业，没有感受到技术缺乏的情况，从而对技术培训或指导的需求不强烈。

税收优惠对新生代农民工的涉农创业意愿影响并不强烈，原因可能是他们对税收政策并不熟悉，或者是主要关注创业是否成功，如果创业不成功，自然不会产生税收，如果创业成功，可能又对税收并不敏感。

4.6　小结

本章基于调查实验的方法，讨论了乡村振兴对新生代农民工涉农创业意愿的影响。首先采用常规调查实验的方法，从总体上分析了乡村振兴战略对新生代农民工涉农创业意愿的影响，结果表明，乡村振兴战略的实施显著提升了新生代农民工的涉农创业意愿。然后，基于析因调查实验的方法，围绕乡村振兴的产业兴旺、生态宜居、乡风文明、治理有效、生活富裕五个维度，讨论了产业兴旺、基础设施建设、乡村景观、文化生活和生活环境对新生代农民工涉农创业意愿的影响，结果表明，产业兴旺、基础设施建设和生活环境对新生代农民工的涉农创业意愿具有显著的正向影响，并且产业兴旺的影响程度最为强烈，而乡村景观和文化生活对新生代农民工的涉农创业意愿没有显著影响。最后讨论了在乡村振兴背景下，政府的创业支持政策对新生代农民工涉农创业意愿的影响，结果表明，政府提供的用地帮助政策、贷款支持政策对新生代农民工的涉农创业意愿具有显著的正向影响，而技术培训与指导、税收优惠对新生代农民工的涉农创业意愿没有显著影响。从本章的研究中，可以得到如下政策启示：第一，继续加大对乡村振兴战略的宣传。当前我国正在大力推进乡村振兴战略，但是乡村振兴实施的地点主要在农村，对于很多在城市务工的新生代农民工，虽然对乡村振兴战略知道一些，但是并不知道具体细节，并且对乡村振兴的进展也了解不多，因此，应继续加大对乡村振兴的宣传，让更多的人（包括新生代农民工）了解乡村振兴政策，并愿意到乡村去开创自己的事业。第二，大力促进乡村产业发展。产业兴旺是乡村振兴最首要的任务，从本章的分析也可以看出，新生代农民工在考虑是否会开展涉农创业时，非常关注乡村的产业发展。乡村振兴的内容很多，各地在推进乡村振兴的过程中，一定要抓住产业兴旺这个重点，只要产业兴旺这个任务实现了，其他任务也就比较容易实现。第三，不断优化创业扶持政策。为吸引农民工返乡创业，各个地方出台了许多扶持政策，但是资源总是有限的，如果资源太分散，可能达不到应有的扶持效果。各地在出台相应的扶持政策时，应进行充分的调研，政策的实施应能切实解决返乡创业农民工最为关注的问题，从本章的分析可以看出，政府提供的用地帮助政策和贷款支持政策对新生代农民工涉农创业意愿的影响最显著。

第 5 章　新生代农民工对乡村振兴政策的关注及其对涉农创业意愿的影响

习近平总书记在 2017 年的十九大报告中正式提出了实施乡村振兴战略，2018 年的中央 1 号文件出台了关于实施乡村振兴战略的具体意见，各级政府、各种媒体也加大了乡村振兴的宣传力度。但是，新生代农民工是否关注国家的乡村振兴政策？主要是通过哪些渠道了解国家的乡村振兴政策？对乡村振兴政策的关注与了解是否提高了新生代农民工的涉农创业意愿？对这些问题的回答可以为宣传乡村振兴战略、促进乡村人才振兴的相关政策设计提供参考。

5.1　新生代农民工对乡村振兴政策的关注情况

5.1.1　新生代农民工对乡村振兴政策的了解情况

本研究在问卷中询问了“您清楚国家的乡村振兴战略吗”，选项包括“非常清楚”“比较清楚”“有一点了解”“完全不清楚”。从图 5.1 可以看出，回答“非常清楚”的新生代农民工占 10%，回答“比较清楚”的新生代农民工占 18%，回答“有一点了解”的新生代农民工占 45%，回答“完全不清楚”的

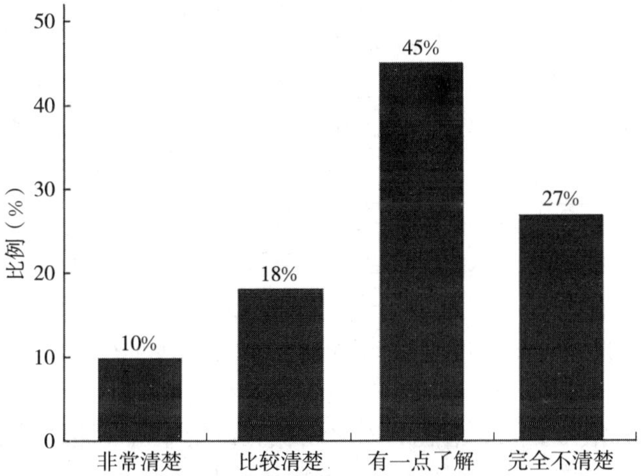

图 5.1　新生代农民工对乡村振兴政策的了解情况

新生代农民工占27%。回答“非常清楚”和“比较清楚”的比例共计28%，与“完全不清楚”的比例（27%）非常接近。总体来看，新生代农民工回答“完全不清楚”的比例较高，回答“有一点了解”的比例最高。

图5.2进一步显示，在新生代农民工中，女性表示非常清楚乡村振兴政策的占8%，表示比较清楚的占16%，而男性表示非常清楚的占12%，表示比较清楚的占21%。由此可以看出，男性新生代农民工对乡村振兴政策的了解程度要高于女性。

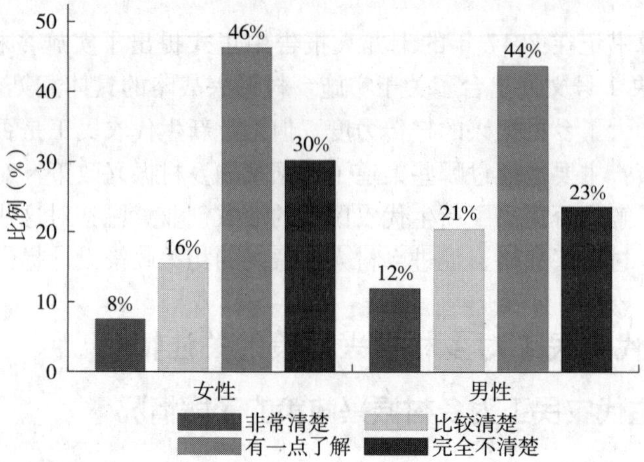

图5.2 新生代农民工对乡村振兴政策了解程度的性别比较

5.1.2 新生代农民工对乡村振兴政策的关注情况

图5.3显示，18%的新生代农民工表示经常关注乡村振兴政策，60%的新生代农民工表示偶尔关注乡村振兴政策，22%的新生代农民工表示不关注乡村振兴政策。总体而言，新生代农民工比较关注我国的乡村振兴政策。

从图5.4可以看出，在新生代农民工中，女性表示经常关注乡村振兴政策的比例为14%，而男性表示经常关注的比例为21%。总体而言，男性新生代农民工关注乡村振兴政策的比例要高于女性。

从理论上看，新生代农民工对乡村振兴政策越关注，则对乡村振兴政策的了解将越多，如果受访者回答非常关注乡村振兴政策，但却回答不了解乡村振兴政策，则表明受访者的回答带有较大的随意性，其回答可能是不可信的。为了验证这一点，本研究分析了新生代农民工对乡村振兴政策的关注度与了解程度的关联性。从表5.1可以看出，对乡村振兴政策非常关注的受访者，回答非常清楚乡村振兴政策的占48.7%，回答比较清楚的占27.6%，回答有一点了解的占18.4%，而回答完全不清楚的只占5.3%；对乡村振兴政策不关注的新

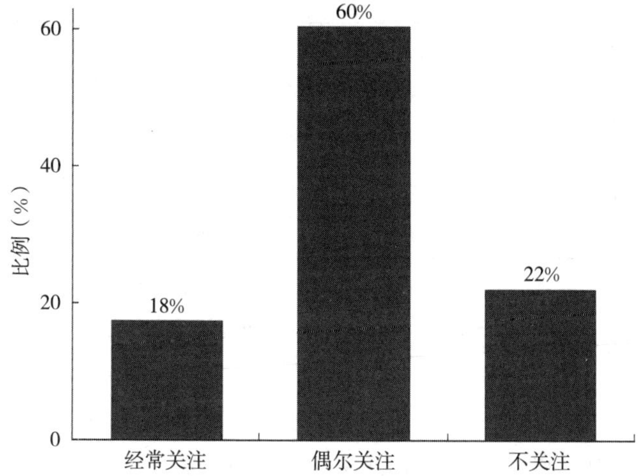

图 5.3　新生代农民工对乡村振兴政策了解的关注情况

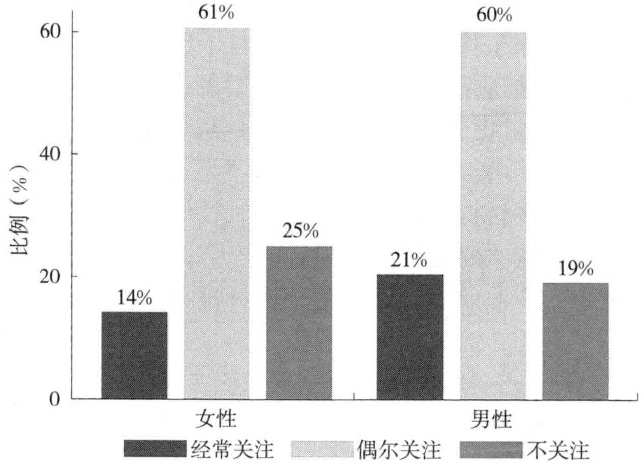

图 5.4　新生代农民工对乡村振兴政策关注的性别比较

生代农民工，对乡村振兴政策非常清楚的只占 1.0%，比较清楚的占 2.1%，回答有一点了解的占 21.9%，而回答完全不清楚的高达 75.0%。进一步计算了两者的相关系数，相关系数达到 0.647 2。由此可以看出，新生代农民工对乡村振兴政策越关注，则越了解乡村振兴政策。

表 5.1　对乡村振兴的关注度与了解程度的关联性

单位：%

了解程度	非常关注	偶尔关注	不关注
非常清楚	48.7	1.9	1.0

（续）

了解程度	非常关注	偶尔关注	不关注
比较清楚	27.6	21.3	2.1
有一点了解	18.4	61.2	21.9
完全不清楚	5.3	15.6	75.0
总计	100.0	100.0	100.0

5.2 新生代农民工了解乡村振兴政策的渠道

本研究在问卷中询问了新生代农民工了解乡村振兴政策的渠道，这是一个多选题。其中70%的新生代农民工选择通过网络了解乡村振兴政策，47%的新生代农民工选择通过电视了解乡村振兴政策，30%的新生代农民工选择通过报纸了解乡村振兴政策，20%的新生代农民工选择通过家人了解乡村振兴政策，15%的新生代农民工选择通过村干部了解乡村振兴政策，20%的新生代农民工选择通过亲戚朋友了解乡村振兴政策，18%的新生代农民工选择通过同事了解乡村振兴政策（图5.5）。从中可以看出，网络、电视、报纸是新生代农民工了解乡村振兴政策的主要渠道，而通过家人、村干部、亲戚朋友、同事了解乡村振兴政策的比例相对较低。由此表明，当前关于乡村振兴政策的宣传可能主要集中在农村，村干部向外出务工农民工的宣传还不够，另外，家人、亲戚朋友及同事关于乡村振兴的话题可能并不多。

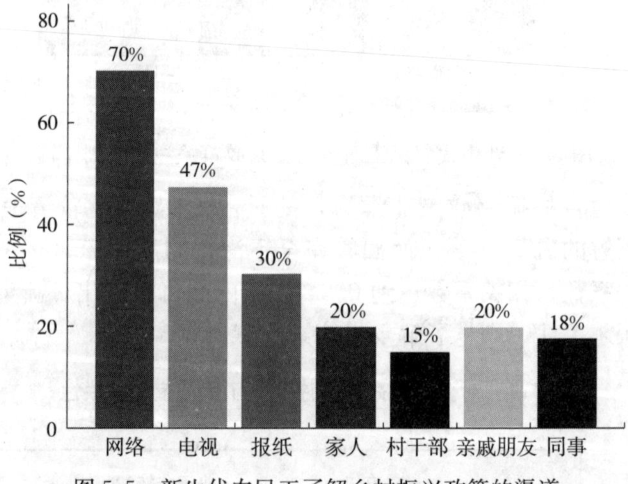

图5.5 新生代农民工了解乡村振兴政策的渠道

5.3　新生代农民工对乡村发展变化的感知

自习近平总书记于 2017 年提出我国要实施乡村振兴战略，各个地方开始大力实施乡村振兴，农村在许多方面都发生了一定的变化。为了研究新生代农民工是否关心家乡的发展与变化，本研究在问卷中询问了新生代农民工在乡村振兴战略实施以来，其家乡发生了哪些变化，该问题为多选题。从图 5.6 可以看出，21％的人回答农业经营的收入增加了，18％的人回答进行规模养殖的人增加了，16％的人回答进行规模种植的人增加了，42％的人回答农村的环境变得更干净了，35％的人回答农村变得更漂亮了，10％的人回答农产品加工企业增加了，24％的人回答开发乡村旅游的人数增加了，14％的人回答来乡村旅游的人数增加了，23％的人回答通过网络销售农产品的人数增加了，14％的人回答农产品更容易销售了，10％的人回答完全没有变化，12％的人回答不清楚。可以看出，回答农村的环境变得更干净了和农村变得更漂亮了两个选项的人数最多。事实上，在乡村振兴战略提出以来，全国各地最先开始的就是开展乡风文明建设，各地的乡风文明建设取得了很大成效，特别是在乡村的环境整治、破除陈规陋习和移风易俗等方面取得了很大成绩。因此，新生代农民工能深刻感受到农村的环境变得更干净了和更漂亮了。

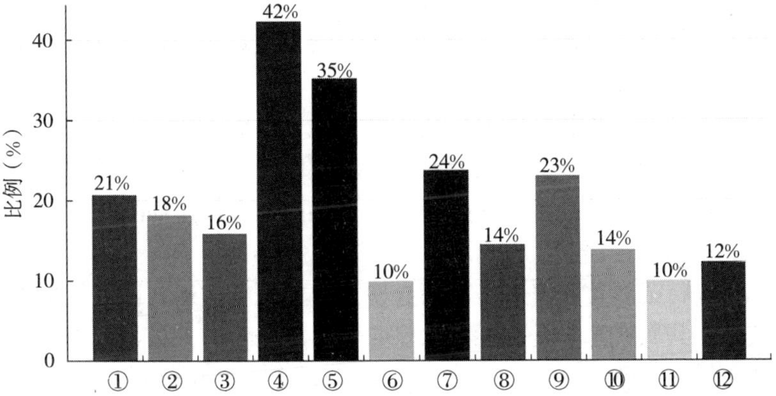

①农业经营的收入增加了　②进行规模养殖的人增加了　③进行规模种植的人增加了　④农村的环境变得更干净了　⑤农村变得更加漂亮了　⑥农产品加工企业增加了　⑦开发乡村旅游（包括农家乐）的人数增加了　⑧来乡村旅游的人数增加了　⑨通过网络销售农产品的人数增加了　⑩农产品更容易销售了　⑪完全没有变化　⑫不清楚

图 5.6　新生代农民工对家乡变化的感受

5.4 新生代农民工关注乡村振兴政策的影响因素

乡村振兴离不开人才支撑，而新生代农民工是乡村人才振兴的重要来源，新生代农民工只有更加了解乡村振兴政策，更加关注乡村振兴政策，才有可能参与到乡村振兴中来，因此厘清新生代农民工关注乡村振兴政策的影响因素，对于进一步加强对新生代农民工的宣传，吸引更多的新生代农民工参与乡村振兴具有重要意义。

5.4.1 理论分析与研究假设

新生代农民工是否关注乡村振兴政策，受到许多因素的影响，本研究从新生代农民工的个人特征、家庭特征和资源禀赋提出相应的研究假设。

(1) 个人特征。首先，从性别来看，由于男性对政治的参与意识比较强，比较关注国家的政策变化，因此，男性新生代农民工可能更加关注乡村振兴政策。从年龄来看，年龄比较大的新生代农民工在外出务工前从事过农业生产活动的概率越大，可能更加关注乡村振兴政策，但是前面的分析表明，新生代农民工主要是基于网络了解乡村振兴政策，年龄较小的可能上网频率越高，有可能会更加关注乡村振兴政策，因此，年龄对新生代农民工是否关注乡村振兴政策的影响可能是不确定的。从婚姻状态来看，已婚的新生代农民工可能要承担更多养家的责任，从而更加关注当前的工作，而不太关注乡村振兴政策。从教育程度来看，教育程度越高，可能更加关注国家政策的变化，并且信息的搜集能力越强，对乡村振兴政策可能更加关注。从健康状态来看，身体越健康，对周围发生的事情越感兴趣，从而可能更加关注乡村振兴政策。在外务工的时间越长，可能离农的倾向越高，因此对乡村振兴政策不太关注。从农业生产经历来看，有农业生产经历的人，对土地具有更多的情怀，从而更加关注乡村振兴政策。

(2) 家庭特征。首先家里是否还有耕地，如果有耕地，则可能更加关注乡村振兴政策，其次，家里是否还有从事农业生产经营的人员，如果有，则可能更加关注乡村振兴政策。

(3) 资源禀赋。家乡的地势情况可能直接关注到乡村振兴的实施难度，因此地势可能是影响新生代农民工是否关注乡村振兴政策的重要因素，灌溉条件等基础设施可能也会影响新生代农民工对乡村振兴政策的关注，以及村庄到县城的距离可能也是影响新生代农民工是否关注乡村振兴政策的因素。

各变量的符号、含义及描述性统计如表 5.2 所示。

表 5.2　各变量的含义及描述性统计

变量	变量含义	观测值	均值	标准差	最小值	最大值
focus	对乡村振兴的关注度，取值为 1～3，数值越大表示关注度越高	435	1.954	0.628	1	3
male	性别，男性为 1	435	0.515	0.500	0	1
age	年龄	435	30.690	5.929	16	40
marriage	婚姻状况，已婚为 1	435	0.637	0.481	0	1
education	教育程度，大专及以上为 1	435	0.554	0.498	0	1
health	健康状况，非常健康为 1	435	0.549	0.498	0	1
worktime	在外务工时长，数值越大，表示时间越久	435	3.202	1.503	1	5
agriexp	农业生产经历，有为 1	435	0.575	0.495	0	1
agrilabour	家里是否有人在从事农业生产活动，有为 1	435	0.917	0.276	0	1
cultiland	在农村是否有土地，有为 1	435	0.651	0.477	0	1
distance	老家所在的村离县城的距离，数值越大，表示距离越远	435	3.122	1.370	1	5
terrain	老家所在的村的地势，山地为 1，丘陵为 2，平原为 3	435	2.051	0.868	1	3
irrigate	灌溉条件，取值为 1～3，数值越大，表示灌溉条件越好	435	2.007	0.631	1	3

5.4.2　计量模型

由于受访者在回答是否关注乡村振兴政策时，有 3 个选项，包括“经常关注”“偶尔关注”“不关注”，将“经常关注”“偶尔关注”“不关注”分别赋值为“3”“2”“1”，因此对于乡村振兴政策的关注是一个有序变量，采用有序 Logit（Ordered Logit）模型来进行分析，具体模型设置如下

$$y_i^* = \beta_0 + \beta_1 male_i + \beta_2 age_i + \beta_3 education_i + \beta_4 marriage_i + \beta_5 health_i + \beta_6 worktime_i + \beta_7 agriexp_i + \beta_8 agrilabour_i + \beta_9 cultiland_i + \beta_{10} distance_i + \beta_{11} terrain_i + \beta_{12} irrigate_i + \varepsilon_i \tag{5.1}$$

其中 y^* 反映被解释变量“对乡村振兴政策的关注”，但该变量为不可观测的潜变量，其选择规则为

$$y = \begin{cases} 1, & 若\ y^* \leqslant r_1 \\ 2, & 若\ r_1 < y^* \leqslant r_2 \\ 3, & 若\ r_2 < y^* \end{cases} \tag{5.2}$$

其中，$r_1 < r_2$ 为待估参数，称为“切点”。$\beta_0 \sim \beta_{12}$ 为需要估计的参数。ε 为随机扰动项。其他符号的含义如表 5.2 所示。

5.4.3 模型估计结果分析

表 5.3 是基于有序 Logit 模型进行估计的结果。从中可以看出，新生代农民工的年龄在 1%的水平对关注乡村振兴政策具有显著的正向影响，这表明年龄比较大的新生代农民工更加关注乡村振兴政策，可能是年龄比较大的新生代农民工的乡土情结更深厚一些，从而更加关注乡村振兴政策。教育程度在 5%的水平对关注乡村振兴政策具有显著的正向影响，教育程度越高，更加关注国家的政策，并且搜集信息的能力比较强，这符合我们的预期。健康程度对关注乡村振兴政策具有显著的正向影响。有农业生产经历，对乡村振兴政策更加关注。家里有人还在从事农业生产活动的，也更加关注乡村振兴政策。所在的村离县城越远，对乡村振兴政策更加不关注。除此之外，性别、婚姻状况、在外务工时长、家里是否有土地、地势和灌溉条件均对乡村振兴政策的关注没有显著影响。

表 5.3 估计结果

变量	估计系数	标准差	*Z* 统计量	*P* 值
male	0.090	0.216	0.420	0.677
age	0.063***	0.024	2.590	0.010
marriage	−0.390	0.272	−1.440	0.151
education	0.490**	0.207	2.370	0.018
health	0.664**	0.209	3.170	0.002
worktime	−0.084	0.084	−1.000	0.318
agriexp	0.727***	0.221	3.290	0.001
agrilabour	0.717*	0.431	1.660	0.096
cultiland	−0.053	0.243	−0.220	0.827
distance	−0.208***	0.079	−2.630	0.009
terrain	0.063	0.127	0.500	0.616
irrigate	0.250	0.191	1.310	0.191

注：***、**、* 分别表示 1%、5%、10%的显著性水平。

5.5 乡村振兴政策的关注程度对新生代农民工涉农创业意愿的影响

在此处，本研究用新生代农民工的涉农创业意愿作为被解释变量，用对乡村振兴的关注度作为核心解释变量，用新生代农民工的性别、年龄、婚姻状况、教育程度、健康状况和在外务工时长作为控制变量，用 Logit 模型进行回归分析，其结果见表 5.4。从表 5.4 可以看出，对乡村振兴政策的关注显著增加了新生代农民工的涉农创业意愿。此外，从控制变量来看，只有性别对新生代农民工的涉农创业意愿具有显著影响，即男性的涉农创业意愿更强烈，而年龄、婚姻状况、教育程度、健康状况和在外务工时长对新生代农民工的涉农创业意愿均没有显著影响。

表 5.4　估计结果

变量	估计系数	标准差	Z 统计量	P 值
focus	0.624***	0.178	3.500	0.000
male	0.530**	0.214	2.480	0.013
age	0.024	0.024	0.990	0.323
marriage	0.276	0.288	0.960	0.338
education	−0.293	0.212	−1.380	0.168
health	0.289	0.211	1.370	0.172
worktime	−0.050	0.078	−0.640	0.524

注：***、**分别表示1%、5%的显著性水平。

5.6　小结

本章分析了新生代农民工对乡村振兴政策的关注程度、对乡村振兴政策的了解程度、主要的关注渠道，并分析了影响新生代农民工对乡村振兴政策关注度的因素，以及乡村振兴政策的关注程度对新生代农民工涉农创业意愿的影响。研究结果表明，较大比例的新生代农民工比较关注乡村振兴政策，网络、电视和报纸是新生代农民工关注乡村振兴政策的主要渠道，而通过村干部、家人和同事获取乡村振兴政策的比较少，新生代农民工的年龄、教育程度、健康状况、家里是否有人在从事农业生产活动、所在的村离县城的远近都对乡村振兴政策的关注程度具有显著影响。进一步的分析表明，对乡村振兴政策的关注程度越高，新生代农民工开展涉农创业的愿望越强烈。

第6章　新生代农民工的涉农创业意愿与创业行为

当前乡村振兴遇到的一个十分重要的问题就是人才缺乏，如何吸引更多的人才回到农村创业是乡村振兴取得成功的关键，很多新生代农民工虽然没有农业生产活动的经历，但是与农村有着千丝万缕的联系，是支撑乡村振兴的重要潜在力量，因此准确把握新生代农民工的涉农创业意愿和创业行为，这对于合理引导更多新生代农民工回乡开展涉农创业活动的政策设计十分重要。基于此，本章将根据调查数据，对新生代农民的涉农创业意愿、创业动机、计划的创业类型、创业地点、创业规模等问题进行描述性分析，以便从总体上对新生代农民工的涉农创业意愿与创业行为有一个比较清晰的了解，为相关的政策制定提供参考。

6.1　新生代农民工的涉农创业意愿

从表6.1可以看出，在所调查的435位新生代农民工中，不愿意开展涉农创业活动的有270人，占总调查人数的62.07%，愿意开展涉农创业活动的有165人，占总调查人数的37.93%。虽然愿意开展涉农创业活动的比例远远小于不愿意开展涉农创业活动的比例，但是，总体而言，愿意开展涉农创业活动的比例还是比较高。根据国家统计局发布的《2018年农民工监测调查报告》，我国的农民工总量为28 836万人，其中新生代农民工的比例大约为51.5%，即新生代农民工的数量大约为14 851万人。如果新生代农民工愿意从事涉农创业的比例为37.93%，全国将有5 633万新生代农民工愿意开展涉农创业活动。当然愿意开展涉农创业活动并不意味着实际会开展涉农创业活动，但是必然会有一部分人会将涉农创业意愿转化为实际的创业行为，这对于我国乡村振兴将提供重要的人才支撑。

表6.1　新生代农民工的涉农创业意愿

涉农创业意愿	频数	百分比（%）	累积百分比（%）
不愿意	270	62.07	62.07
愿意	165	37.93	100.00

（续）

涉农创业意愿	频数	百分比（%）	累积百分比（%）
总计	435	100.00	—

表 6.2 显示了新生代农民工涉农创业意愿的性别差异。在本次调查的 435 位新生代农民工中，女性有 211 人，占 48.51%，男性有 224 人，占 51.49%。其中，女性愿意开展涉农创业的比例为 31.28%，男性愿意开展涉农创业的比例为 44.20%，男性愿意开展涉农创业的比例比女性高 12.92 个百分点，因此男性开展涉农创业的意愿要高于女性，这与笔者的经验判断是相符的。一般认为，男性的风险承担能力要高于女性，而涉农创业是一项风险比较大的活动，因此男性开展涉农创业的意愿要高于女性。当然，性别是否会显著影响新生代农民工的涉农创业意愿，还需要进行更为严格的实证分析。

表 6.2　新生代农民工涉农创业意愿的性别差异

涉农创业意愿	性别		总计
	女性	男性	
不愿意	145 68.72%	125 55.8%	270 62.07%
愿意	66 31.28%	99 44.20%	165 37.93%
总计	211 100.00%	224 100.00%	435 100.00%

表 6.3 显示了新生代农民工涉农创业意愿的年龄差异。将新生代农民工以 30 岁为界分为 2 个组，30 岁以下的新生代农民工有 183 人，占 42.07%，30 岁及以上的新生代农民工有 252 人，占 57.93%。在 30 岁以下的新生代农民工中，有涉农创业意愿的占 32.79%，在 30 岁及以上的新生代农民工中，有涉农创业意愿的占 41.67%，30 岁及以上的新生代农民工中有涉农创业意愿的比例比 30 岁以下的高 8.88 个百分点，这表明年龄较大的新生代农民工比年龄较小的新生代农民工有更强的涉农创业意愿。一般认为，年龄越小的农民工，从事过农业生产劳动的可能性越小，因此离开农村的意愿更强烈，从而涉农创业意愿更弱。

表 6.3　新生代农民工涉农创业意愿的年龄差异

涉农创业意愿	年龄		总计
	30 岁以下	30 岁及以上	
不愿意	123 67.21%	147 58.33%	270 62.07%

（续）

涉农创业意愿	年龄		总计
	30岁以下	30岁及以上	
愿意	60 32.79%	105 41.67%	165 37.93%
总计	183 100.00%	252 100.00%	435 100.00%

6.2 新生代农民工计划的涉农创业类型、创业地点及创业规模

6.2.1 创业类型

在有意愿从事涉农创业的新生代农民工中，我们进一步询问了受访者可能从事的创业类型。该选项为多选项，从图6.1可以看出，37%的新生代农民工选择从事规模种植，43%的新生代农民工选择从事规模养殖，28%的新生代农民工选择从事农产品加工，30%的新生代农民工选择从事农产品销售，28%的新生代农民工选择从事农村电商，31%的新生代农民工选择从事农家乐，25%的新生代农民工选择从事乡村民宿。可以看出，在列出的创业类型中，选择规模种植和规模养殖的最多，这说明种植和养殖作为农村经济活动的传统产业，仍然受到新生代农民工较多的关注。同时也说明，新生代农民工对当前农村出现的一些新产业、新业态不是很熟悉，有必要进一步加大对农村新产业、新业态的宣传力度，要让更多的新生代农民工认识到农村有更多的发展机会。

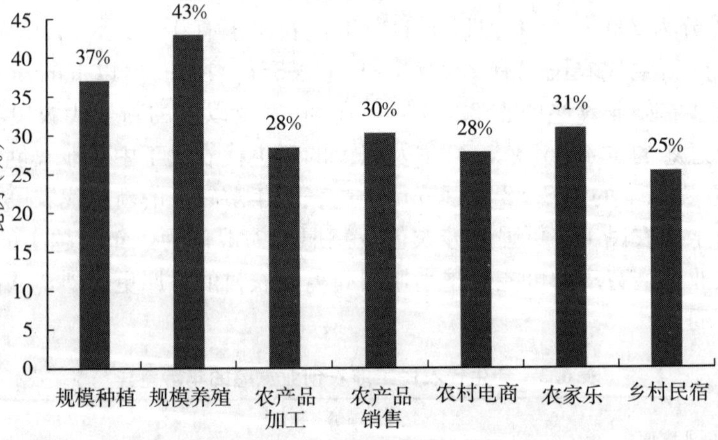

图6.1 新生代农民工愿意从事的创业类型

6.2.2　创业地点

对于有意愿从事涉农创业的新生代农民工，我们进一步询问了可能的创业地点。其中，54.55%的人表示将回老家所在的村创业，28.48%的人表示将回老家所在的乡镇创业，14.55%的人回答将回老家所在的县城创业，只有2.42%的人表示将去其他地方创业（表6.4）。由此可以看出，新生代农民工在创业地点的选择上，更倾向于回到家乡去创业。这是容易理解的，在许多研究中，均强调社会资本对创业的重要性，新生代农民工在家乡有许多亲戚、朋友和同学，这对于创业活动的开展有很大帮助。当然，新生代农民工回家创业有很大一部分原因可能就是为了回报家乡，为了家乡有更好的发展，从而更愿意回到家乡去创业。

表6.4　新生代农民工对创业地点的选择

创业地点	频数	频率（%）	累积频率（%）
老家所在的村	90	54.55	54.55
老家所在的乡镇	47	28.48	83.03
老家所在的县城	24	14.55	97.58
其他	4	2.42	100.00
总计	165	100.00	—

6.2.3　创业规模

对于有意愿从事涉农创业的新生代农民工，我们进一步询问了计划的创业启动资金数量。15.76%的人回答启动资金在3万元以内，20.00%的人回答启动资金为3万～5万元，25.45%的人回答启动资金为5万～10万元，16.36%的人回答启动资金为10万～20万元，10.91%的人回答启动资金为20万～50万元，9.09%的人回答启动资金为50万～100万元，只有2.42%的人回答计划的启动资金为100万元以上（表6.5）。选择启动资金为5万～10万元的比例最高，占25.45%。选择启动资金在3万元以内、3万～5万元、5万～10万元的累积比例达到61.21%。由此可以看出，新生代农民工开展涉农创业的规模都不大，这可能是新生代农民工自己所积累的资金数量比较有限。

表6.5　新生代农民工对创业规模的选择

启动资金（元）	频数	频率（%）	累积频率（%）
3万以内	26	15.76	15.76

（续）

启动资金（元）	频数	频率（%）	累积频率（%）
3万～5万	33	20.00	35.76
5万～10万	42	25.45	61.21
10万～20万	27	16.36	77.58
20万～50万	18	10.91	88.48
50万～100万	15	9.09	97.58
100万以上	4	2.42	100.00
总计	165	100.00	—

6.3 新生代农民工开展涉农创业的动机

对于有意愿从事涉农创业的新生代农民工，我们进一步询问了其创业动机。问卷一共设计了12个选项，包括“为家乡作贡献”“实现自身价值”“提高家庭收入”“与家人团聚”“减小工作压力”“实现更好的发展”“有合适的项目”“政府支持力度大”“家乡创业机会好”“喜欢农业生产经营”“喜欢农村的生活环境”“挣更多的钱去城里买房”。该问题为多选项，受访者最多可选择4项。从图6.2可以看出，为家乡作贡献、提高家庭收入、与家人团聚和喜欢农村的生活环境是被更多选择的选项。乡村振兴需要许多人才，人才的来源可以是许多方面，但是与其他来源渠道相比，新生代农民工具有很好的优势。从新生代农民工的创业动机可以看出，喜欢农村的生活环境是新生代农民工选择最

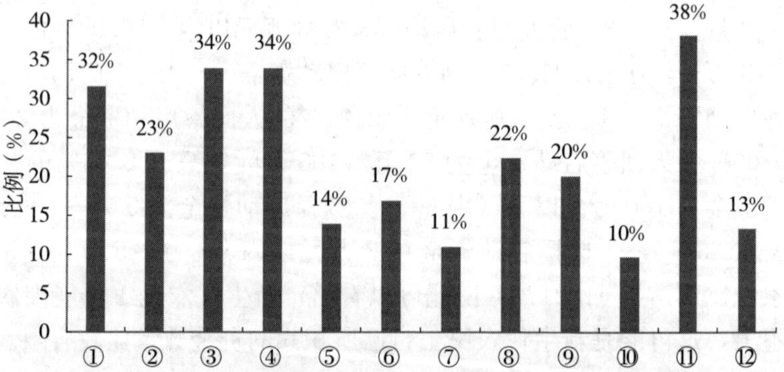

①为家乡作贡献　②实现自身价值　③提高家庭收入　④与家人团聚　⑤减小工作压力　⑥实现更好的发展　⑦有合适的项目　⑧政府支持力度大　⑨家乡创业机会好　⑩喜欢农业生产经营　⑪喜欢农村的生活环境　⑫挣更多的钱去城里买房

图6.2　新生代农民工的创业动机

多的选项。新生代农民工虽然在城里工作和生活，但是与农村总有脱离不了的许多联系，因此希望自己的家乡发展得更好，并且农村给他们留下了许多回忆，由于城市生活压力大，环境污染也比较严重，从而更加喜欢农村的生活环境。此外，实现自身价值、政府支持力度大和家乡创业机会好也是新生代农民工选择较多的创业动机。因此，地方政府进一步加大对农民工返乡创业的支持力度，加强当地的基础设施建设，大力布局第二、三产业，为农民工提供更多创业机会，这对于吸引更多的新生代农民工返乡创业也具有积极作用。

6.4　新生代农民工的涉农创业行为

6.4.1　新生代农民工计划开展涉农创业的时间

对于未真正从事涉农创业的新生代农民工而言，对于其具体的涉农创业行为很难进行合理的界定和分析。我们在问卷中主要询问了有意愿开展涉农创业的新生代农民工具体准备什么时候开始真正实施创业。可以认为，在有意愿从事涉农创业的新生代农民工中，准备真正实施创业活动的时间越短，越容易将创业意愿真正转化为创业行为，而准备实施创业活动的时间越长，越不容易将创业意愿转化为创业行为。从表6.6可以看出，在有意愿开展涉农创业的165名新生代农民工中，18.79%的受访者回答准备在1年内开展涉农创业活动，24.24%的受访者回答准备在1～2年开展涉农创业活动，29.09%的受访者回答准备在2～5年内开展涉农创业活动，27.88%的受访者回答准备在5年以后开展涉农创业活动。从中可以看出，准备在1年之内开展涉农创业活动的新生代农民工的比例比较低，只有18.79%，而计划在2年之内开展涉农创业的新生代农民工的累积百分比为43.03%，即在有意愿开展涉农创业活动的新生代农民工中，准备在2年内开始实施创业的比例不到一半，超过半数的新生代农民工准备2年或5年后才开始实施涉农创业活动。

表6.6　新生代农民工开展涉农创业的时间

计划时间	人数	百分比（%）	累积百分比（%）
1年之内	31	18.79	18.79
1～2年	40	24.24	43.03
2～5年	48	29.09	72.12
5年以后	46	27.88	100.00
总计	165	100.00	—

6.4.2 新生代农民工的涉农创业准备工作

对于有意愿从事涉农创业的新生代农民工，我们在问卷中继续询问了他们当前在为涉农创业做哪些准备，其中的选项包括“选择创业场所”“筹集创业资金”“寻找合作者”“了解国家相关的支持政策和限制政策”“学习和了解相关的技术”“学习和了解相关的市场需求”“学习和了解相关的经营管理知识”和“没有任何准备”，受访者可以选择其中的一项或多个选项，最多可选择4项。从图6.3可以看出，在165名愿意从事涉农创业的新生代农民工中，18%的人表示正在选择创业场所，24%的人表示在筹集创业资金，12%的人表示在寻找合作者，56%的人表示在了解国家相关的支持政策和限制政策，41%的人表示在学习和了解相关的技术，48%的人表示在学习和了解相关的市场需求，34%的人表示在学习和了解相关的经营管理知识，而13%的人表示没有任何准备。

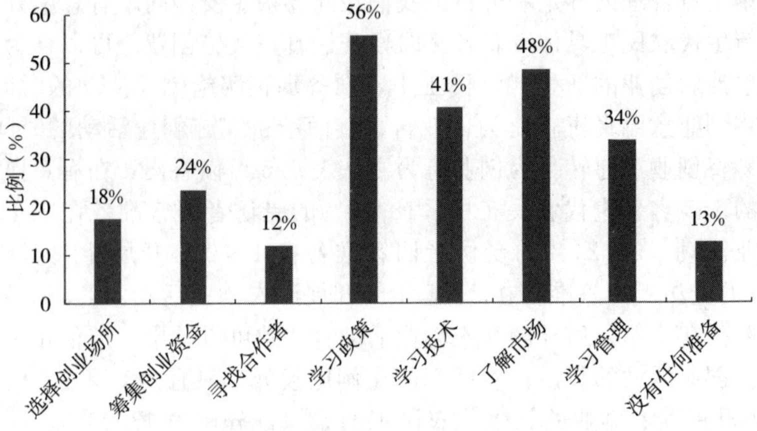

图6.3 新生代农民工的涉农创业准备工作

如果有意愿从事涉农创业的新生代农民工选择了“选择创业场所”“筹集资金”“寻找合作者”3个选项中的其中一个或多个选项，可以认为新生代农民工已经真正在开始实施涉农创业活动，在涉农创业活动方面具有较多准备。如果有意愿从事涉农创业的新生代农民工选择了“了解国家相关的支持政策和限制政策”“学习和了解相关的技术”“学习和了解相关的市场需求”“学习和了解相关的经营管理知识”4个选项中的其中一个或多个选项，可以认为新生代农民工在涉农创业活动方面的准备比较少。如果有意愿从事涉农创业的新生代农民工选择了“没有任何准备”这个选项，表明这些有意愿从事涉农创业的新生代农民工仅将意愿停留在表面，而没有具体的实施行为。从表6.7可以看出，在有意愿从事涉农创业的新生代农民工中，具有较多准备的占31.52%，具有较少准备的占55.75%，没有准备的占12.73%。

表6.7　新生代农民工开展涉农创业的准备强度

创业准备	人数	百分比（%）	累计百分比（%）
没有准备	21	12.73	12.73
较少准备	92	55.75	68.48
较多准备	52	31.52	100.00
总计	165	100.00	—

6.5　小结

本章主要利用描述性的分析方法，对新生代农民工的涉农创业意愿和创业行为进行了研究。研究结果表明，有意愿开展涉农创业的新生代农民工占总调查人数的37.93%，并且男性愿意开展涉农创业的比例比女性高12.92个百分点，30岁及以上的新生代农民工中有涉农创业意愿的比例比30岁以下的高8.88个百分点。在有意愿从事涉农创业的新生代农民工中，选择规模种植和规模养殖的最多，这说明种植和养殖作为农村经济活动的传统产业，仍然受到新生代农民工较多的关注。同时也说明，新生代农民工对当前农村出现的一些新产业、新业态不是太熟悉，有必要进一步加大对农村新产业、新业态的宣传力度，要让更多的新生代农民工认识到农村有更多的发展机会。在创业地点的选择上，54.55%的人表示将回老家所在的村创业，28.48%的人表示将回老家所在的乡镇创业，14.55%的人回答将回老家所在的县城创业，只有2.42%的人表示将去其他地方创业。由此可以看出，新生代农民工在创业地点的选择上，更倾向于回到家乡去创业。从创业规模上看，61.21%的新生代农民工表示创业的启动资金在10万元以下，由此可以看出，新生代农民工开展涉农创业的规模都不大。从创业动机上看，为家乡作贡献、提高家庭收入、与家人团聚和喜欢农村的生活环境是被更多选择的选项，实现自身价值、政府支持力度大和家乡创业机会好也是新生代农民工选择较多的创业动机。从创业的时间上看，计划在2年之内开展涉农创业的新生代农民工累积占43.03%，超过半数的新生代农民工准备2年或5年后才开始实施涉农创业活动。此外，在有意愿从事涉农创业的新生代农民工中，已有31.52%的人在为创业活动作积极的准备。

第7章　农业生产经历对新生代农民工涉农创业意愿的影响

与老一代农民工不同，许多新生代农民工从没有参加过农业劳动，缺少农业生产经历。全国总工会新生代农民工问题课题组（2010）在全国10个城市的调研数据显示，很多新生代农民工初中（或高中）一毕业就从农村来到城市务工，甚至有部分新生代农民工自小就跟随父母移居城市，因此，很多新生代农民工不熟悉农业生产，89.4%的新生代农民工基本不会做农活。有过农业生产经历的农民工，他们与土地、农业的感情与联系更加密切。谢勇（2012）的研究表明，从事过农业生产的农民工，土地抛荒的可能性显著降低。王兆萍等（2021）的研究也表明有过农业生产经历的农村劳动力，相对于外出就业，选择在家务农的概率更大。但是农业生产经历会提高新生代农民工的涉农创业意愿吗？本章将基于调研数据，从实证的角度对该问题进行解答，并提出相应的政策建议。

7.1　农业生产经历影响新生代农民工涉农创业意愿的理论分析

7.1.1　农业生产经历有利于增加新生代农民工的土地情结

对土地的情结可以看作是对土地的一种情感依赖。我们经常可以看到一些从农村来城里生活的老年人，他们总是希望在附近找一块土地种点菜。他们的理由是自己种的菜吃着放心。其实更多的是因为他们心里放不下土地。这些老年人在土地上劳作了很多年，已经对土地产生了很深的依赖，即使他们现在的经济来源已经完全不依靠土地，但是土地在他们心中依然占有很高的地位。一些老一代农民工，即使远在千里之外务工，农忙时节宁愿花费较多的时间和金钱，也要回家帮着家里人进行耕种或收获。老一代农民工绝大多数从事过农业劳动，在外出务工前，收入来源主要依靠土地，即使外出务工后，农业在家庭收入中的重要性已逐渐降低，但是对土地的情感很难割舍，因此，时常还想回家进行农业劳动。美国人类学家R. 雷德弗尔德（1956）认为，对土地的情感是全世界农民特有的一种态度。只有有过农业生产经历的人，才会对土地产生一定的情感，很难想象一个完全没有从事过农业生产的人，会对土地产生情感。传统的农业劳动是一项很辛苦的工作，一些新生代农民工可能正是因为这个原因才努力去城里打拼。但是，只要真正从事过农业劳动，对土地的情感总是难以割舍。因此，有过农业生产经历的新生代农民工，正是因为对土地具有一定的情结，从而对涉农创业的意愿更为强烈。

7.1.2　农业生产经历为新生代农民工的涉农创业积累了前期经验

从前面的分析可以看出，对于有意愿从事涉农创业的新生代农民工，主要还是选择与种植或养殖相关的创业活动。农业劳动看似比较简单，但是对经验有较高的要求。对于没有农业生产经历的新生代农民工，对种植或养殖完全没有经验，从而可能缺少从事涉农创业的意愿。对于正式从事过农业生产的新生代农民工，已经在种植和养殖方面积累了一定的经验，对开展涉农创业活动具有较高的信心，从而更有意愿从事涉农创业活动。

7.2　农业生产经历影响新生代农民工涉农创业意愿的实证分析

7.2.1　变量选择

（1）被解释变量。由于要分析农业生产经历对新生代农民工涉农创业意愿的影响，此处的被解释变量为新生代农民工的涉农创业意愿。问卷中询问了“您有回农村从事规模种植、规模养殖、农产品加工、农村电商、农家乐、乡村旅游等创业活动的想法吗”，用该问题衡量新生代农民工的涉农创业意愿，如果受访者回答有想法，就将该变量赋值为 1，否则赋值为 0。

（2）核心解释变量。此处的核心解释变量为农业生产经历。问卷中询问了“您是否有参加农业生产活动的经历”，如果有，则将该变量赋值为 1，否则赋值为 0。

（3）控制变量。参考其他学者的研究，此处将反映新生代农民工个人特征和家庭特征的相关变量作为控制变量引入计量模型。从个人特征来看，主要考虑了新生代农民工的性别、年龄、婚姻状态、受教育程度和健康状况。由于创业活动需要承受较大的压力，对人的体力和精力的要求比较高，因此，一般认为男性比女性表现出更大的积极性。年龄较大的新生代农民工，可能在外出务工中积累了更多的知识、经验和资金，因此对创业活动可能更有信心，从而更愿意参加涉农创业活动，但是年龄越大，精力和冒险意识会下降，从而可能更加不愿意参加涉农创业活动。受教育程度对创业意愿的影响，当前的研究并没有得到一致性的结论。对于新生代农民工而言，教育程度越高，在城里也许可能找到更满意的工作，从而不愿回乡创业，但是教育程度越高的人，也有可能更愿意回报家乡，选择回乡创业以实现更大的价值。由于创业活动是一项强度比较高的工作，对于健康状况的要求比较高，因此更健康的新生代农民工可能更愿意参加涉农创业。但是另一方面，由于本书的研究对象为新生代农民工，他们在健康方面的差异并不大，从而对涉农创业意愿可能没有影响。

从家庭特征来看，家庭人口数量和家庭劳动力数量越多，可能会为涉农创业活动提供更多的人力支撑，从而更愿意开展涉农创业。

各变量的符号、含义及主要统计特征见表 7.1。从表 7.1 可以看出，新生代农民工中，有农业生产经历的比例为 57.5%。

表 7.1　变量符号、含义及描述性统计

变量	变量含义	观测值	均值	标准差	最小值	最大值
intention	涉农创业意愿，有创业意愿为 1	435	0.379	0.486	0	1
agriexp	农业生产经历，有经历为 1	435	0.575	0.495	0	1
male	性别，男性为 1	435	0.515	0.500	0	1
age	年龄	435	30.690	5.929	16	40
marriage	婚姻状况，在婚为 1	435	0.637	0.481	0	1
education	受教育程度，数值越大表示受教育程度越高	435	3.308	0.878	1	4
health	健康状况，非常健康为 1	435	0.549	0.498	0	1
famsize	家庭人口数量	435	4.595	1.723	1	20
labornum	家庭劳动力数量	435	3.837	1.282	1	9

7.2.2　计量模型

由于此处的被解释变量为取值 0、1 的变量，因此采用 Logit 模型进行分析，模型设置如下

$$P(intention_i = 1) = \beta_0 + \beta_1 agriexp_i + \beta_2 male_i + \beta_3 age_i + \beta_4 marriage_i + \beta_5 education_i + \beta_6 health_i + \beta_7 famsize_i + \beta_8 labornum_i + \varepsilon_i \tag{7.1}$$

其中，P 表示新生代农民工愿意从事涉农创业的概率，即 $intention=1$ 的概率。Λ 表示逻辑分布（logistic distribution）的累积分布函数。如表 7.1 所示，*agriexp* 表示农业生产经历，*male* 表示性别，*age* 表示年龄，*marriage* 表示婚姻状况，*education* 表示受教育程度，*health* 表示健康状况，*famsize* 表示家庭人员数量，*labornum* 表示家庭劳动力数量。$\beta_1 \sim \beta_8$ 为待估参数，ε 为随机扰动项。β_1 为本章最关注的参数，根据前面的分析，预期 β_1 的估计值应显著为正。

7.2.3 模型估计与分析

(1) 基准回归。 表 7.2 是对式（7.1）进行估计的结果。其中，第（1）列未加入任何控制变量，第（2）列加入了反映个体特征的控制变量，第（3）列进一步加入了反映家庭特征的控制变量。从表 7.2 的估计结果来看，无论是否加入控制变量，农业生产经历对新生代农民工的涉农创业意愿均具有显著的正向影响，这与理论预期是一致的。新生代农民工出生在改革开放后，农村的经济条件在改革开放后发生了很大变化，经济的来源更加多样化，从事种植、养殖所获得的收入在家庭收入中的比重不断下降，或者说农业收入在家庭收入中已经越来越不重要，因此新生代农民工在成长过程中从事农业生产活动的可能性下降，并且许多新生代农民工主要是独生子女，他们被父母很好地保护起来，不让他们参加繁重的农业劳动。此外，很多新生代农民工可能主要在城市长大，甚至出生在城市，几乎没有参加农业劳动的机会。对于没有农业生产经历的新生代农民工，他们的土地情结可能比较淡漠，并且对农业生产完全陌生，没有农业生产经验，可能会过分放大对农业生产经营风险的认知，从而缺少了涉农创业的意愿。

表 7.2　基准回归估计结果

变量	(1)	(2)	(3)
agriexp	0.921*** (0.210)	0.798*** (0.221)	0.797*** (0.223)
male		0.384* (0.214)	0.383* (0.215)
age		0.014 (0.023)	0.020 (0.024)
marriage		0.232 (0.288)	0.298 (0.289)
education		−0.098 (0.118)	−0.146 (0.120)
health		0.390* (0.209)	0.380* (0.209)
famsize			−0.154* (0.079)
labornum			0.173* (0.105)
_cons	−1.049*** (0.168)	−1.652** (0.781)	−1.686* (0.881)

（续）

变量	(1)	(2)	(3)
N	435	435	435
Pseudo R^2	0.034 8	0.051 7	0.059 1
Wald	19.13	28.05	32.29

注：***、**、* 分别表示在 1%、5%和 10%的水平显著，括号中的值为稳健标准误。

从控制变量来看，性别（*male*）的估计系数是正的，并且十分显著，即男性新生代农民工的涉农创业意愿要高于女性。年龄（*age*）和婚姻状况（*marriage*）对新生代农民工从事涉农创业的意愿没有显著影响。教育程度（*education*）的估计系数是负的，但是也不显著。根据前面的分析，一方面教育程度越高，可能具有更强信息搜集能力和管理能力，从而具有更强的创业意愿，另一方面教育程度越高，可以在城镇获得更好的工作和收入，从而不愿意创业，这两种效应相互抵消，导致教育程度对新生代农民工的涉农创业意愿不具有显著影响。健康状况的估计系数是正的，并且是显著的，这与本研究的理论预期是相符的。由于创业需要人们投入较多的精力，因此健康状况越好的人，可能具有更强的创业意识。家庭规模（*famsize*）对新生代农民工的涉农创业意愿具有显著的负向影响，这与本研究的预期不一致。家庭规模越大，需要抚养的家庭成员可能越多，从而不愿意从事具有较大风险的涉农创业活动。家庭劳动力数量（*labornum*）的估计系数是正的，即家庭的劳动力数量越多，新生代农民工选择涉农创业的意愿越强烈。如前所述，新生代农民工选择的创业规模都比较小，在创业初期，可能没办法雇佣其他的劳动力，而家庭劳动力可以在创业初期提供很大帮助，因此，家庭劳动力数量越多，新生代农民工越倾向于选择涉农创业。

（2）稳健性分析。

①Probit 估计。不同的估计方法可能得到的估计结果也会不同，为了使估计结果更加稳健，进一步使用 Probit 模型对式（7.1）进行估计，估计结果见表 7.3。表 7.3 的估计结果与表 7.2 的估计结果非常相似，即农业生产经历对新生代农民工的涉农创业意愿具有显著的正向影响。由此表明，本研究关于农业生产经历影响新生代农民工涉农创业意愿的结论是比较稳健的。

表 7.3　Probit 估计结果

	(1)	(2)	(3)
agriexp	0.565*** (0.127)	0.486*** (0.134)	0.489*** (0.135)

（续）

	(1)	(2)	(3)
个体特征	未控制	控制	控制
家庭特征	未控制	未控制	控制
N	435	435	435
Pseudo R^2	0.034 8	0.051 8	0.059 3
Wald	19.65	29.31	33.72

注：*** 表示在1%的水平显著，括号中的值为稳健标准误。

②倾向得分匹配估计。基于反事实的因果分析框架，具有农业生产经历的新生代农民工与不具有农业生产经历的新生代农民工应非常相似，其在涉农创业意愿的差异才能由是否具有农业生产经历进行解释。基于此，本研究采用倾向得分匹配法从不具有农业生产经历的新生代农民工中找到与具有农业生产经历的新生代农民工相似的个体，并删除未匹配上的样本，然后再采用Logit模型进行回归分析。表7.4是进行倾向得分匹配后的估计结果。采用近邻匹配的方法进行匹配，表7.4的第（1）、（2）、（3）列是分别进行1∶1、1∶2、1∶3近邻匹配的估计结果。3种近邻匹配的估计结果均表明，农业生产经历显著提高了新生代农民工的涉农创业意愿。

表7.4　倾向得分匹配估计结果

	(1)	(2)	(3)
agriexp	0.806*** (0.289)	0.812*** (0.249)	0.766*** (0.236)
个体特征	控制	控制	控制
家庭特征	控制	控制	控制
N	219	295	337
Pseudo R^2	0.056 2	0.052 4	0.050 5
Wald	15.61	19.07	21.39

注：*** 表示在1%的水平显著，括号中的值为稳健标准误。

运用倾向得分匹配进行分析需要对样本的平衡性进行检验，从而判断匹配的效果。表7.5给出了进行1∶1的近邻匹配后的平衡性检验结果。可以看出，进行匹配后，性别、年龄、婚姻状况、教育程度、健康状况、家庭人口数量6个变量在具有农业生产经历和没有农业生产经历的两个子样本中的偏差得到了大幅削减，除了健康状况外，其余5个变量的偏差都在10%以内，健康状况的偏差也只有10.7%。家庭劳动力数量在匹配后偏差仍然比较大，并且两个子样本的差异仍然十分显著。但是总体而言，匹配的效果比较好，基于倾向得分匹配得到的分析结果可信度比较高。

表 7.5　平衡性检验

Variable	Unmatched Matched	Mean Treated	Mean Control	%bias	%reduct |bias|	t-test t	t-test p>t
male	U	0.624	0.368	52.9		5.46	0.000
	M	0.613	0.654	−8.5	84.0	−0.94	0.347
age	U	31.620	29.432	37.7		3.87	0.000
	M	31.461	31.498	−0.6	98.3	−0.07	0.945
marriage	U	0.668	0.595	15.2		1.57	0.116
	M	0.663	0.679	−3.4	77.6	−0.39	0.700
education	U	3.336	3.270	7.5		0.77	0.441
	M	3.325	3.263	7.0	6.1	0.78	0.433
health	U	0.560	0.535	5.0		0.51	0.607
	M	0.551	0.605	−10.7	−115.2	−1.19	0.233
famsize	U	4.736	4.405	19.5		1.98	0.048
	M	4.667	4.733	−3.9	80.1	−0.43	0.668
labornum	U	3.932	3.708	17.7		1.81	0.072
	M	3.889	3.609	22.1	−25.0	2.47	0.014

③安慰剂检验。样本的随机性可能会引致虚假的因果关系。为了排除这种虚假因果关系的可能性，本研究对样本观测值进行随机排序，并假设位于前57%的样本观测值具有农业生产经历，位于后43%的样本观测值不具有农业生产经历，进而采用Logit模型进行回归分析。从表7.6可以看出，这种随机分配的农业生产经历并没有对新生代农民工的涉农创业意愿产生显著的影响。由此可以看出，之前得出的农业生产经历对新生代农民工涉农创业意愿的影响效应并不是“纯属巧合”的结果。

表 7.6　安慰剂检验

	(1)	(2)	(3)
agriexp	−0.192 (0.200)	−0.162 (0.204)	−0.215 (0.206)
个体特征	未控制	控制	控制
家庭特征	未控制	未控制	控制
N	435	435	435
Pseudo R^2	0.001 61	0.029 5	0.038 3

（续）

	(1)	(2)	(3)
Wald	0.928	17.43	20.93

注：括号中的值为稳健标准误。

(3) 异质性分析。

①年龄异质性。首先从年龄的角度进行异质性分析。以30岁为界，将新生代农民工分为两组，一组的年龄小于或等于30岁，另一组的年龄大于30岁，然后再用Logit模型进行估计，估计结果见表7.7。在表7.7中，第（1）、（2）列是对年龄小于或等于30岁的子样本进行估计的结果，第（3）、（4）列是对年龄大于30岁的子样本进行估计的结果。在年龄小于或等于30岁的估计结果中，当未加入任何控制变量时，农业生产经历对新生代农民工的涉农创业意愿在10%水平上是显著的，但是当加入反映个体特征和家庭特征的控制变量后，农业生产经历对新生代农民工涉农创业意愿的影响不再显著。在年龄大于30岁的估计结果中，无论是否加入控制变量，农业生产经历对新生代农民工的涉农创业意愿均具有显著的正向影响。总体而言，农业生产经历对30岁及以下新生代农民工涉农创业意愿的影响似乎不太显著，而对30岁以上新生代农民工涉农创业意愿的影响十分显著。可能的原因是，在询问新生代农民工的农业生产经历时，只是询问了他们是否有过农业生产经历，而并没有询问其农业生产经历的时间长短。对于年龄较小的新生代农民工，虽然一部分人可能从事过农业生产活动，但是从事农业生产活动的时间可能比较短，对土地的情结还未真正建立起来，因此农业生产经历对他们的涉农创业意愿的影响不太显著。而年龄较大、有农业生产经历的新生代农民工，从事农业生产的时间可能更长一些，对土地的情结更浓厚一些，因此农业生产经历能显著提高他们的涉农创业意愿。

表7.7　年龄异质性分析

	年龄小于或等于30岁		年龄大于30岁	
	(1)	(2)	(3)	(4)
agriexp	0.511*	0.346	1.293***	1.234***
	(0.291)	(0.309)	(0.330)	(0.347)
个体特征	未控制	控制	未控制	控制
家庭特征	未控制	控制	未控制	控制
N	219	219	216	216
Pseudo R^2	0.011 3	0.049 6	0.057 8	0.081 3
Wald	3.09	12.33	15.32	21.63

注：***、*分别表示在1%、10%的水平显著，括号中的值为稳健标准误。

②性别异质性。农业生产经历对不同性别的新生代农民工的涉农创业意愿的影响可能存在差异。因此，本章进一步按照不同性别将样本分为两个组分别进行估计。估计结果见表7.8。其中表7.8的第（1）、（2）列是对男性样本进行估计的结果，第（3）、（4）列是对女性样本进行估计的结果。从表7.8的估计结果来看，农业生产经历对男性和女性新生代农民工的涉农创业意愿均具有显著的正向影响，但是农业生产经历对女性新生代农民工的涉农创业意愿的影响更大一些。可能的原因是女性新生代农民工的涉农创业意愿低于男性，女性新生代农民工选择涉农创业时可能更多受到土地情结和农业生产经验的影响，因此之前的农业生产经历对女性新生代农民工的涉农创业意愿的影响更大。

表7.8　性别异质性分析

	男性		女性	
	(1)	(2)	(3)	(4)
agriexp	0.712**	0.799**	0.953***	0.836***
	(0.305)	(0.322)	(0.306)	(0.318)
个体特征	未控制	控制	未控制	控制
家庭特征	未控制	控制	未控制	控制
N	224	224	211	211
Pseudo R^2	0.018 4	0.044 3	0.038 2	0.061 1
Wald	5.44	14.58	9.72	15.42

注：***、**分别表示在1%、5%的水平显著，括号中的值为稳健标准误。

③教育程度异质性。本章进一步根据教育程度的差异性分析农业生产经历对新生代农民工涉农创业意愿的影响。具体而言，将受教育程度为初中及以下的归为一组，将初中以上的归为另一组，然后仍然采用Logit模型进行估计，估计结果见表7.9。其中，第（1）、（2）列是对初中及以下的子样本进行估计的结果，第（3）、（4）列是对初中以上的子样本进行估计的结果。从中可以看出，对于受教育程度为初中及以下的新生代农民工，农业生产经历对他们的涉农创业意愿没有显著影响，对于受教育程度为初中以上的新生代农民工，农业生产经历对他们的涉农创业意愿具有显著的正向影响。一个可能的解释是，对于受教育程度比较低的新生代农民工，在城市的就业市场上面临着比较大的竞争压力，选择涉农创业的目的可能并不会考虑土地情结，而更多考虑农村的创业机会。对于受教育程度比较高的新生代农民工，他们在城市就业市场上具有较强的竞争力，即使不选择涉农创业，他们依然可以在城市生活得比较好，因此他们选择涉农创业可能更多考虑土地情结。表7.10反映了教育程度与工作稳定性的关系。从中可以看出，对于受教育程度在小学及以下的新生代农民工，选择工作不稳定的比例为42.86%，受教育程度为初中的新生代农民工，

选择工作不稳定的比例为 30.38%，受教育程度为高中（职高、中专）的新生代农民工，选择工作不稳定的比例为 21.78%，受教育程度为大专及以上的新生代农民工，选择工作不稳定的比例为 14.11%。由此表明，受教育程度越高的新生代农民工，工作稳定性越强。表 7.10 的分析结果可以验证上面的猜想，即受教育程度较低的新生代农民工，在城市的就业竞争力比较弱，选择涉农创业的原因主要是避开城市的就业压力，而不太考虑土地情结。

表 7.9　教育程度异质性分析

	初中及以下		初中以上	
	(1)	(2)	(3)	(4)
agriexp	0.568 (0.434)	0.502 (0.483)	1.036*** (0.243)	0.937*** (0.256)
个体特征	未控制	控制	未控制	控制
家庭特征	未控制	控制	未控制	控制
N	93	93	342	342
Pseudo R^2	0.014	0.062 3	0.042 9	0.076 4
Wald	1.71	7.41	18.2	32.63

注：*** 表示在 1%的水平显著，括号中的值为稳健标准误。

表 7.10　教育程度与工作稳定性的关系

工作稳定程度	教育程度				总计
	小学及以下	初中	高中（职高、中专）	大专及以上	
很稳定	4 28.57%	17 21.52%	19 18.81%	85 35.27%	125 28.74%
一般	4 28.57%	38 48.10%	60 59.41%	122 50.62%	224 51.49%
不稳定	6 42.86%	24 30.38%	22 21.78%	34 14.11%	86 19.77%
总计	14 100.00%	79 100.00%	101 100.00%	241 100.00%	435 100.00%

（4）机制分析。前文的分析认为，农业生产经历主要增加了新生代农民工的土地情结，从而有利于提高新生代农民工的涉农创业意愿。我们在问卷中询问了新生代农民工的涉农创业动机，即询问有意愿从事涉农创业的新生代农民工，想从事涉农创业的主要原因是什么，该问题一共有 10 余个选项，受访者最多可以选择 4 项，其中有一个选项是“喜欢从事农业生产经营”。表 7.11 反映的是农业生产经历与选择“喜欢从事农业生产经营”选项之间的关系。从中可以看出，无农业生产经历的新生代农民工选择“喜欢从事农业生产经营”这

个选项的比例只有6.25%，而有农业生产经历的新生代农民工选择该选项的比例为11.11%。由此可以看出，有农业生产经历的新生代农民工更加喜欢农业生产经营活动，土地情结更浓厚。我们在问卷中还询问了不愿意开展涉农创业的新生代农民工，其不愿意开展涉农创业的原因是什么，该问题也有10余个选项，受访者仍然最多可以选择4项，其中一个选项为"对农业生产经营没有兴趣"。表7.12反映的是农业生产经历与选择"对农业生产经营没有兴趣"选项之间的关系。从中可以看出，无农业生产经历的新生代农民工选择"对农业生产经营没有兴趣"选项的比例为18.25%，而有农业生产经历的新生代农民工选择该选项的比例为8.27%。因此表7.12的数据也显示，有农业生产经历的新生代农民工有更强烈的土地情结。

表7.11 农业生产经历与农业生产经营兴趣的关系（有创业意愿者）

是否选择了"喜欢从事农业生产经营"的选项	无农业生产经历	有农业生产经历	总计
否	45 93.75%	104 88.89%	149 90.3%
是	3 6.25%	13 11.11%	16 9.70%
总计	48 100.00%	117 100.00%	165 100.00%

表7.12 农业生产经历与农业生产经营兴趣的关系（无创业意愿者）

是否选择了"对农业生产经营没有兴趣"的选项	无农业生产经历	有农业生产经历	总计
否	112 81.75%	122 91.73%	234 86.67%
是	25 18.25%	11 8.27%	36 13.33%
总计	137 100.00%	133 100.00%	270 100.00%

7.3 小结

本章首先从理论上分析了农业生产经历对新生代农民工涉农创业意愿的影响。有农业生产经历的新生代农民工具有更强烈的土地情结，并且具有一定的农业生产经验，因此其涉农创业意愿要强于没有农业生产经历的新生代农民工。本章基于调查数据，进一步从实证角度分析了农业生产经历对新生代农民工涉农创业意愿的影响，基准回归及一系列稳健性检验的结果均表明，农业生产经历显著提高了新生代农民工的涉农创业意愿。异质性分析的结果显示，农业生产经历对 30 岁及以下新生代农民工涉农创业意愿的影响似乎不太显著，而对 30 岁以上新生代农民工涉农创业意愿的影响十分显著。可能的原因是，年龄较小的新生代农民工，从事农业生产活动的时间可能比较短，对土地的情结还未真正建立起来。农业生产经历对男性和女性新生代农民工的涉农创业意愿均具有显著的正向影响，但是农业生产经历对女性新生代农民工的涉农创业意愿的影响更大一些。对于受教育程度为初中及以下的新生代农民工，农业生产经历对他们的涉农创业意愿没有显著影响，对于受教育程度为初中以上的新生代农民工，农业生产经历对他们的涉农创业意愿具有显著的正向影响。可能的原因是，对于受教育程度比较低的新生代农民工，在城市的就业竞争力比较弱，选择涉农创业的原因主要是避开城市的就业压力，考虑更多的是农村的创业机会，而不是土地情结。本章最后的机制分析表明，对于有意愿从事涉农创业的新生代农民工，有农业生产经历的新生代农民工选择“喜欢从事农业生产经营”的比例要高于没有农业生产经历的新生代农民工；对于没有意愿从事涉农创业的新生代农民工，有农业生产经历的新生代农民工选择“对农业生产经营没有兴趣”的比例要低于没有农业生产经历的新生代农民工。由此表明，具有农业生产经历的新生代农民工具有更浓厚的土地情结，从而开展涉农创业的意愿也更强烈。人才缺乏是乡村振兴面临的最主要的困境之一，人才振兴是破解乡村振兴困境的重要着力点。本章的政策启示是，为了促进更多的人才流向乡村，在未来的城乡教育中，要注重开展农业劳动的教育，以培养学生对土地、对农业的情感。

第8章 风险态度对新生代农民工涉农创业意愿的影响

由于农业生产经营既面临较大的自然风险，同时又面临较大的市场风险。因此，从事涉农创业将面临非常大的风险。新生代农民工显然也明白涉农创业中存在着较大的风险，如果他们仍然选择从事涉农创业活动，说明他们可能具有较高的风险倾向，即具有较高风险倾向的新生代农民工，其涉农创业的意愿可能更加强烈。为了验证这一假设，本章将利用调查数据，从实证的角度分析风险态度是否会影响新生代农民工的涉农创业意愿。

8.1 关于风险态度与创业意愿的文献综述

在创业理论发展初期，比较关注创业者的个人特质，即个人特质是否会影响人们的创业意愿，以及是否会影响创业者的创业绩效。风险态度是最早被关注的个人特质之一，学术界对风险态度与创业意愿之间的关系进行了大量研究。然而这些研究得到的结论并不一致。其中一种研究结论认为风险态度对人们的创业意愿没有影响。Litzinger（1963）、Meyer 等（1961）的研究认为创业者一般具有中等程度的风险倾向，而很少表现出高风险倾向或极保守的倾向，即风险倾向的高低与是否成为创业者并没有关系。Brockhaus（1980）用日常生活中的偏好衡量风险偏好，比较了创业者与职业经理人的风险偏好，其结论是这两个群体在风险偏好方面并没有表现出明显差异，即风险偏好对人们的创业意愿没有影响。Masters 等（1988）的研究也表明小企业主和小企业的经理在对待风险的态度上没有存在差异，并且男性和女性在风险态度上也没表现出明显差异。另外一种结论认为，风险态度对人们的创业意愿具有显著影响。Sexton 等（1984）的研究认为，创业者群体和其他商业群体的风险倾向明显不同，创业群体的风险承担倾向明显高于其他商业群体，他们认为，风险倾向差异是区分创业者和一般企业管理者的重要特征。Stewart 等（2007）基于之前的文献，利用元分析法的结论表明创业者承担风险的倾向要高于职业经理人，并且那些关注企业成长的创业者比那些只为给家里增加收入的创业者的风险倾向更大一些。

国内也有许多学者十分关注风险偏好与创业意愿之间的关系。王杰等

（2022）认为当创业活动面临较大的技术风险和市场风险时，具有较大风险规避倾向的人可能会选择本能性的规避，开展创业活动的可能性将会降低。吕静等（2018）的研究表明，在不同的社会关系结果下，人们的风险态度对创业意愿的影响效应存在一定的差异，但是总体而言，越偏好风险的人成为企业家的可能性越大。而陈波（2009）基于返乡农民工的研究结果却表明，由于在风险上比较保守的农民工因为对投资的期望回报比较低，选择创业的规模比较小，其创业意愿反而比风险偏好者更高。

8.2　涉农创业中存在的主要风险

一般认为，从事农业生产经营一般会面临自然风险和市场风险，但是对于涉农创业者而言，其面临的风险类型更多。曹宗平（2019）详细论述了涉农创业中存在的种种风险。归纳起来，涉农创业主要存在以下风险：

第一，市场风险。传统种植、养殖的技术难度相对比较低，并且投资规模一般不会太大，因此许多涉农创业者一般会选择传统的种植、养殖进行创业，如开展蔬菜、水果的种植或猪牛羊的养殖。然而这些农产品的需求弹性比较小，即使人们的收入有了较大增加，一般也不会大量增加对这些产品的购买。农产品经常会出现增产不增收的现象。近年来经常出现关于苹果、梨、柑橘等水果烂在树上，白菜烂在地里的报道。其原因就是许多涉农创业者大量进入这些传统农业的创业活动，一旦遇到风调雨顺的天气（而这恰恰是涉农创业者希望看到的），这些产品的产量大幅增加，而人们对这些产品的需求一般变化不大，从而导致严重的供过于求。由于农产品的生产离不开自然过程，总是需要较长的周期，当农业生产者按照当前价格开展生产决策时（如扩大生产规模），但是当产品上市时，可能市场供给远远大于了市场需求，市场价格会出现大幅度的下降，从而给生产者造成很大的损失。例如，前几年，因为各种原因，猪肉价格一路飙升，很多创业者选择养猪，但是2021年上半年开始，由于猪肉的供给严重超过市场需求，导致猪肉价格急剧下降，许多养猪的创业者遭受了比较严重的损失。近年来，国家十分重视特色农业的发展。在脱贫攻坚时期，许多地方通过发展特色农业，促进了当地的产业发展和农民增收。当前，我国正在大力实施乡村振兴，国家仍然把发展特色农业作为乡村产业兴旺的重要着力点和突破口，出台了许多政策支持特色农业的发展。然而特色农业仍然具有较大的市场风险。首先，特色农业被模仿的可能性比较大。随着人们收入水平的提高，人们对农产品的品质要求更高，更希望消费个性化和差异化的农产品，特色农业就是为了适应人们的这一需求变化而发展起来的。然而，许多特色农业最终却发展成了无特色的农业，导致特色农业的同质化和无差异化。一些创业者可能会模仿其他地方的特色农产品生产，当大家都在模仿的时候，这种农产品的规模就会大幅增加，当超过市场需求时，市场价格就会大幅下降。其次，人们在消费特色农产品时更加看重生态性、安全性、绿色性和健康性，生产出满足这些需求的农产品对土壤、环境具有较高的要求，同时对化肥和农药的使用有更严格的标准。然而，我国过去的农业生产主要依赖于资源的大量投入，导致土地质量严重下降，生产出来的特色农产品可能不符合绿色、生态的要求，并且，在生产过程中，为了提高产量和节约劳动，过量使用化肥、农药的现象依然存在，这些都会降低人们对特色农产品的信任，不愿意为特色农产品支付更高的价格，从而使从事特色农产品生产的创业者不能获得预期的回报。最后，与大宗农产品相比，在当前的收入水平下，只有部分消费者愿意为特色农产品支付更高的价格，即在一个地区，对某种特色农产品的消费数量比较有限，因此，为了将特色农产品销售出去，必须扩大销售半径，将特色农产品销往全国各地，但是，许多地方在物流设施和冷链设施的建设上还比较滞后，导致特色农产品在运输过程中的成本增加和腐烂等现象，也会造成特色农业经营的市场风险。

第二，自然风险。农业是自然生产与经济生产相交织的过程，因此，除了市场风险外，自然风险是农业生产经营面临的另一项最大的风险。农业的自然风险主要表现在以下几个方面：①自然灾害。随着全球气候变暖，各种极端天气出现的频率越来越高，干旱、洪涝、暴雨、暴雪、冰雹、霜冻、冻雨、台风、沙尘暴等是农业生产经营中经常遇到的自然灾害。近年来，国家加大了水利建设的力度，农田灌溉和排涝等设施有了很大发展，但是由于过去农田水利建设方面存在的欠账太多，我国的农业还没有从根本上改变“望天吃饭”的局面。并且，即使解决了灌溉问题，农业生产仍然还面临台风、冰雹、霜冻等自然灾害。②病虫害。病虫害是农业生产中面临的又一重要灾害。过去，由于注重 GDP 的增长，而对环境保护、生态保护的重视不够，环境破坏严重，导致病虫害发生的频率非常高。稻飞虱、稻纹枯病、稻瘟病、玉米螟、白粉病、小麦锈病、麦红蜘蛛、麦蚜、麦类赤霉病、棉铃虫、棉蚜、蝗虫等已成为影响我国农业生产的重大病虫害，农业生产者常常因为病虫害产生很大的损失。对于养殖业来说，瘟疫是一个巨大的挑战。例如，2018 年传入我国的非洲猪瘟，给生猪养殖者造成了巨大损失，这也是造成我国上一轮猪肉价格上涨的重要原因。农业保险是应对农业自然灾害的重要措施，但是我国目前农业保险的发展还比较慢。一是保险公司发展农业保险的积极性不大。由于农业生产发生自然灾害的概率比较大，并且由于农业经营的收益比较低，不能收取太高的保费，因此，商业性保险公司对发展农业保险的积极性不高。二是农民参与农业保险的积极性不高。当其他财产险遭受损失的时候，保险公司一般会给予较大比例的赔付，但农业保险的赔付比例并不高，并且农民由于教育程度不高，对风险的防范意识不强，存在一定的侥幸心理，不愿意预先付给保险公司一笔保费。

第三，人为风险。涉农创业活动的人为风险主要体现在以下几个方面：①土地承包纠纷。从事种植业方面的创业活动，为了保持合理的经营规模，一般需要承包其他农民的土地，从事养殖业需要建设较大的养殖场地，一般也需要承包较多的土地。由于目前许多农村地区存在土地闲置现象，开始承包的价格一般不会太高。但是创业者时常遇到的问题是，当创业取得成功，能够赚取较多的利润时，土地出租方可能会觉得之前的出租价格太低，从而单方面要求提高出租价格，或者单方面撕毁合同。这种情况往往会给创业者带来很大的困扰，甚至造成很大的损失。②农村社会治安问题。虽然近年来国家加大了农村社会治安的管理，持续开展扫黑除恶斗争，但是黑恶势力、家族宗族势力还在一定程度上存在，农村的社会治安管理难度仍然比较大，在农村开展创业活动可能遇到财物被偷盗、破坏或敲诈等问题，创业者有时候需要花费很大的精力来处理这些问题，甚至可能会导致经营活动难以开展下去，最终导致创业失败。③农资市场的假冒伪劣现象。农资经销商为了赚取更多的利润，在农资市场以假乱真、以次充好的现象并不少见，农业生产经营者由于缺少对种子、种苗、农药、肥料等农资产品的鉴别知识，容易受到农资经销商的欺骗。当发现上当受骗时，往往已错过了最佳农时，为时已晚，轻则减产减收，重则颗粒无收。④农村社会关系比较复杂。与城市不同，农村是熟人社会，农村的人际关系比较复杂。如果是外地人到农村去从事创业活动，往往很难融入农村的人际关系，有时候处理一些很小的事情可能就需要花费很大的精力，甚至是金钱。

第四，技术风险。涉农创业往往面临着较大的技术风险，特别是特色种植、特色养殖面临的技术风险更大。其他行业的创业活动，一般是先有了技术，然后将技术转化以进行相应的产品生产，其面临的主要是市场风险，即是否能将生产的产品以预期的价格销往市场，一般不存在技术上的难题，因为是在掌握相应的技术后才开始生产的。但是特色种植、特色养殖与其他产品的生产不同，因为生物的生长过程非常复杂，其操作规程很难完全标准化，而经验的积累非常重要。一些涉农创业者在从事特色种植、养殖之前一般会参加专门的培训，但是当自己正式开展种植、养殖时，种苗的成活率却很低，或者是产量达不到预期，或者是品质不理想。技术的摸索过程有时候需要耗费大量的时间，甚至直到最后都没办法成功。而在这个过程中，创业者已投入了大量的资金。

第五，管理风险。外出务工的农民工在文化素质方面总体上要高于未外出的农民工，但是平均而言，农民工的文化素质要低于城市居民，因此农民工在外出务工期间一般从事的是最基层的工作，即使有走上管理岗位的，也主要是一些比较简单的管理工作，农民工很少有过比较系统的管理实践。而开展涉农创业活动，要涉及人、财、物的管理，管理过程十分复杂，对创业者的管理能力提出很高的要求。涉农创业者的管理风险主要表现在以下几个方面：①人员管理难度大。虽然大量的农村青壮年劳动力已转移到城镇就业，但是由于农村产业不发达，提供的就业岗位少，农村仍然有不少人员需要就业，特别是近几年，城镇的就业形势也不太乐观，回乡的农民工数量也不少，更是增加了农村的就业难度。一旦有人回到农村开始创业，就会有许多熟人，或者是熟人的熟人帮着推荐工作人员。如前所述，农村是一个熟人社会、人情社会，创业者为了方便今后的工作，很难拒绝。其可能后果是，人员数量严重超标，然而能做事的人员可能严重不足，并且，许多工作人员是通过各种关系介绍来的，很难进行严格要求和管理。②治理结构不健全。许多开展涉农创业的农民工，在创业初期，或者是为了节省成本，或者是从信任的角度出发，主要的管理人员基本是家人或亲朋好友，是典型的家庭式管理结构。在创业初期，这种企业治理结构或许没有问题，甚至能够促成企业快速成长，但是一旦创业成功，各种矛盾就会显现，争夺企业控制权、股权的现象就可能发生，可能会严重阻碍企业的成长，甚至最终导致创业失败。③财务管理风险。由于涉农创业的地点一般在农村，位置相对比较偏僻，生活设施、生活条件比较差，涉农企业很难招聘到高素质的财务管理人员，平时的记账主要由比较信任的家人和亲戚负责，这些人往往缺乏专门的财务知识，而涉农创业的收入和支出相对比较复杂，最后财务管理一团糟，很难给创业者提供决策帮助，甚至可能会受到税务部门的处罚。④融资风险。近年来，国家加大了对农村、农业的信贷支持力度，农村金融发展取得了较大成效，但是涉农创业企业在融资上仍然存在较大困难。涉农创业的投资周期一般比较长，从基础设施的修建到种苗的成长，最后将产品投放市场产生效益一般在两年以上，这个过程中的资金需求量一般比较大，一旦缺少资金，融资非常困难。首先，涉农创业企业很难取得银行贷款。银行贷款一般需要抵押物，而涉农创业的很多前期投资是隐形的，没能形成实物资本，如修建道路、平整土地等，从而没有合适的抵押物提供给银行，因此很难获得正式的银行贷款。虽然一些银行针对农村金融市场开发了一些不需要抵押物的信用贷款，但是这种贷款的额度比较小，可能无法满足创业者的需求。为了解决农村信贷中抵押物缺少的问题，国家发展了政策性担保制度，即政策性担保公司为有信贷需求而又缺少有效抵押物的企业担保，从而获取银行信贷的制度。事实上，政策性担保公司也会考虑担保中的风险问题，由于涉农创业的风险比较大，政策性担保公司在提供担保时也非常谨慎。笔者在调研中发现，政策性担保公司更愿意为那些已取得效益、想要继续扩大规模的公司提供担保，对还没有产生效益的初创业企业的担保意愿相对比较弱。其次，涉农创业企业很难获得风险投资。风险投资机构选择的投资项目一般具有高风险、高回报，涉农创业虽然具有高风险，但是难有高回报，因此，涉农创业企业很难获得风险投资。

第六，政策风险。许多地方政府为了鼓励农民工返乡创业，往往都出台了许多支持政策。但是当农民工真正开始创业需要政策支持时，却遇到很多困难。或者是因为政策发生了变化，支持力度减小，或者设定了较高的规模门槛，当达不到相应的门槛时，很难获得支持，或者是支持的产业方向发生了变化，农民工选择的创业项目不符合当地的产业发展方向从而难以获得支持，或者是地方政府财政资金短缺，无法及时给农民工提供支持等。此外，国家最近对环境生态保护越来越严格，过去曾经是地方政府大力支持的项目，现在因为不符合环保要求，需要大力整改，甚至可能会被取缔。

笔者在问卷中曾询问了新生代农民工在涉农创业中可能遇到的风险，一共设计了8个选项，包括“技术缺乏导致的风险”“土地纠纷导致的风险”“产品（或服务）销售困难导致的风险”“农产品价格大幅度波动导致的风险”“周转资金不足导致的风险”“自然灾害导致的风险”“管理能力不足导致的风险”“与合伙人闹矛盾导致的风险”，受访者最多可选择4个选项。从图8.1可以看出，新生代农民选择较多的选项是“技术缺乏导致的风险”“产品（或服务）销售困难导致的风险”“周转资金不足导致的风险”“自然灾害导致的风险”。由此可以看出，技术风险、市场风险、资金风险和自然风险是新生代农民工最为关注的涉农创业风险。

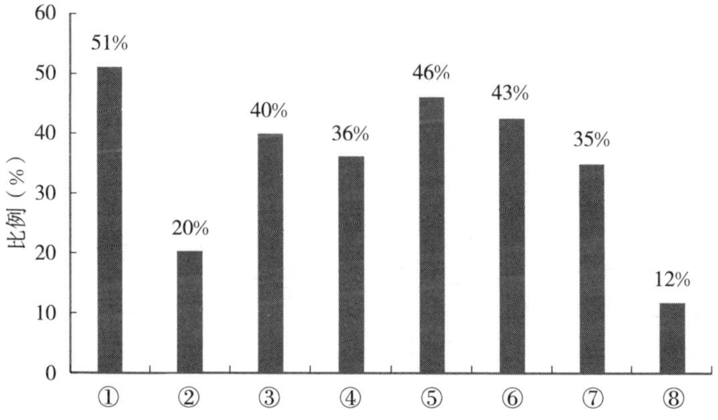

①技术缺乏导致的风险 ②土地纠纷导致的风险 ③产品（或服务）销售困难导致的风险
④农产品价格大幅度波动导致的风险 ⑤周转资金不足导致的风险 ⑥自然灾害导致的风险
⑦管理能力不足导致的风险 ⑧与合伙人闹矛盾导致的风险

图8.1 涉农创业面临的主要风险

上述分析表明，从事涉农创业存在很多风险，涉农创业的风险可能大于其他创业活动的风险，从事涉农创业的人可能需要比较强烈的风险偏好，否则可能不愿意从事涉农创业活动。因此，风险偏好比较高的新生代农民工，可能从事涉农创业的意愿更为强烈。下面将对此进行实证分析。

8.3 风险态度影响新生代农民工涉农创业意愿的实证分析

8.3.1 变量选择与模型设定

(1) 变量选择。

①被解释变量。由于要分析新生代农民工的风险态度对其涉农创业意愿的影响，此处的被解释变量仍然为新生代农民工的涉农创业意愿。根据问卷中询问的“您有回农村从事规模种植、规模养殖、农产品加工、农村电商、农家乐、乡村旅游等创业活动的想法吗”来衡量新生代农民工的涉农创业意愿，如果受访者回答有想法，就将该变量赋值为1，否则赋值为0。

②核心解释变量。此处的核心解释变量为新生代农民工的风险态度。在问卷中询问了“您是喜欢还是不喜欢冒风险”，据此设置一个序数变量，如果受访者回答“喜欢冒风险”，则将该变量赋值为3，如果受访者回答“一般”，则将该变量赋值为2，如果受访者回答“不喜欢冒风险”，则将该变量赋值为1。

③控制变量。参考第7章的研究，此处仍然将反映新生代农民工个体特征的性别、年龄、婚姻状况、健康状况，以及家庭特征的家庭人口数量、家庭劳动力数量作为控制变量引入模型。

各变量的符号、含义及主要统计特征见表8.1。

表8.1 变量符号、含义及描述性统计

变量	变量含义	观测值	均值	标准差	最小值	最大值
intention	涉农创业意愿，有创业意愿为1	435	0.379	0.486	0	1
riskatt	风险态度，数值越大，表示对风险的偏好程度越高	435	1.869	0.664	1	3
male	性别，男性为1	435	0.515	0.500	0	1
age	年龄	435	30.690	5.929	16	40
marriage	婚姻状况，在婚为1	435	0.637	0.481	0	1
education	受教育程度，数值越大表示受教育程度越高	435	3.308	0.878	1	4
health	健康状况，非常健康为1	435	0.549	0.498	0	1
famsize	家庭人口数量	435	4.595	1.723	1	20

（续）

变量	变量含义	观测值	均值	标准差	最小值	最大值
labornum	家庭劳动力数量	435	3.837	1.282	1	9

（2）计量模型。由于被解释变量为取值 0、1 的变量，在此采用 Logit 模型进行分析，模型设置如下

$$P(intention_i=1)=\beta_0+\beta_1 riskatt_i+\beta_2 male_i+\beta_3 age_i+\beta_4 marriage_i+\beta_5 education_i+\beta_6 health_i+\beta_7 famsize_i+\beta_8 labornum_i+\varepsilon_i \quad (8.1)$$

其中，P 表示新生代农民工愿意从事涉农创业的概率，即 $intention=1$ 的概率。Λ 表示逻辑分布（logistic distribution）的累积分布函数。如表 8.1 所示，*riskatt* 表示对待风险的态度，*male* 表示性别，*age* 表示年龄，*marriage* 表示婚姻状况，*education* 表示受教育程度，*health* 表示健康状况，*famsize* 表示家庭人员数量，*labornum* 表示家庭劳动力数量。$\beta_1 \sim \beta_8$ 为待估参数，ε 为随机扰动项。β_1 为本章最关注的参数，根据前面的分析，预期 β_1 的估计值应显著为正。

8.3.2　基准回归估计结果分析

表 8.2 是对式（8.1）进行估计的结果。其中，第（1）列未加入任何控制变量，第（2）列加入了反映个体特征的控制变量，第（3）列进一步加入了反映家庭特征的控制变量。从表 8.2 的估计结果来看，无论是否加入控制变量，风险态度对新生代农民工的涉农创业意愿均具有显著的正向影响，即越偏好风险的新生代农民工，其开展涉农创业的意愿更强烈。这与本研究的理论预期是一致的。涉农创业存在很多风险，创业失败的概率很大，与其他创业者相比，新生代农民工的父母一般没有能力给予太大的资金支持，创业的资金主要来源于外出务工的积累，或者向亲戚朋友借来的，一旦创业失败，可能会损失辛苦打工挣来的钱，甚至有可能欠下许多债务。原本是想通过回乡创业可以有更多的时间与家人在一起，创业失败后又不得不继续外出。因此，对于不太喜欢冒险的新生代农民工，可能不太愿意从事涉农创业。

从控制变量来看，性别对新生代农民工的涉农创业意愿具有显著的正向影响，家庭规模对新生代农民工的涉农创业意愿具有显著的负向影响，家庭劳动力数量对新生代农民工的涉农创业意愿具有显著的正向影响。而年龄、婚姻状况、教育程度和健康状况对新生代农民工的涉农创业意愿没有显著影响。

表 8.2 基准回归估计结果

变量	(1)	(2)	(3)
riskatt	0.878***	0.826***	0.830***
	(0.162)	(0.163)	(0.165)
male		0.392*	0.394*
		(0.215)	(0.216)
age		0.026	0.033
		(0.024)	(0.024)
marriage		0.262	0.323
		(0.290)	(0.291)
education		−0.072	−0.123
		(0.121)	(0.124)
health		0.237	0.232
		(0.213)	(0.212)
famsize			−0.154**
			(0.078)
labornum			0.177*
			(0.103)
_cons	−2.170***	−3.149***	−3.204***
	(0.333)	(0.842)	(0.934)
N	435	435	435
Pseudo R^2	0.055 6	0.073 7	0.081 3
Wald	29.29	38.4	39.85

注：***、**、*分别表示在1%、5%和10%的水平显著，括号中的值为稳健标准误。

8.3.3 稳健性估计

在基准回归中，本研究采用了Logit模型进行估计，采用Logit估计一般是假设计量模型的随机扰动项服从Logit分布。如果随机扰动项服从正态分布，则用Probit模型进行估计更加合适。为了使估计结果更加稳健，本研究进一步采用了Probit模型进行估计。其估计结果见表8.3。从表8.3可以看出，无论是否加入控制变量，新生代农民工的风险态度对其涉农创业意愿均具有显著的正向影响。

表 8.3 Probit 估计结果

	(1)	(2)	(3)
riskatt	0.537***	0.504***	0.505***
	(0.097)	(0.098)	(0.099)

（续）

	(1)	(2)	(3)
个体特征	未控制	控制	控制
家庭特征	未控制	未控制	控制
N	435	435	435
Pseudo R^2	0.055 6	0.073 6	0.080 9
Wald	30.66	40.63	42.38

注：***表示在 1%的水平显著，括号中的值为稳健标准误。

8.3.4　异质性分析

(1) 年龄异质性。以年龄 30 岁作为分界点，将样本数据分为两个组，然后分别进行估计，估计的结果见表 8.4。从表 8.4 可以看出，无论是年龄小于或等于 30 岁，还是大于 30 岁的新生代农民工，风险态度对他们的涉农创业意愿均具有显著性的正向影响，但是年龄小于或等于 30 岁的新生代农民工，其风险态度对涉农创业意愿的影响效应略微大于年龄大于 30 岁的新生代农民工。可能的原因是，年龄较小的新生代农民工文化素质较高一些，在城市的就业竞争力更强和发展前景更好，如果要放弃当前的工作和生活回农村去从事涉农创业，一旦创业失败，遭受的损失可能更大。因此，对于年龄较小的新生代农民工，其风险偏好对涉农创业意愿的影响效应要更大一些。另外，由于年龄较小的新生代农民工，其文化素质更高，对风险的感知度可能要高一些，从而风险偏好对其涉农创业意愿的影响更大一些。向丽等（2019）的研究可以间接证明年龄更小的新生代农民工，对涉农创业的风险感知度越高。他们的研究表明，新生代农民工对病虫害风险、生产资料市场风险、劳动力市场风险、资金投入风险、农村金融贷款风险和土地使用风险的感知度均高于老一代农民工。

表 8.4　年龄异质性分析

	年龄小于或等于 30 岁		年龄大于 30 岁	
	(1)	(2)	(3)	(4)
riskatt	0.963*** (0.239)	0.910*** (0.243)	0.816*** (0.221)	0.721*** (0.229)
个体特征	未控制	控制	未控制	控制
家庭特征	未控制	控制	未控制	控制
N	219	219	216	216
Pseudo R^2	0.063 5	0.093 6	0.050 2	0.070 8
Wald	16.17	21.19	13.63	17.46

注：***表示在 1%的水平显著，括号中的值为稳健标准误。

（2）**性别异质性。**将样本数据按性别分为两个组，然后分别进行估计，估计结果见表 8.5。从表 8.5 可以看出，无论是男性新生代农民工，还是女性新生代农民工，风险态度对涉农创业意愿均具有显著的正向影响，但是男性新生代农民工的风险态度对涉农创业意愿的影响效应明显高于女性新生代农民工。这似乎不符合人们的经验直觉。如果风险偏好对创业意愿有影响，对于风险偏好高的人群来说，其风险偏好对创业意愿的影响应该不会太大。人们一般认为男性对风险的偏好要高于女性，那么，风险偏好对男性创业意愿的影响应该也不会太大。调查数据也显示，男性新生代农民工选择不喜欢冒险的比例为 21.88%，而女性新生代农民工选择不喜欢冒险的比例为 37.44%；男性新生代农民工选择喜欢冒险的比例为 20.98%，而女性新生代农民工选择喜欢冒险的比例为 11.37%。因此，男性新生代农民工对风险的偏好要明显高于女性新生代农民工（表 8.6）。根据前面的分析，风险态度对男性新生代农民工涉农创业意愿的影响应该低于女性新生代农民工，而表 8.5 的结果却与此相反。其原因可能主要有以下几点：第一，担心创业失败影响家庭生计。虽然我国已基本消除了性别歧视，特别是在劳动力市场上已基本实现了同工同酬。然而，由于受到中国传统文化的影响，许多人还是认为男性在家庭中应该承担更多的养家的责任。因此，对于男性新生代农民工而言，创业失败可能会严重影响家庭的生计，而对于女性新生代农民工而言，即使创业失败对家庭生计也不会有太大影响，因此风险态度对男性新生代农民工涉农创业意愿的影响要大于女性新生代农民工。第二，女性新生代农民对涉农创业风险的感知可能低于男性新生代农民工。车蕾等（2019）的研究表明，男性农民工对就业风险的感知度要高于女性农民工。本研究在问卷中询问了没有意愿从事涉农创业的新生代农民工不愿意从事涉农创业的原因，其中一个选项为“创业风险大”。女性新生代农民工选择这个选项的比例大约为 22%，而男性新生代农民工选择这个选项的比例大约为 26%。由此可以看出，男性新生代农民工对涉农创业的风险感知要高于女性。正是因为男性新生代农民工对涉农创业的风险感知比较高，风险态度对是否选择涉农创业的影响就更重要，从而风险态度对男性新生代农民工涉农创业意愿的影响效应要高于女性新生代农民工。第三，男性新生代农民工将创业意愿转化为创业行为的可能性高于女性新生代农民工。在调查中，我们询问了有意愿从事涉农创业的新生代农民工，具体在多长的时间内会去真正开展创业。表 8.7 显示，女性新生代农民工选择在 1 年内开展创业的比例为 18.18%，而男性新生代农民工选择在 1 年内开展创业的比例为 19.19%；女性新生代农民工选择在 1～2 年开展创业的比例为 21.21%，而男性新生代农民工选择在 1～2 年开展创业的比例为 26.26%。由此可以看出，男性新生代农民工将涉农创业意愿转化为具体的创业行为的可能性要高于女性新生代农民工，将更加关注创业风险，从而其风险态度对创业意愿的影响将更明显一些。

表 8.5　性别异质性分析

	男性		女性	
	(1)	(2)	(3)	(4)
riskatt	1.054*** (0.237)	1.126*** (0.235)	0.591** (0.230)	0.592** (0.241)
个体特征	未控制	控制	未控制	控制
家庭特征	未控制	控制	未控制	控制
N	224	224	211	211
Pseudo R^2	0.075 0	0.099 4	0.025 1	0.057 3
Wald	19.69	28.60	6.602	13.10

注：***、**分别表示在1%、5%的水平显著，括号中的值为稳健标准误。

表 8.6　性别与风险偏好的关系

风险偏好	性别		总计
	女性	男性	
不喜欢冒风险	79 37.44%	49 21.88%	128 29.43%
一般	108 51.18%	128 57.14%	236 54.25%
喜欢冒风险	24 11.37%	47 20.98%	71 16.32%
总计	211 100.00%	224 100.00%	435 100.00%

表 8.7　性别与创业时间的关系

创业时间	性别		合计
	女性	男性	
1 年之内	12 18.18%	19 19.19%	31 18.79%
1～2 年	14 21.21%	26 26.26%	40 24.24%
2～5 年	19 28.79%	29 29.29%	48 29.09%
5 年以后	21 31.82%	25 25.25%	46 27.88%
合计	66 100.00%	99 100.00%	165 100.00%

(3) 教育程度异质性。将样本按照教育程度分为初中及以下、初中以上两个组，然后再分别进行估计，估计结果见表 8.8。从表 8.8 可以看出，对于受教育程度为初中及以下的新生代农民工，风险偏好对他们的涉农创业意愿没有显著影响，而对于受教育程度为初中以上的新生代农民工，风险偏好对他们的涉农创业意愿具有显著的正向影响。对这种现象的解释，与关于年龄的异质性分析结论几乎是一致的，其原因也主要有两点：第一，教育程度比较高的新生代农民工，要放弃当前的工作和生活回到农村去创业，机会成本比较高，创业失败后遭受的损失更大，因此风险态度对教育程度比较高的新生代农民工的涉农创业意愿的影响更加明显。第二，教育程度比较高的新生代农民工，知识更加丰富，搜集信息的能力更强，因此对涉农创业的风险感知也更强，越能感受到涉农创业的风险，其风险态度对涉农创业意愿的影响就更加明显。

表 8.8 教育程度异质性分析

	初中及以下		初中以上	
	(1)	(2)	(3)	(4)
riskatt	0.405 (0.312)	0.446 (0.343)	1.051*** (0.192)	0.997*** (0.193)
个体特征	未控制	控制	未控制	控制
家庭特征	未控制	控制	未控制	控制
N	93	93	342	342
Pseudo R^2	0.014 1	0.066 8	0.074 4	0.107
Wald	1.686	7.595	29.80	38.90

注：***表示在 1%的水平显著，括号中的值为稳健标准误。

8.3.5 调节效应分析

(1) 农业生产经历的调节效应。具有农业生产经历的新生代农民工，可能更能感受到涉农创业的风险，因此农业生产经历在风险态度对新生代农民工涉农创业意愿的影响效应中可能存在正向调节效应。在问卷中询问了没有意愿从事涉农创业的新生代农民工，不从事涉农创业的原因，其中一个选项为“创业风险大”。有农业生产经历的新生代农民工选择这个选项的比例大约为 30%，而没有农业生产经历的新生代农民工选择这个选项的比例大约为 19%。由此可以看出有农业生产经历的新生代农民工对涉农创业的风险感知要高于没有农业生产经历的新生代农民工。为了验证农业生产经历在风险态度与新生代农民工的涉农创业意愿中的调节作用，在式（8.1）的右边加上农业生产经历（*agriexp*，有农业生产经历，该变量取值为1，否则取值为0），以及风险态度与农业生产经历的交互项。为了减小多重共线性的影响，对风险态度和农业生产经历两个变量都进行了中心化处理。从表 8.9 可以看出，风险态度对新生代农民工的涉农创业意愿仍然具有显著的正向影响，这与之前的研究结论是一致的。农业生产经历对新生代农民工的涉农创业意愿也具有显著的正向影响，这与第 7 章的研究结论是一致的。此外，无论是否加入控制变量，风险态度与农业生产经历的交互项（$riskatt \times agriexp$）在 10%的水平上显著为正，即农业生产经历促进了风险态度对新生代农民工涉农创业意愿的影响。该结论的另外一个表述是，风险偏好比较低的新生代农民工，其涉农创业的意愿比较低，而农业生产经历进一步降低了风险偏好比较低的新生代农民工的涉农创业意愿。对于新生代农民工而言，一般不会太偏好风险，本研究的调查数据显示，30%的新生代农民工表示“不喜欢冒风险”，54%的表示“一般”，只有 16%的表示“喜欢冒风险”。如果只有喜欢冒风险的人去参与涉农创业，这远远无法满足乡村振兴对人才的需求。具有农业生产经历的新生代农民工具有较强的涉农创业意愿，但是具有农业生产经历的新生代农民工由于对涉农创业的风险感知更强烈，从而农业生产经历又抑制了风险偏好比较低的新生代农民工的涉农创业意愿。因此，为了吸引更多的新生代农民工参与涉农创业，既要创造条件让更多的新生代农民工接触农业，又要努力化解农业生产经营中的风险，使得人们不再将农业经营与高风险联系在一起。

表 8.9　农业生产经历的调节效应

	(1)	(2)	(3)
riskatt	0.851***	0.822***	0.833***
	(0.163)	(0.166)	(0.168)
agriexp	0.864***	0.780***	0.791***
	(0.218)	(0.228)	(0.231)
$riskatt \times agriexp$	0.591*	0.594*	0.626*
	(0.328)	(0.334)	(0.337)
个体特征	未控制	控制	控制
家庭特征	未控制	未控制	控制
N	435	435	435
Pseudo R^2	0.092 2	0.102	0.110
Wald	50.03	54.27	57.21

注：***、* 分别表示在 1%、10%的水平显著，括号中的值为稳健标准误。

（2）工作稳定性的调节效应。在上面关于年龄和教育程度的异质性分析中，本研究假设年龄较小和教育程度较高的新生代农民工在城市的就业竞争力更强，容易找到一份相对稳定的工作，从而其风险偏好对涉农创业意愿的影响更强烈。为了验证这一假设，进一步分析工作稳定性在风险态度与涉农创业意愿之间的调节效应。问卷中询问了“您目前的工作是否稳定”，据此设定工作稳定性的序数变量（*workstab*），如果受访者的回答为“很稳定”，则将该变量赋值为3，如果受访者的回答为“一般”，则将该变量赋值为2，如果受访者的回答为“不稳定”，则将该变量赋值为1。将工作稳定性变量（*workstab*）及该变量与风险态度的交乘项（*riskatt*×*workstab*）加到式（8.1）的右边，仍然采用Logit模型进行估计，估计结果如表8.10所示。从表8.10可以看出，风险态度对新生代农民工的涉农创业意愿仍然具有显著的正向影响，工作稳定性本身对新生代农民工的涉农创业意愿没有显著影响，但风险态度与工作稳定性的交乘项（*riskatt*×*workstab*）对新生代农民工的涉农创业意愿具有显著的正向影响。由此表明，工作稳定性进一步强化了风险态度对新生代农民工涉农创业意愿的影响，或者说进一步弱化了风险偏好比较低的新生代农民工的涉农创业意愿。此处的分析只是进一步验证了之前在讨论年龄和教育程度异质性中的猜想，除此之外并没有太多的政策含义。促进农民工在城市的稳定就业，也是国家十分关注的问题，同时也是我国新型城镇化建设的重要目标之一。当前我国农村的劳动力规模（包括农民工）还比较大，只有大部分农民工在城市有比较稳定的就业，并真正融入城市，农业适度规模经营才能更加有效地开展，也才能为真正有涉农创业意愿的人扩大经营规模提供条件。

表8.10　工作稳定性的调节效应

	(1)	(2)	(3)
riskatt	0.913***	0.863***	0.878***
	(0.167)	(0.168)	(0.171)
workstab	0.053	0.046	0.031
	(0.151)	(0.155)	(0.157)
riskatt×*workstab*	0.522**	0.498**	0.558**
	(0.215)	(0.216)	(0.224)
个体特征	未控制	控制	控制
家庭特征	未控制	未控制	控制
N	435	435	435
Pseudo R^2	0.065 8	0.082 5	0.091 7
Wald	35.35	45.20	47.99

注：***、**分别表示在1%、5%的水平显著，括号中的值为稳健标准误。

（3）收入满意度的调节效应。在上面的分析中，发现对于年龄较小、教育程度较高的新生代农民工，风险态度对新生代农民工涉农创业意愿的影响效应更大。当时的猜想是，年龄较小、教育程度较高的新生代农民工，就业岗位比较好，收入比较高，如果从事涉农创业，机会成本比较高，一旦创业失败，损失会更大，因此，风险偏好对这部分新生代农民工的涉农创业意愿的影响更加明显。为了验证这一假设，进一步分析收入满意度在风险态度与涉农创业意愿之间的调节效应。问卷中询问了“您对当前工作所获得的收入是否满意”，据此设置反映收入满意度的序数变量（*incomesat*），分别将“非常不满意”“不太满意”“一般”“比较满意”“很满意”赋值为 1、2、3、4、5。将收入满意度（*incomesat*）及该变量与风险态度的交乘项（*riskatt*×*incomesat*）加到式（8.1）的右边，采用 Logit 模型进行估计的结果如表 8.11 所示。从表 8.11 可以看出，风险态度对新生代农民工的涉农创业意愿具有显著的正向影响，收入满意度对新生代农民工的涉农创业意愿没有显著影响，但风险态度与收入满意度的交乘项（*riskatt*×*incomesat*）对新生代农民工的涉农创业意愿具有显著的正向影响。由此表明，收入满意度进一步强化了风险态度对新生代农民工涉农创业意愿的影响，或者说进一步弱化了风险偏好比较低的新生代农民工的涉农创业意愿。该结论与关于工作稳定性的研究结论是一致的。

表 8.11　收入满意度的调节效应

	(1)	(2)	(3)
riskatt	0.912***	0.874***	0.897***
	(0.173)	(0.174)	(0.176)
incomesat	0.165	0.163	0.151
	(0.115)	(0.120)	(0.119)
riskatt×*incomesat*	0.569***	0.600***	0.644***
	(0.174)	(0.177)	(0.174)
个体特征	未控制	控制	控制
家庭特征	未控制	未控制	控制
N	435	435	435
Pseudo R^2	0.082 6	0.101 0	0.111 0
Wald	38.89	49.41	53.98

注：*** 表示在 1%的水平显著，括号中的值为稳健标准误。

（4）涉农创业示范的调节效应。涉农创业具有较高的风险，因此具有较高风险偏好的新生代农民工选择涉农创业的可能性更大，而具有较低风险偏好的新生代农民工选择涉农创业的可能性比较小，上述的分析已证明了该观点。只有感知到创业中的风险，风险态度才可能影响到创业意愿。如果感知到创业的风险比较大，则只有具有更高风险偏好的人才有可能选择创业，而如果感知到创业的风险比较小，即使具有较低风险偏好的人也有可能选择创业。因此对风险的感知会影响到风险态度与创业意愿之间的关系。如果从事涉农创业的人员显著增加，可能会降低新生代农民工对涉农创业风险的感知，即涉农创业人员的增加可能会对风险态度与新生代农民工涉农创业意愿之间的关系产生负向调节效应。以下将从农业规模经营创业人员和乡村旅游创业人员的增加两个方面讨论涉农创业示范的调节效应。

①农业规模经营创业示范的调节效应。问卷中询问了“自国家实施乡村振兴战略以来，您的家乡发生了哪些变化”，其中有一个选项为“搞规模养殖的人增加了”，据此设置反映农业规模经营创业示范变量（*agrscale*），如果受访的新生代农民工选择了该选项，则将该变量设为1，否则设为0。将农业规模经营创业示范（*agrscale*）及该变量与风险态度的交乘项（*riskatt*×*agrscale*）加到式（8.1）的右边，采用Logit模型进行估计的结果如表8.12所示。从表8.12可以看出，风险态度对新生代农民工的涉农创业意愿具有显著的正向影响，农业规模经营示范对新生代农民工的涉农创业意愿没有显著影响，但风险态度与农业规模经营示范的交乘项（*riskatt*×*agrscale*）对新生代农民工的涉农创业意愿具有显著的负向影响。由此表明，农业规模经营示范弱化了风险态度对新生代农民工涉农创业意愿的影响。或者说，当发现农村从事农业规模经营创业的人员增加时，即使风险偏好比较低的新生代农民工，其选择涉农创业的概率也会增加。

表8.12　农业规模经营创业示范的调节效应

	(1)	(2)	(3)
riskatt	0.932***	0.873***	0.881***
	(0.169)	(0.170)	(0.172)
agrscale	0.382	0.355	0.376
	(0.257)	(0.263)	(0.267)
riskatt×*agrscale*	−1.245***	−1.366***	−1.364***
	(0.390)	(0.388)	(0.395)
个体特征	未控制	控制	控制
家庭特征	未控制	未控制	控制
N	435	435	435
Pseudo R^2	0.075 6	0.095 9	0.103 0
Wald	37.56	46.15	47.19

注：***表示在1%的水平显著，括号中的值为稳健标准误。

②乡村旅游创业示范的调节效应。问卷中询问了“自国家实施乡村振兴战略以来，您的家乡发生了哪些变化”，其中有一个选项为“搞乡村旅游（包括农家乐）的人增加了”，据此设置反映乡村旅游创业示范变量（*rtourism*），如果受访的新生代农民工选择了该选项，则将该变量设为1，否则设为0。将乡村旅游创业示范（*rtourism*）及该变量与风险态度的交乘项（*riskatt*×

rtourism）加到式（8.1）的右边，采用 Logit 模型进行估计的结果如表 8.13 所示。从表 8.13 可以看出，风险态度对新生代农民工的涉农创业意愿具有显著的正向影响，乡村旅游创业示范对新生代农民工的涉农创业意愿也具有显著的正向影响，此外风险态度与乡村旅游创业示范的交乘项（*riskatt* × *rtourism*）对新生代农民工的涉农创业意愿具有显著的负向影响。由此表明，乡村旅游创业示范弱化了风险态度对新生代农民工涉农创业意愿的影响。或者说，当发现农村从事乡村旅游创业的人员增加时，即使风险偏好比较低的新生代农民工，其选择涉农创业的概率也会增加。

表 8.13 乡村旅游创业示范的调节效应

	(1)	(2)	(3)
riskatt	0.888***	0.838***	0.843***
	(0.167)	(0.167)	(0.169)
rtourism	0.402*	0.450*	0.460*
	(0.235)	(0.242)	(0.244)
riskatt × *rtourism*	−0.824**	−0.883**	−0.811**
	(0.377)	(0.387)	(0.391)
个体特征	未控制	控制	控制
家庭特征	未控制	未控制	控制
N	435	435	435
Pseudo R^2	0.068 1	0.087 7	0.094 0
Wald	32.82	43.69	44.14

注：***、**、* 分别表示在 1%、5%和 10%的水平显著，括号中的值为稳健标准误。

此处运用新生代农民工对“搞规模养殖的人员是否增加了”和“搞乡村旅游的人员是否增加了”的感受反映乡村创业的示范带动作用，分析了乡村创业示范带动作用在风险态度与新生代农民工涉农创业意愿中的调节效应。分析的结果表明，乡村创业示范带动作用显著降低了风险态度对新生代农民工涉农创业意愿的影响。此结论的政策含义是，新生代农民工中特别偏好风险的人并不多，但是乡村振兴需要大量的人才回乡或下乡开展创业活动，只有降低涉农创业的风险或新生代农民工对涉农创业的风险感知，才会有更多的中等风险偏好或低风险偏好的人选择从事涉农创业活动，这可能需要地方政府加大对乡村创业的宣传力度，让更多的新生代农民工能感受到乡村热烈的创业氛围。

（5）社会资本的调节效应。目前已有许多文献分析了社会资本在创业活动中的作用。宋瑛等（2021）研究了社会资本对创业渠道选择的影响，其研究结果表明社会资本比较丰富的农户在开展电商创业时更喜欢选择自主型创业，而社会资本不足的农户倾向于选择合作型创业。社会关系丰富的农民工更容易获取创业所需的各种资源，从而更容易取得创业成功。黄洁等（2010）的研究表明，社会资本显著提升了农村初创企业的绩效。农民工的社会关系主要由基于“血缘”与“地缘”关系形成的高交集、高密度强关系，和基于“业缘”关系低交集、低密度的弱关系构成。彭少峰等（2021）的研究表明，无论是强关系还是弱关系都能显著提升新生代农民工的创业绩效。我们在问卷中询问了“您在外务工期间主要获得了哪些收获”，其中一个选项为“交往了更多朋友”。如果新生代农民工选择了该选项，表明新生代农民工在外务工期间积累了比较丰富的社会资本，这有利于他们在未来的创业中更容易获得创业所需的资源，从而可能会降低涉农创业的风险。据此设置反映社会资本丰富程度的变量（*soccapit*），如果受访的新生代农民工选择了该选项，则将该变量设为 1，否则设为 0。将社会资本变量（*soccapit*）及该变量与风险态度的交乘项（*riskatt*×*soccapit*）加到式（8.1）的右边，采用 Logit 模型进行估计的结果如表 8.14 所示。从表 8.14 可以看出，风险态度对新生代农民工的涉农创业意愿具有显著的正向影响，而社会资本对新生代农民工的涉农创业意愿没有显著影响，然而风险态度与社会资本的交乘项（*riskatt*×*soccapit*）对新生代农民工的涉农创业意愿具有显著的负向影响。由此表明，社会资本弱化了风险态度对新生代农民工的涉农创业意愿的影响。或者说，当社会资本比较丰富时，即使风险偏好比较低的新生代农民工，其选择涉农创业的概率也会增加。

表 8.14　社会资本的调节效应

	(1)	(2)	(3)
riskatt	0.904*** (0.166)	0.852*** (0.168)	0.860*** (0.171)
soccapit	0.085 (0.210)	0.046 (0.214)	0.035 (0.215)
riskatt×*soccapit*	−0.698** (0.329)	−0.690** (0.330)	−0.712** (0.333)
个体特征	未控制	控制	控制
家庭特征	未控制	未控制	控制
N	435	435	435
Pseudo R^2	0.063 5	0.081 2	0.089 2
Wald	31.58	40.93	40.92

注：***、**分别表示在1%、5%的水平显著，括号中的值为稳健标准误。

8.4　小结

本章首先对风险态度与创业意愿之间的关系进行了文献综述，然后从市场风险、自然风险、人为风险、技术风险、管理风险、政策风险 6 个方面总结了涉农创业存在的风险类型，并基于调查数据分析了农民工最为关注的涉农创业风险，结果表明技术风险、市场风险、资金风险和自然风险是新生代农民工最为关注的涉农创业风险。本章最后对风险态度与新生代农民工涉农创业意愿之间的关系进行了实证分析。基准回归分析的结果表明，风险偏好程度比较高的新生代农民工，涉农创业的意愿更为强烈，稳健性检验的结果与基准回归的结果非常一致。年龄异质性分析的结果表明，年龄小于或等于 30 岁的新生代农民工，其风险态度对涉农创业意愿的影响效应略微大于年龄大于 30 岁的新生代农民工。可能的原因是，年龄较小的新生代农民工文化素质较高一些，在城市的就业竞争力更强和发展前景更好，如果一旦创业失败，遭受的损失可能更大。另外，年龄较小的新生代农民工，对涉农创业的风险感知度可能要高一些，从而风险偏好对其涉农创业意愿的影响更大。性别异质性分析的结果表明，男性新生代农民工的风险态度对涉农创业意愿的影响效应明显高于女性新生代农民工。可能的原因是，男性新生代农民工担负更多的家庭责任、对涉农创业的风险感知度更高、将创业意愿转化为创业行为的可能性更大，更加关注创业风险，从而风险态度对创业意愿的影响更明显一些。教育程度异质性分析的结果表明，受教育程度越高的新生代农民工，风险偏好对他们涉农创业意愿的影响更显著。教育程度比较高的新生代农民工，创业的机会成本比较高，创业失败后遭受的损失更大，并且教育程度越高的新生代农民具有更丰富的知识，搜集信息的能力更强，对涉农创业的风险感知也更强，因此风险态度对他们的涉农创业意愿的影响就更加明显。实证分析的最后，进一步分析了农业生产经历、工作稳定性、收入满意度、涉农创业示范、社会资本在风险态度与新生代农民工涉农创业意愿的关系中的调节效应。其结果表明，农业生产经历、工作稳定性、收入满意度在风险态度与新生代农民工涉农创业意愿之间的关系中具有正向调节效应，即农业生产经历、工作稳定性、收入满意度进一步提高了风险态度对新生代农民工涉农创业意愿的影响，或者说农业生产经历、工作稳定性、收入满意度进一步降低了风险偏好比较低的新生代农民工的涉农创业的意愿。可能的原因是具有农业生产经历的新生代农民工，对涉农创业的风险感知度越高，工作稳定性、收入满意度越高的新生代农民工开展涉农创业的机会成本更大。涉农创业示范、社会资本在风险态度与新生代农民工涉农创业意愿之间的关系中具有负向调节效应，即涉农创业示范、社会资本降低了风险态度对新生代农民工涉农创业意愿的影响，或者说涉农创业示范、社会资本提高了风险偏好比较低的新生代农民工的涉农创业意愿。可能的原因是涉农创业示范降低了新生代农民工对涉农创业的风险感知，而丰富的社会资本提高了新生代农民工应对涉农创业风险的能力。本章的政策含义主要有以下三点：一是通过各种措施努力降低农业生产经营或涉农创业的风险；二是加大对涉农创业的宣传，降低新生代农民工对涉农创业风险的感知；三是通过科学的创业培训，提高新生代农民工应对涉农创业风险的能力。

第 9 章　创业机会识别对新生代农民工涉农创业意愿的影响

创业机会识别在创业活动中居于十分重要的地位。创业机会识别可能会影响到新企业的创建，同时也可能会影响到企业的发展。新生代农民工的工作和生活地点主要在城市，并且绝大多数新生代农民工所从事的工作与农业生产经营没有关系，因此，很多新生代农民工可能很难识别到涉农创业机会。对涉农创业机会的识别是否会影响新生代农民工的涉农创业意愿？对乡村振兴政策的关注是否会影响到新生代农民工对涉农创业机会的识别？本章将继续基于调查数据，从实证的角度对这些问题予以回答。

9.1　创业机会识别的相关文献综述

9.1.1　创业机会及创业机会识别的概念

Shane 等（2000）认为创业机会是一种可以引入新产品、新服务、新生产原料和新生产方式，并能以高于成本价格出售的可能性。他们认为创业研究应该从研究“哪些人可能会成为创业者”转到研究“创业机会的识别与探索”。他们在此基础上提出了创业研究的理论框架：①能带来新产品或新服务的机会为什么存在，以及何时和如何存在；②某些人为什么会发现创业机会，以及何时发现、如何发现这些创业机会；③创业机会为什么会被开发，以及何时开发、如何开发。Ardichvili 等（2003）认为创业机会识别是一个过程，即机会识别并不是一蹴而就的，“未精确定义的市场需求或未充分使用的资源能力”是其最初级的表现形式。当市场需求和资源使用越来越明确时，创业机会的形式也更加成熟，逐渐形成商业概念、商业模式和商业计划。伴随着创业机会从简单概念逐步演进到复杂计划的过程，创业者需要不断地、主动地去开发机会。他认为机会识别不能简单地被视为机会感知，而是可以被细化为三个过程：①特定个体对机会的感知；②找到市场需求和资源之间的匹配点；③创造商业概念，包括对现有资源进行重新调整和组合。

9.1.2　创业机会识别对创业活动的影响

郭红东等（2012）认为创业机会识别是创业过程的重要环节，是创业活动的起点，对创业起着非常重要的作用。是否能识别创业机会，对创业者是否能取得成功至关重要。刘万利等（2010）认为创业机会识别是创业活动的核心环节，对企业的新创和新的发展方向至关重要，是企业创造价值的重要环节。林嵩等（2005）认为新创企业的战略选择和成长过程都会受到创业机会的影响，因此创业机会识别对创业成功十分重要。Shamsudeen 等（2017）从理论的角度论证了创业机会识别对创业成功的作用。Venkataraman（1997）通过实证研究发现，创业者具有良好的创业机会识别能力，更容易取得创业成功。项国鹏等（2018）基于实证研究的结果表明，创业机会识别有利于提高创业者决策的速度、认同度和正确度。以上研究主要讨论了创业机会识别对创业成功的影响，却很少有研究讨论创业机会识别对创业意愿的影响。

9.1.3 创业机会识别的影响因素

郭红东等（2012）以创业农民为研究对象进行实证分析的结果表明，网络资源、网络资本、组织参与等社会资本，以及创业经历、务工经历、培训经历等先验知识对农民识别创业机会具有显著的正向影响。孙永波等（2022）的研究表明，已沉淀的冗余资源与未沉淀的冗余资源都有利于企业对创业机会的识别，冗余资源主要通过资源拼凑影响创业机会识别。但是未沉淀冗余资源对创业机会的识别并不是线性的。起初，未沉淀冗余资源对资源拼凑具有正向影响，但是当超过某一点时，未沉淀冗余反而对资源拼凑形成负向影响。张静宜等（2021）利用中国劳动力动态调查数据研究了返乡创业机会识别的影响因素。其结果表明，务工期间在管理岗位工作的经历虽然总体上对创业机会识别没有显著影响，但是对东部地区返乡创业者的影响十分显著。创业经验显著提升了创业机会识别，特别是在中西部地区，其提升效果更加显著。政府对返乡创业者的培训和资金支持对创业机会的识别均具有显著的正向影响，但政府培训对老一代返乡创业者的机会识别的影响更明显，而资金支持对新生代返乡创业者的机会识别的影响更明显。赵佳佳等（2020）基于安徽、河南、浙江和陕西的 880 份调查数据分析了信任对农民创业者机会识别的影响，其结果表明，信任可以显著提高农民创业者对创业机会的识别，并且外部知识获取和创业警觉性充当了信任和创业机会识别的中介。董延芳等（2019）基于全球创业观察，分析了社会资本、普通人力资本和专用人力资本对创业机会识别的影响，其结果表明，社会资本、普通人力资本和专用人力资本对创业机会识别都具有显著的正向影响，并且普通人力资本对专用人力资本与创业机会识别之间的关系还具有正向调节效应，但普通人力资本对社会资本与创业机会识别之间的关系没有显著的调节效应。靳丽遥等（2018）基丁三峡库区移民创业者的调查数据，研究了先前经验及信息资源对创业机会识别的影响，其结果表明，先前经验和信息资源对创业者的机会识别具有显著的正向影响，并且先前经验主要通过信息资源对创业机会识别产生影响，即信息资源在先前经验和创业机会识别之间充当了中介作用。杨学儒等（2018）基于 255 份新生代农民工创业者的调查数据，分析了社会资本对新生代农民工不同类型的创业机会识别的影响。其结果表明，具有强连带特点的社会资本显著提升了新生代农民工对模仿性创业机会的识别，而具有弱连带性质的社会资本显著提升了新生代农民工对创新性创业机会的识别，并且互联网使用在社会资本与新生代农民工创业机会识别的关系中具有正向调节作用，当新生代农民工在发达地区开展异地创业时，互联网使用增强了弱连带特点的社会资本对创新性创业机会识别的正向效应，当新生代农民工返乡创业时，互联网使用增强了强连带性质的社会资本对模仿性创业机会识别的正向效应。孙永波等（2018）基于 246 份新创企业的调查数据研究了创业导向和外部知识获取对创业机会识别的影响，其结果表明，创业导向和外部知识获取对新创企业的机会识别均具有显著的正向影响，创业导向主要通过外部知识获取而影响其创业机会识别，并且，市场知识获取对创业机会识别的影响效应显著高于技术知识的影响效应。张浩等（2017）的研究表明，创业者外部社会资本的网络规模对创业机会识别具有显著的正向影响，但网络强度的影响不显著，创业者的机会感知能力在网络强度与创业机会识别之间起着正向调节作用，但是对网络规模与创业机会识别之间的关系没有调节作用。创业者的知识整合能力在网络规模与创业机会识别之间起着正向调节作用，但是对网络强度与创业机会识别之间的关系没有调节作用。张秀娥等（2017）的研究表明，创业学习对农民的创业机会识别具有显著的正向影响，创业学习主要通过创业警觉性对农民的创业机会识别产生影响，即创业警觉性在农民的创业学习与创业机会识别之间充当了部分中介作用。赵立祥等（2017）基于北京地区创业者的调查数据进行研究的结果表明，既有知识、创造性思维和创业警觉性对创业机会识别均具有显著的正向影响，其中既有知识主要通过创业警觉性及创造性思维对创业机会识别产生正向影响。张秀娥等（2017）基于宁夏地区的调查数据分析了创业学习、创业经验和自我效能感对创业机会识别的影响，其研究结果表明，创业学习、创业经验和自我效能对创业机会识别均具有显著的正向影响，其中创业经验部分通过探索型学习影响创业机会识别，而完全通过应用型学习影响创业机会识别。杨学儒等（2017）分析了乡村旅游创业机会识别的影响因素，其研究结果表明，社会资本的网络资源和网络规模，先前经验中的行业经验、职能经验和创业经验对乡村旅游创业机会的识别均具有显著的正向影响，即创业者所联结的网络规模越大，正在创业和在相关部门任职的亲友资源越丰富，对创业机会的识别能力就越强，创业者具有更多的行业经验、职能经验和先前创业经验，对创业机会的识别能力也越强。社会资本和先前经验一方面会直接影响创业者的创业机会识别，另一方面会通过创业警觉性间接影响创业者的创业机会识别。

9.2 创业机会识别影响新生代农民工涉农创业意愿的实证分析

9.2.1 变量选择与模型设定

(1) 变量选择。

①被解释变量。由于要分析创业机会识别对新生代农民工涉农创业意愿的影响，此处的被解释变量仍然为新生代农民工的涉农创业意愿。根据问卷中询问的“您有回农村从事规模种植、规模养殖、农产品加工、农村电商、农家乐、乡村旅游等创业活动的想法吗”来衡量新生代农民工的涉农创业意愿，如果受访者回答有想法，就将该变量赋值为1，否则赋值为0。

②核心解释变量。此处的核心解释变量为新生代农民工对创业机会的识别。在问卷中询问了“您认为涉农创业面临的最主要困难是什么”，其中一个选项是“不知道选择什么创业项目”，据此设置一个虚拟变量，如果受访者没有选择该选项，表明所调查的新生代农民工没有这方面的困惑，能够选择合适的创业项目，即能够较好地识别创业机会，因此将该虚拟变量赋值为1，如果受访者选择了该选项，表明所调查的新生代农民工不能较好地识别创业机会，因此将该虚拟变量赋值为0。

③控制变量。参考前两章的研究，此处仍然将性别、年龄、婚姻状况、健康状况、家庭人口数量、家庭劳动力数量作为控制变量引入模型。

各变量的符号、含义及主要统计特征见表9.1。

表9.1 变量符号、含义及描述性统计

变量	变量含义	观测值	均值	标准差	最小值	最大值
intention	涉农创业意愿，有创业意愿为1	435	0.379	0.486	0	1
oppiden	创业机会识别，识别能力强为1，否则为0	435	0.637	0.481	0	1
male	性别，男性为1	435	0.515	0.500	0	1
age	年龄	435	30.690	5.929	16	40
marriage	婚姻状况，在婚为1	435	0.637	0.481	0	1
education	受教育程度，数值越大表示受教育程度越高	435	3.308	0.878	1	4
health	健康状况，非常健康为1	435	0.549	0.498	0	1

（续）

变量	变量含义	观测值	均值	标准差	最小值	最大值
famsize	家庭人口数量	435	4.595	1.723	1	20
labornum	家庭劳动力数量	435	3.837	1.282	1	9

（2）计量模型。由于被解释变量的取值为 0 和 1，因此仍然采用 Logit 模型进行分析，模型设置如下

$$P(intention_i = 1) = \beta_0 + \beta_1 oppiden_i + \beta_2 male_i + \beta_3 age_i + \beta_4 marriage_i + \beta_5 education_i + \beta_6 health_i + \beta_7 famsize_i + \beta_8 labornum_i + \varepsilon_i \tag{9.1}$$

其中，P 表示新生代农民工愿意从事涉农创业的概率，即 $intention=1$ 的概率。Λ 表示逻辑分布（logistic distribution）的累积分布函数。如表 9.1 所示，*oppiden* 表示对创业机会的识别能力，*male* 表示性别，*age* 表示年龄，*marriage* 表示婚姻状况，*education* 表示受教育程度，*health* 表示健康状况，*famsize* 表示家庭人员数量，*labornum* 表示家庭劳动力数量。$\beta_1 \sim \beta_8$ 为待估参数，ε 为随机扰动项。β_1 为本章最关注的参数，根据前面的分析，预期 β_1 的估计值应显著为正。

（3）描述性统计分析。从表 9.2 可以看出，对于创业机会识别能力比较强的新生代农民工，有意愿从事涉农创业的比例为 42.96%，对于创业机会识别能力比较弱的新生代农民工，有意愿从事涉农创业的比例为 29.11%，由此可以看出，新生代农民工的创业机会识别能力与涉农创业意愿之间存在着较强的正相关关系。在问卷中，对于不愿意从事涉农创业的新生代农民工，我们询问了其原因，其中有一个选项为“找不到合适的项目”，有 47%的人选择了该选项。由此也可间接证明创业机会识别能力对创业意愿的影响。

表 9.2　创业机会识别与涉农创业意愿之间的关系

涉农创业意愿	创业机会识别能力		总计
	识别能力弱	识别能力强	
无涉农创业意愿	112 70.89%	158 57.04%	270 62.07%
有涉农创业意愿	46 29.11%	119 42.96%	165 37.93%
总计	158 100.00%	277 100.00%	435 100.00%

9.2.2　基准回归

表 9.3 是对式（9.1）进行估计的结果。其中第（1）列未加入任何控制变

量，第（2）列加入了反映个体特征的控制变量，第（3）列则进一步加入了反映家庭特征的控制变量。从中可以看出，无论是否加入控制变量，创业机会识别能力均显著增强了新生代农民工的涉农创业意愿。涉农创业意愿虽然只是新生代农民工心理上的一种表达，但是创业意愿并不是一个空洞或者虚幻的东西，事实上创业意愿与创业行为之间有非常强的相关性。Sutton（1998）的研究表明，一个人开展某种行为的意愿越强，最终实施这种行为的可能性越大。Krueger 等（1993）认为创业意愿是开展创业行为的必要条件，创业意愿越强，开展创业行为的可能性越大，创业意愿是预测创业行为最有效的指标。受访的新生代农民工在回答是否愿意从事涉农创业时，并不是无意识的回答，而是会考虑到将来是否会真正开展涉农创业，如果没有发现创业机会，可能就不会表现出创业意愿。因此，创业机会的识别对新生代农民工的涉农创业意愿具有显著的正向影响。

从控制变量来看，男性新生代农民工的涉农创业意愿显著高于女性，年龄、健康水平在10%的显著性水平对新生代农民工的涉农创业意愿具有正向影响，家庭规模对新生代农民工的涉农创业意愿具有显著的负向影响，而家庭劳动力数量对新生代农民工的涉农创业意愿具有显著的正向影响。总体而言，控制变量的估计结果与之前的分析结果几乎是一致的。

表 9.3　基准回归结果

	(1)	(2)	(3)
oppiden	0.606***	0.617***	0.657***
	(0.213)	(0.219)	(0.220)
male		0.542***	0.525**
		(0.208)	(0.210)
age		0.031	0.042*
		(0.023)	(0.023)
marriage		0.198	0.247
		(0.275)	(0.278)
education		−0.055	−0.104
		(0.117)	(0.120)
health		0.384*	0.369*
		(0.208)	(0.209)
famsize			−0.159*
			(0.082 7)
labornum			0.231**
			(0.106)

（续）

	(1)	(2)	(3)
_cons	−0.890*** (0.175)	−2.306*** (0.810)	−2.684*** (0.928)
N	435	435	435
Pseudo R^2	0.014 5	0.042 8	0.052 4
Wald	8.081	23.94	28.11

注：***、**、* 分别表示在 1%、5%和 10%的水平显著，括号中的值为稳健标准误。

9.2.3　稳健性分析

(1) Probit 估计。表 9.4 是采用 Probit 模型进行估计的结果，可以看出，无论是否加入控制变量，创业机会识别均显著提高了新生代农民工的涉农创业意愿。

表 9.4　Probit 估计结果

	(1)	(2)	(3)
oppiden	0.373*** (0.130)	0.376*** (0.132)	0.401*** (0.133)
个体特征	未控制	控制	控制
家庭特征	未控制	未控制	控制
N	435	435	435
Pseudo R^2	0.014 5	0.042 9	0.052 5
Wald	8.227	24.78	29.66

注：*** 表示在 1%的水平显著，括号中的值为稳健标准误。

(2) 倾向得分匹配估计。从反事实的因果分析框架来看，创业机会识别能力比较强的新生代农民工与创业机会识别能力比较弱的新生代农民工应非常相似，其在涉农创业意愿的差异才能由创业机会识别能力的强弱进行解释。基于此，本研究采用倾向得分匹配法从创业机会识别能力比较弱的新生代农民工中找到与创业机会识别能力比较强的新生代农民工相似的个体，并删除未匹配上的样本，然后再采用 Logit 模型进行回归分析。表 9.5 是进行倾向得分匹配后的估计结果。采用近邻匹配的方法进行匹配，表 9.5 的第 (1)、(2)、(3) 列是分别进行 1∶1、1∶2、1∶3 近邻匹配的估计结果。3 种近邻匹配的估计结果均表明，创业机会识别能力显著提高了新生代农民工的涉农创业意愿。

表 9.5 倾向得分匹配估计结果

	(1)	(2)	(3)
oppiden	0.665**	0.673***	0.608**
	(0.278)	(0.249)	(0.236)
个体特征	控制	控制	控制
家庭特征	控制	控制	控制
N	235	301	343
Pseudo R^2	0.057 1	0.050 5	0.043 0
Wald	17.20	20.17	18.78

注：***、**分别表示在1%、5%的水平显著，括号中的值为稳健标准误。

运用倾向得分匹配进行分析需要对样本的平衡性进行检验，从而判断匹配的效果。表 9.6 给出了进行 1∶3 近邻匹配后的平衡性检验结果。可以看出，进行匹配后，性别、年龄、婚姻状况、教育程度、健康状况、家庭人口数量 6 个变量在创业机会识别能力比较强和创业机会识别能力比较弱的两个子样本中的偏差得到了大幅削减，匹配后的偏差均小于 10%，并且所有协变量在两个子样本之间均不存在显著差异，因此匹配的效果比较好，基于倾向得分得到的分析结果的可信度比较高。

表 9.6 平衡性检验

Variable	Unmatched Matched	Mean		%bias	%reduct |bias|	*t*-test	
		Treated	Control			t	$p>t$
male	U	0.527	0.494	6.7		0.67	0.504
	M	0.526	0.506	4.0	40	0.46	0.644
age	U	30.408	31.184	−13.2		−1.31	0.190
	M	30.763	30.299	7.9	40.1	0.95	0.341
marriage	U	0.621	0.665	−9.1		−0.91	0.364
	M	0.643	0.625	3.7	59.1	0.43	0.670
education	U	3.278	3.361	−9.5		−0.95	0.345
	M	3.323	3.322	0.1	98.5	0.02	0.986
health	U	0.570	0.513	11.6		1.16	0.245
	M	0.556	0.539	3.5	69.6	0.41	0.685
famsize	U	4.592	4.601	−0.5		−0.05	0.957
	M	4.556	4.466	5.3	−883.3	0.70	0.487
labornum	U	3.780	3.937	−12.4		−1.23	0.220
	M	3.816	3.827	−0.9	92.6	−0.11	0.913

(3) 安慰剂检验。样本的随机性可能会引致虚假的因果关系。为了排除这种虚假因果关系的可能性，本研究对样本观测值进行随机排序，并假设位于前 65%的样本观测值具有较强的创业机会识别能力，位于后 35%的样本观测值具有较弱的创业机会识别能力，进而采用 Logit 模型进行回归分析。从表 9.7 可以看出，这种随机分配的创业机会识别能力并没有对新生代农民工的涉农创业意愿产生显著的影响。由此可以看出，之前得出的创业机会识别能力对新生代农民工涉农创业意愿的影响效应并不是“纯属巧合”的结果。

表 9.7　安慰剂检验

	(1)	(2)	(3)
oppiden	0.167 (0.207)	0.181 (0.213)	0.161 (0.215)
个体特征	未控制	控制	控制
家庭特征	未控制	未控制	控制
N	435	435	435
Pseudo R^2	0.001 1	0.029 7	0.037 4
Wald	0.650	16.93	19.96

注：括号中的值为稳健标准误。

9.2.4　异质性分析

(1) 年龄异质性分析。将样本按照年龄（以 30 岁为界）分为两个组，然后分别进行回归，其结果见表 9.8。从表 9.8 可以看出，对于年龄较小的新生代农民工，创业机会识别能力对涉农创业意愿的影响不显著，而对于年龄较大的新生代农民工，创业机会识别能力对涉农创业意愿的影响非常显著。对于年龄比较大的新生代农民工，可能需要担负更多的家庭责任，承担创业风险的能力比较低，如果没有发现较好的创业机会，不大可能冒着很大的风险去选择从事涉农创业。因此，是否能识别到创业机会对其涉农创业意愿具有很大的影响。

表 9.8　年龄异质性分析

	年龄小于或等于 30 岁		年龄大于 30 岁	
	(1)	(2)	(3)	(4)
oppiden	0.441 (0.314)	0.413 (0.326)	0.800*** (0.294)	0.856*** (0.301)
个体特征	未控制	控制	未控制	控制
家庭特征	未控制	控制	未控制	控制

（续）

	年龄小于或等于 30 岁		年龄大于 30 岁	
	(1)	(2)	(3)	(4)
N	219	219	216	216
Pseudo R^2	0.007 32	0.051 0	0.026 0	0.063 0
Wald	1.970	11.98	7.400	17.45

注：***表示在1%的水平显著，括号中的值为稳健标准误。

（2）性别异质性分析。按照性别将样本分为两个组，然后分别进行估计，其结果见表 9.9。从中可以看出，创业机会识别能力对男性新生代农民工的涉农创业意愿具有显著的正向影响，而对女性新生代农民工的影响不显著。对于男性新生代农民工，将创业意愿转化为创业行为的可能性要高于女性。表 8.7（见第 8 章）显示，女性新生代农民工选择在 1 年内开展创业的比例为 18.18%，而男性新生代农民工选择在 1 年内开展创业的比例为 19.19%；女性新生代农民工选择在 1～2 年开展创业的比例为 21.21%，而男性新生代农民工选择在 1～2 年开展创业的比例为 26.26%。由此可以看出，男性新生代农民工将涉农创业意愿转化为具体的创业行为的可能性要高于女性新生代农民工。因此，男性新生代农民工更加关注涉农创业机会，从而创业机会识别对他们创业意愿的影响更为显著。

表 9.9　性别异质性分析

	男性		女性	
	(1)	(2)	(3)	(4)
oppiden	0.779*** (0.294)	0.812*** (0.301)	0.385 (0.314)	0.466 (0.324)
个体特征	未控制	控制	未控制	控制
家庭特征	未控制	控制	未控制	控制
N	224	224	211	211
Pseudo R^2	0.023 7	0.048 1	0.005 86	0.042 1
Wald	6.999	13.84	1.502	11.24

注：***表示在1%的水平显著，括号中的值为稳健标准误。

（3）教育程度异质性分析。按照教育程度将样本分为两个组，一个组的受教育程度为初中及其以下，另一个组的受教育程度为初中以上，然后再分别进行回归，其估计结果见表 9.10。可以看出，创业机会识别能力对教育程度比较高的新生代农民工的涉农创业意愿具有显著的正向影响，而对教育程度比较低的新生代农民工的涉农创业意愿的影响不显著。教育程度比较高的新生代农民工，当前的就业质量比较好，收入水平比较高，如果放弃当前的工作去从事涉农创业，机会成本比较高，只有识别到较好创业机会，教育程度比较高的新生代农民工才有可能愿意去从事涉农创业，因此，创业机会的识别对教育程度比较高的新生代农民工的涉农创业意愿的影响更为显著。

表 9.10　教育程度异质性分析

	初中及以下		初中以上	
	(1)	(2)	(3)	(4)
oppiden	0.558 (0.463)	0.633 (0.474)	0.618** (0.241)	0.667*** (0.251)
个体特征	未控制	控制	未控制	控制
家庭特征	未控制	控制	未控制	控制
N	93	93	342	342
Pseudo R^2	0.012 1	0.067 4	0.015 1	0.063 0
Wald	1.453	7.885	6.581	26.25

注：***、**分别表示在1%、5%的水平显著，括号中的值为稳健标准误。

9.3　乡村振兴政策的关注程度影响新生代农民工创业机会识别的实证分析

上述分析表明，新生代农民工的创业机会识别能力对其涉农创业意愿具有显著的正向影响。乡村振兴战略的首要任务是产业兴旺，国家出台了一系列政策支持和促进乡村产业振兴。这些政策为涉农创业提供了大量机会，因此，经常关注国家的乡村振兴政策，对国家的乡村振兴政策更加了解，可能有助于新生代农民工更好地识别涉农创业机会。我们在问卷中询问了“您经常关注国家的乡村振兴政策吗”，据此设置了一个关于“对乡村振兴政策关注程度”的序数变量（*focusrev*），将“经常关注”赋值为 3，将“偶尔关注”赋值为 2，将“不关注”赋值为 1。将创业机会识别能力的强弱作为被解释变量（*oppiden*），将“对乡村振兴政策关注程度”（*focusrev*）作为核心解释变量，并控制新生代农民工的个体特征（性别、年龄、婚姻状况、教育程度、健康状况）以及家庭特征（家庭规模、家庭劳动力数量），采用 Logit 模型进行回归，其结果见表 9.11。从表 9.11 可以看出，经常关注国家乡村振兴政策的新生代农民工，对涉农创业机会的识别能力显著提高。

表 9.11 乡村振兴政策的关注程度对创业机会识别能力的影响

	(1)	(2)	(3)
focusrev	0.510*** (0.156)	0.529*** (0.160)	0.544*** (0.163)
个体特征	未控制	控制	控制
家庭特征	未控制	未控制	控制
N	435	435	435
Pseudo R^2	0.017 5	0.025 7	0.032 9
Wald	10.71	15.22	17.82

注：*** 表示在 1%的水平显著，括号中的值为稳健标准误。

在问卷中还询问了“您清楚国家的乡村振兴政策吗”，根据该问题也设置一个“对乡村振兴政策了解程度”的序数变量（*perciprev*），将“非常清楚”赋值为 4，将“比较清楚”赋值为 3，将“有一点了解”赋值为 2，将“完全不清楚”赋值为 1，将该变量替换上面的核心解释变量“对乡村振兴政策关注程度”（*focusrev*），然后再进行 Logit 回归，其结果见表 9.12。从表 9.12 可以看出，对乡村振兴政策越了解，新生代农民工对涉农创业机会的识别能力越强。

表 9.12 乡村振兴政策的了解程度对创业机会识别能力的影响

	(1)	(2)	(3)
perciprev	0.341*** (0.115)	0.364*** (0.121)	0.395*** (0.123)
个体特征	未控制	控制	控制
家庭特征	未控制	未控制	控制
N	435	435	435
Pseudo R^2	0.016 1	0.024 4	0.033 3
Wald	8.793	13.23	17.59

注：*** 表示在 1%的水平显著，括号中的值为稳健标准误。

9.4 小结

创业机会识别在创业活动中居于十分重要的地位。创业机会识别可能会影响到新企业的创建，同时也可能会影响到企业的发展。本章在对创业机会及创业机会识别的概念、创业机会识别对创业活动的影响、创业机会识别的影响因素进行综述的基础上，利用调查数据实证分析了创业机会识别对新生代农民工涉农创业意愿的影响，以及对乡村振兴政策的关注和了解是否提高了新生代农民工的创业机会识别能力。基准回归及一系列稳健性检验的结果均表明，创业机会识别能力显著提高了新生代农民工的涉农创业意愿。进行年龄异质性分析的结果表明，创业机会的识别能力对于年龄较大的新生代农民工的涉农创业意愿具有显著的正向影响，但对年龄较小的新生代农民工的涉农创业意愿的影响不显著。年龄比较大的新生代农民工，可能需要担负更多的家庭责任，承担创业风险的能力比较低，因此，是否能识别到创业机会对其涉农创业意愿具有很大的影响。进行性别异质性分析的结果表明，创业机会识别能力对男性新生代农民工的涉农创业意愿具有显著的正向影响，而对女性新生代农民工的影响不显著。男性新生代农民工将涉农创业意愿转化为具体的创业行为的可能性要高于女性新生代农民工。因此，男性新生代农民工更加关注涉农创业机会，从而创业机会识别对他们创业意愿的影响更为显著。进行教育程度异质性分析的结果表明，创业机会识别能力对教育程度比较高的新生代农民工的涉农创业意愿具有显著的正向影响，而对教育程度比较低的新生代农民工的涉农创业意愿的影响不显著。教育程度比较高的新生代农民工，放弃当前的工作去从事涉农创业的机会成本比较高，只有识别到较好的创业机会，教育程度比较高的新生代农民工才有可能愿意去从事涉农创业，因此，创业机会的识别对教育程度比较高的新生代农民工的涉农创业意愿的影响更为显著。本章进一步分析了对乡村振兴政策的关注程度及了解程度对新生代农民工创业机会识别能力的影响，结果表明越关注乡村振兴政策以及越了解乡村振兴政策，新生代农民工的创业机会识别能力越强。本章的政策启示为，应积极通过各种渠道，采取有效措施，特别是充分运用现代信息技术，加强对新生代农民工关于乡村振兴政策的宣传，让更多的新生代农民工关注国家的乡村振兴政策，并从中发现更多的涉农创业机会，从而促进更多的新生代农民工回乡开展涉农创业，为乡村振兴集聚更多的人才。

第 10 章　创业动机对新生代农民工涉农创业规模的影响

农民工返乡创业对促进乡村产业振兴和人才振兴均具有重要意义。但是受到各种因素的影响，农民工返乡创业的绩效并不是很好（庄晋财等，2015），大约只有 30%的农民工能够创业成功（黄振华，2011）。王转弟等（2020）在陕西省的调研数据显示，平均利润低于 6 万元的农民工创业者超过 80%。创业规模是影响创业绩效的重要因素。一般而言，企业规模越小，企业成活的时间越短（庄晋财等，2015）。然而农民工创业的规模总体比较小。例如，陕西省 2018 年累计的农民工返乡创业人数达到 48.1 万人，创办的经济实体达到 25.84 万个，但是累计投资的总金额只有 414.4 亿元，平均每个经济实体的投资额只有 16 万元（王转弟等，2020）。创业规模过小可能是影响农民工返乡创业绩效的重要原因。目前已有许多学者研究了创业动机对创业绩效的影响，却很少关注创业动机对创业规模的影响。本章将基于调研数据，分析新生代农民工的创业动机对涉农创业规模的影响。

10.1　关于创业动机的文献综述

10.1.1　创业动机的概念与类型

Weiner（1985）认为动机是一种构成人类大部分行为基础的一种心理倾向或动力，动机可以激发并维持个体进行某种活动，并将该活动引向某一个具体的目标。而创业动机是激发和维持人们开展创业活动，并将创业活动引向某一个具体目标的心理倾向或动力（曾照英等，2009）。早期的一些研究认为，对于绝大多数小企业来说，获取并保持独立性是其基本动机，特别是保持财务和个人的独立性。Hamilton（1987）基于对新西兰的调研数据的分析表明，发现商业机会、独立性驱动、创造财富和避免失业 4 种动机分别占 40%、33%、10%和 8%。Cooper 等（1986）将创业者划分为艺术型和管理型两类创业者。艺术型创业者是指为了接受个人挑战或改变生活方式，并喜欢自己做老板的创业者。管理型创业者是为了经济利益或为家庭作贡献，并构建一个组织方便管理和控制的创业者。艺术型创业者的创业动机主要不是经济利益，而管理型创业者比较关注经济利益。Amit 等（1995）将创业划分为“推动”型和“拉动”型创业。“推动”型创业并不是因为创业者特质的影响，而仅仅是因为创业者不满于当前的现状而开展的创业。“拉动”型创业主要是因为创业者特质的影响，受到商业机会的吸引而开展的创业。全球创业观察（GEM）报告在 2001 年首次提出了生存型创业和机会型创业的概念。对于没有就业途径或者对就业不满意而开展的创业称为生存型创业，为了抓住某一个商业机会而开展的创业称为机会型创业。Chaganti 等（1995）将创业动机划分为接受个人挑战、为家庭作贡献、满足经济需求和追求新的生活方式四种类型。LeCornu 等（1996）认为创业者动机比较复杂，其创业的主要目的并不是只有一个，而往往有多个，这些动机主要包括控制自己的生活，使个人和家庭的生活具有更大的灵活性，受到尊重，获得更高的社会地位，自由选择自己的工作方式等。Drnovsek 等（2002）通过对斯洛文尼亚和捷克共和国两个转型经济体的创业者的研究，归纳出创业者的 11 种创业动机，包括：想有所成就并获得认可、继续家族传统、想开发一个产品或服务的想法、想在自己的社区有更大的影响力、看到一个有希望的机会并希望实现它、实现自我成长、对自己的收入不满意并想获得更多、看不到选择其他工作的可能性、想掌控自己的生活、想为家人提供安全保障、想得到终身就业。

国内也有许多学者对创业动机的类型进行了研究。曾照英等（2009）收集全国 19 个省（自治区、直辖市）的 221 份创业者数据，利用因子分析法，将创业者的动机归为两个大类，即生存需求型和事业成就型。其中，生存需求型包括对薪酬收入不满意、为个人及家庭提供经济保障、避免失业；事业成就型包括不想错过发现的创业机会、扩大自己在社会中的影响力、使自己的成就得到社会认可、成为成功人士、将自己的创业想法付诸实践、掌控自己的人生。王玉帅等（2008）通过对创业者的深度访谈和问卷调查，研究了创业者的创业动机类型及特点。他们认为创业者的动机可大致分为经济性动机和社会性动机两种类型。创业者的动机具有以下 3 个特点：第一，复杂性。创业者的动机很难用一种动机进行概括，他们往往是在多种动机的驱使下开展创业的，为了增加收入、为了职业安全、为了个人更好的发展、为了得到社会认可这些动机经常会交织在一起，只是因为受到许多内外因素的影响，这些动机在不同个体之间的强弱存在差异。总体而言，选择高新技术产业创业、受教育程度比较高、父母也是创业者、家境状况较好的创业者，其社会性创业动机的成分要多一些。第二，动态性。创业的动机并不是一成不变的，而是会随着创业者地位、阅历和财富的变化而发生变化。创业之初，实现收入增加和职业安全可能是部分创业者的主要动机，但是随着收入改善和财富的积累，为了实现自我价值或得到社会认可可能成为其主要动机。第三，时代性。2000 年之前和之后的创业者虽然都有经济方面的动机，但是之前的创业者主要关注收入增长和保障家庭生活，而 2000 年之后的创业者对获取更多的财富更为关注。窦大海等（2011）根据美国心理学家马斯洛需求层次理论，认为创业主要受经济需要和社会需要两种激励。经济的需要主要是为了满足生理和安全的需要，包括吃、穿、住、行，以及疾病、安全和就业等，经济手段是解决此类需要的基本途径。社会的需要主要是指获得尊重和实现自我价值，包括提高地位、获得认可和赞赏、得到别人的尊重、实现自我成就和价值等。经济性动机又可被细分为基本生存型和发展改善型动机。当创业者只是想通过创业获得低于或等于所在区域的平均收入水平时，这种经济型动机可被称为基本生存型动机，而当创业者是为了获得高于所在区域的平均收入水平时，这种经济型动机可被称为发展改善型动机。同样社会性动机也可被细分为个体社会性动机和复杂社会性动机。如果创业者主观上纯粹是为了追求自己的社会地位和实现自身的价值，这种社会动机可称为个体性社会动机。如果创业者在追求自身价值实现的过程中，还追求促进社会经济发展，为社会做更大的贡献，这种社会性动机可称为复杂性社会动机。

10.1.2　创业动机对创业活动的影响

窦大海等（2011）认为不同的创业动机对创业结果的影响存在差异，一般社会性创业动机通常不会使创业者只为追求短期的经济利益，创业容易取得更大成功，但是这类创业者如果志向不够远大，容易半途而废。经济性动机的创业者目标比较明确，需求相对容易满足，但是当创业进行到一定阶段，可能会为经济利益和股权控制的争夺而影响到创业活动。汪忠等（2020）基于 206 份调查问卷采用 SEM 方法分析了女性社会企业家的创业动机与反贫困创新绩效的关系。其研究结果表明，女性社会企业家通过社会拼凑影响反贫困创新绩效，女性社会企业家生存型创业动机负向影响社会拼凑，而事业型创业动机正向影响社会拼凑。吴琳等（2020）基于 218 位乡村民宿创客的调查资料，采用聚类分析、因子分析和差异对比等方法，研究了不同的创业动机对创业绩效感知的影响。该研究根据创业者对“生意”与“生活”的不同追求将其创业动机划分为三种类型，只追求“生意”的为利润导向型，只追求“生活”的为生活方式型，同时兼顾“生意”和“生活”的为理想主义型。其中，理想主义型创业动机对乡村民宿创业的创业绩效感知最大，而利润导向型创业动机对乡村民宿创业的创业绩效感知最低。芦炜（2018）基于 282 家科技新创企业的研究表明，机会型创业动机显著提升新创企业的绩效，而生存型创业动机对新创企业的绩效没有显著影响。陈聪等（2018）根据 2107 位创业者的调查数据，分析了创业动机的不同类型对创业者心理幸福感的影响。其结果表明，机会型创业者的心理幸福感显著高于生存型创业者。陈明等（2016）研究了不同类型的创业动机对女性创业者创业承诺的影响，其结果表明，女性创业者的自由、理想和生存动机对创业承诺具有显著的正向影响，而机会动机对创业承诺的影响不显著。周勇等（2015）分析了异质性创业动机对大学生选择不同创业模式的影响，其结果表明，创业动机对大学生创业模式的选择具有显著影响。经济性动机和社会性动机的大学生主要选择加盟创业模式、个体创业模式，而成就性动机的大学生主要选择股份制创业模式。魏江等（2014）基于 145 位创业者的调研数据的研究表明，机会导向的创业动机显著提升了创业幸福感，而盈利导向的创业动机显著降低了创业幸福感。王华锋等（2014）通过对 196 名大学生创业者的研究发现，成就驱动型创业取得创业成功的概率更大，机会驱动型创业导致创业失败的概率更大，而生存驱动型创业与创业失败或成功的关系不大。

还有研究专门分析了创业动机对农民工或农民的创业活动的影响。朱红根等（2013）基于江西省 438 份返乡创业的农民工调查数据，研究了不同创业动机对农民工创业绩效的影响。其结果表明，创业动机的差异是农民工返乡创业绩效差异的重要原因。价值型和成长型创业动机的农民工，其返乡创业绩效显著高于生存型创业动机的农民工。刘美玉（2013）的研究表明创业动机对新生代农民的创业模式选择具有很大影响。具体而言，受经济性动机驱动的新生代农民工更多选择生存型创业，而较少选择机会型创业。受社会性动机驱动的新生代农民工更多选择机会型创业。受成就性动机驱动的新生代农民工更多选择机会型创业，而较少选择生存型创业。高静等（2014）分析了几个农户创业的案例，其结果表明选择价值型创业的农户往往能实现更好的经济效益。

10.1.3 创业动机的影响因素

齐乐等（2022）利用中国家庭金融调查（CHFS）数据研究金融科技进步对农户机会型创业动机的影响，其结果表明，金融科技进步对农户机会型创业动机具有显著的正向影响。创业认知、风险偏好、融资约束等在二者之间起着中介作用。在东部地区，人力资本投入和贸易开放度比较高的地区，农户机会型创业动机受金融科技进步的影响更加显著。陈子薇等（2020）分析了 397 家科技型衍生企业的调查数据，他们发现母体组织结构、企业家精神、资源获取等创业环境显著提升了科技型衍生企业的成就型和机会型创业动机，显著降低了其生存型创业动机。刘斌等（2020）的研究表明，互联网通过提升社会资本和人力资本、促进创新和增强示范效应显著提高了机会型创业的增长，互联网对女性机会型创业概率的影响效应高于男性。范波文等（2020）的研究表明，教育水平显著提高了农民的机会型创业动机，男性农民的机会型创业动机显著高于女性。胡浩等（2019）基于中国劳动力动态调查数据（CLDS）的研究表明，人际交往程度和人情礼金支出两个反映社会互动的变量显著促进了农村家庭的机会型创业动机，但是在不同地区、不同年龄段，社会互动对创业动机的影响存在显著差异。董静等（2019）对4 531个农民创业者的研究表明，家庭的情感支持和经济支持对农民的创业动机具有显著影响。具体而言，家庭给予的情感支持越大，农民更倾向于选择成就型创业。家庭给予的经济支持越大，农民越倾向于选择成就型和机会型创业，而较少选择生存型创业。然而，家庭支持可部分被外部人缘关系替代，当农民的人缘关系越广，创业动机选择受到家庭支持的影响就越小。王肖芳（2017）对河南省379位返乡创业农民工的研究表明，家乡到乡镇的距离、到县城的距离、创业氛围和政府支持等都会显著影响农民工选择机会型创业动机的概率。孙红霞等（2013）研究了创业资源和创业自我效能感对农民创业动机的影响。结果表明，在财务资源、知识资源和人力资源3种创业资源中，农民的创业动机受财务资源的影响最大，财务资源、知识资源既对农民机会型创业动机有显著影响，又对农民的生存型创业动机具有显著影响，但人力资源只会显著影响农民的机会型创业动机。在机会识别效能感、管理控制效能感、组织承诺效能感、风险承担4种创业自我效能感中，农民的创业动机受机会识别效能感的影响最大，机会识别效能感、管理控制效能感、组织承诺效能感既显著影响农民的生存型创业动机，又显著影响农民的机会型创业动机，而风险承担效能感只会显著影响农民的机会型创业动机。

10.2 创业动机影响新生代农民工涉农创业规模的实证分析

10.2.1 变量选择与模型设定

（1）变量选择。

①被解释变量。此处的被解释变量为新生代农民工的涉农创业规模。在问卷中询问了“如果要回农村创业，您计划的启动资金是多少”，包括以下一些选项，“3万元以内”“3万～5万元”“5万～10万元”“10万～20万元”“20万～50万元”“50万～100万元”“100万元以上”，据此设置一个反映新生代农民工涉农创业规模的序数变量（*busiscale*），将启动资金为“3万元以内”的赋值为1，将“3万～5万元”的赋值为2，其余的依此类推。

②核心解释变量。此处的核心解释变量为新生代农民工的涉农创业动机。在问卷中询问了“您想回农村创业的原因主要是什么”，包括“想为家乡作贡献”“想实现自身价值”“想提高家庭收入”“在外面打工辛苦”“外面打工没有更好的发展”“有合适的项目”“政府支持力度大”“家乡创业机会好”等选项，受访者最多可选择4项。本章主要参考朱红根等（2013）的研究，将新生代农

民工的涉农创业动机划分为生存型、机会型和价值型三种类型。当受访者选择“想为家乡作贡献”“想实现自身价值”2 个选项，则认为该新生代农民工的创业动机为价值型；当受访者选择“想提高家庭收入”“在外面打工辛苦”“外面打工没有更好的发展”3 个选项，则认为该新生代农民工的创业动机为生存型；当受访者选择“有合适的项目”“政府支持力度大”“家乡创业机会好”3 个选项，则认为该新生代农民工的创业动机为机会型。据此设置价值型动机（*valumotive*）、生存型动机（*survmotive*）和机会型动机（*oppmotive*）3 个虚拟变量。

③控制变量。参考之前的研究，此处仍然将性别、年龄、婚姻状况、教育程度、健康状况、家庭人口数量、家庭劳动力数量作为控制变量引入模型。

各变量的符号、含义及主要统计特征见表 10.1。

表 10.1　变量符号、含义及描述性统计

变量	变量含义	观测值	均值	标准差	最小值	最大值
busiscale	期望的创业规模，数值越大表示规模越大	165	3.236	1.611	1	7
valumotive	价值型创业动机	165	0.467	0.500	0	1
oppmotive	机会型创业动机	165	0.430	0.497	0	1
survmotive	生存型创业动机	165	0.503	0.502	0	1
male	性别，男性为 1	165	0.600	0.491	0	1
age	年龄	165	31.406	5.945	17	40
marriage	婚姻状况，在婚为 1	165	0.685	0.466	0	1
education	受教育程度，数值越大表示受教育程度越高	165	3.267	0.877	1	4
health	健康状况，非常健康为 1	165	0.606	0.490	0	1
famsize	家庭人口数量	165	4.552	1.665	1	10
labornum	家庭劳动力数量	165	3.909	1.448	1	9

（2）计量模型。由于被解释变量是取值为 0～7 的序数变量，因此本章采用有序 Logit 模型进行分析，具体模型设置如下

$$busiscale^{*} = \beta_0 + \beta_1 valumotive_i + \beta_2 male_i + \beta_3 age_i + \beta_4 marriage_i + \beta_5 education_i + \beta_6 health_i + \beta_7 famsize_i + \beta_8 labornum_i + \varepsilon_i \tag{10.1}$$

$$busiscale^{*} = \delta_0 + \delta_1 oppmotive_i + \delta_2 male_i + \delta_3 age_i + \delta_4 marriage_i + \delta_5 education_i + \delta_6 health_i + \delta_7 famsize_i + \delta_8 labornum_i + \mu_i \tag{10.2}$$

$$busiscale^* = \gamma_0 + \gamma_1 survmotive_i + \gamma_2 male_i + \gamma_3 age_i + \gamma_4 marriage_i + \gamma_5 education_i + \gamma_6 health_i + \gamma_7 famsize_i + \gamma_8 labornum_i + \omega_i \quad (10.3)$$

其中，$busiscale^*$ 为反映新生代农民工涉农创业规模的潜变量。如表10.1所示，*valumotive* 为价值型创业动机虚拟变量，*oppmotive* 为机会型创业动机虚拟变量，*survmotive* 为生存型创业动机虚拟变量，*male* 表示性别，*age* 表示年龄，*marriage* 表示婚姻状况，*education* 表示受教育程度，*health* 表示健康状况，*famsize* 表示家庭人员数量，*labornum* 表示家庭劳动力数量。$\beta_1 \sim \beta_8$、$\delta_0 \sim \delta_8$、$\gamma_0 \sim \gamma_8$ 为待估参数，ε、μ、ω 为随机扰动项。

10.2.2 基准回归

(1) 价值型创业动机对新生代农民工涉农创业规模的影响。表10.2是对式（10.1）进行估计的结果。其中第（1）列未加入任何控制变量，第（2）列加入了反映个体特征的控制变量，第（3）列进一步加入了反映家庭特征的控制变量。可以看出，无论是否加入控制变量，价值型创业动机对新生代农民工的涉农创业规模均具有显著的正向影响。

从控制变量来看，只有性别对新生代农民工的涉农创业规模具有显著影响，即男性新生代农民工期望的涉农创业规模大于女性新生代农民工。其他控制变量对新生代农民工的涉农创业规模的影响均不显著。

表10.2 价值型创业动机对新生代农民工涉农创业规模的影响

变量	(1)	(2)	(3)
valumotive	0.747*** (0.283)	0.745*** (0.283)	0.736*** (0.282)
male		0.572* (0.296)	0.540* (0.305)
age		0.044 (0.029)	0.055 (0.036)
marriage		0.057 (0.382)	−0.038 (0.395)
education		0.256 (0.198)	0.283 (0.211)
health		−0.355 (0.293)	−0.395 (0.295)
famsize			0.078 (0.122)

（续）

变量	(1)	(2)	(3)
labornum			0.031 (0.154)
N	165	165	165
Pseudo R^2	0.012 1	0.031 2	0.033 3
Wald	6.970	19.02	19.25

注：***、* 分别表示在 1%、10%的水平显著，括号中的值为稳健标准误。

（2）机会型创业动机对新生代农民工涉农创业规模的影响。表 10.3 是对式（10.2）进行估计的结果。可以看出，无论是否加入控制变量，机会型创业动机对新生代农民工的涉农创业规模均没有显著影响。

表 10.3　机会型创业动机对新生代农民工涉农创业规模的影响

	(1)	(2)	(3)
oppmotive	−0.015 (0.273)	0.010 (0.274)	−0.000 (0.273)
个体特征	未控制	控制	控制
家庭特征	未控制	未控制	控制
N	165	165	165
Pseudo R^2	0.000 0	0.019 3	0.021 7
Wald	0.00	13.04	13.69

（3）生存型创业动机对新生代农民工涉农创业规模的影响。表 10.4 是对式（10.3）进行估计的结果。与机会型创业动机一样，生存型创业动机对新生代农民工的涉农创业规模也没有显著影响。

表 10.4　生存型创业动机对新生代农民工涉农创业规模的影响

	(1)	(2)	(3)
survmotive	0.297 (0.281)	0.240 (0.284)	0.195 (0.292)
个体特征	未控制	控制	控制
家庭特征	未控制	未控制	控制
N	165	165	165

（续）

	(1)	(2)	(3)
Pseudo R^2	0.001 9	0.020 5	0.022 5
Wald	1.11	14.21	14.56

10.2.3 稳健性分析

基准回归的结果表明，只有价值型创业动机对新生代农民工的涉农创业规模具有显著的正向影响，而机会型创业动机和生存型创业动机对新生代农民工的涉农创业规模均没有显著影响，因此下面的稳健性分析只针对价值型创业动机对新生代农民工涉农创业规模的影响。

（1）有序 Probit 模型估计。表 10.5 是对式（10.1）进行有序 Probit 模型估计的结果。可以看出，无论是否加入控制变量，价值型创业动机对新生代农民工的涉农创业规模均具有显著的正向影响。

表 10.5 有序 Probit 模型估计结果

	(1)	(2)	(3)
valumotive	0.417**	0.411***	0.403**
	(0.165)	(0.159)	(0.158)
个体特征	未控制	控制	控制
家庭特征	未控制	未控制	控制
N	165	165	165
Pseudo R^2	0.011 1	0.029 9	0.031 2
Wald	6.419	19.81	20.12

注：***、**分别表示在1%、5%的水平显著，括号中的值为稳健标准误。

（2）倾向得分匹配估计。基于反事实的因果分析框架，具有价值型创业动机的新生代农民工与不具有价值型创业动机的新生代农民工在其他方面应该非常相似，其在涉农创业规模的差异才能由是否具有价值型创业动机进行解释。基于此，本研究采用倾向得分匹配法从不具有价值型创业动机的新生代农民工中找到与具有价值型创业动机的新生代农民工相似的个体，然后再对两个组的期望的涉农创业规模进行比较。表 10.6 是采用核匹配方法进行倾向得分匹配后的结果。可以看出，未进行匹配之前，具有价值型创业动机的新生代农民工的涉农创业规模为 3.653，不具有价值型创业动机的新生代农民工的涉农创业规模为 2.918，两者相差 0.735。采用核匹配方法进行匹配后，具有价值型创业动机的新生代农民工的涉农创业规模为 3.676，不具有价值型创业动机的新生代农民工的涉农创业规模为 2.979，两者相差 0.697。匹配后，具有价值型创业动机和不具有价值型创业动机的新生代农民工的涉农创业规模之间的差异虽然有所减小，但是该差异仍然是显著的，因为检验该差异的 t 统计量为 2.730。

表 10.6　倾向得分匹配估计结果

Variable	Sample	Treated	Controls	Difference	S. E.	t-test
busiscale	Unmatched	3.653	2.918	0.736	0.247	2.980
	ATT	3.676	2.979	0.696	0.255	2.730

运用倾向得分匹配进行分析需要对样本的平衡性进行检验，从而判断匹配的效果。表 10.7 给出了进行核匹配后的平衡性检验结果。可以看出，进行匹配后，性别、年龄、婚姻状况、教育程度、健康状况、家庭人口数量 6 个变量在具有价值型创业动机和不具有价值型创业动机的两个子样本中的偏差得到了大幅削减，匹配后的偏差均小于 10%，并且所有协变量在两个子样本之间均不存在显著差异。因此匹配的效果比较好，基于倾向得分匹配得到的分析结果的可信度比较高。

表 10.7　平衡性检验

Variable	Unmatched Matched	Mean		%bias	%reduct bias	t-test	
		Treated	Control			t	$p>t$
male	U	0.587	0.612	−5.1		−0.32	0.748
	M	0.581	0.601	−4.0	21.6	−0.24	0.809
age	U	32.107	31.106	17.4		1.10	0.273
	M	32.243	32.106	2.4	86.3	0.15	0.882
marriage	U	0.720	0.682	8.2		0.52	0.607
	M	0.730	0.719	2.4	70.5	0.15	0.881
education	U	3.267	3.318	−6.1		−0.38	0.704
	M	3.257	3.246	1.3	79.3	0.08	0.940
health	U	0.573	0.624	−10.2		−0.64	0.521
	M	0.568	0.597	−6.0	41.4	−0.36	0.719
famsize	U	4.600	4.541	3.5		0.22	0.823
	M	4.622	4.588	2.0	43.1	0.12	0.903
labornum	U	3.867	3.906	−2.7		−0.17	0.864
	M	3.865	3.863	0.1	94.7	0.01	0.993

（3）安慰剂检验。样本的随机性可能会引致虚假的因果关系。为了排除这

种虚假因果关系的可能性，本研究对样本观测值进行随机排序，并假设位于前47%的样本观测值具有价值型创业动机，位于后53%的样本观测值不具有价值型创业动机，进而采用有序 Logit 模型进行回归分析。从表 10.8 可以看出，这种随机分配的价值型创业动机并没有对新生代农民工的涉农创业规模产生显著的影响。由此，之前得出的价值型创业动机对新生代农民工涉农创业规模的影响效应并不是“纯属巧合”的结果。

表 10.8　安慰剂检验

	(1)	(2)	(3)
valumotive	0.046 (0.283)	0.112 (0.293)	0.135 (0.293)
个体特征	未控制	控制	控制
家庭特征	未控制	未控制	控制
N	160	160	160
Pseudo R^2	0.000 0	0.021 1	0.027 6
Wald	0.025 9	16.15	18.48

注：括号中的值为稳健标准误。

10.2.4　异质性分析

(1) 年龄异质性分析。将样本按照年龄（以 30 岁为界）分为两个组，然后分别进行回归，其结果见表 10.9。可以看出，无论是对于年龄较小的新生代农民工，还是年龄较大的新生代农民工，价值型创业动机对他们的涉农创业规模均具有显著的正向影响，并且两个组影响系数的大小非常接近。

表 10.9　年龄异质性分析

	年龄小于或等于 30 岁		年龄大于 30 岁	
	(1)	(2)	(3)	(4)
valumotive	0.793* (0.435)	0.904* (0.465)	0.868** (0.382)	0.873** (0.396)
个体特征	未控制	控制	未控制	控制
家庭特征	未控制	控制	未控制	控制
N	69	69	91	91
Pseudo R^2	0.014 1	0.046 4	0.015 9	0.039 5
Wald	3.318	13.47	5.163	13.36

注：**、* 分别表示在 5%、10%的水平显著，括号中的值为稳健标准误。

(2) 性别异质性分析。按照性别将样本分为两个组，然后分别进行估计，其结果见表 10.10。可以看出，价值型创业动机对男性新生代农民工的涉农创业规模具有显著的正向影响，而对女性新生代农民工的影响不显著。男性新生代农民工，可能需要承担更多的家庭责任，即使有意愿从事涉农创业，可能也需要严格控制创业规模，以免遭受更大的风险。这个时候，如果他们的创业动机是为家乡作贡献或者是为了更好实现自身价值，他们可能会愿意冒更大的风险，从而扩大创业规模。

表 10.10　性别异质性分析

	男性		女性	
	(1)	(2)	(3)	(4)
valumotive	1.290***	1.334***	0.235	0.259
	(0.381)	(0.393)	(0.453)	(0.499)
个体特征	未控制	控制	未控制	控制
家庭特征	未控制	控制	未控制	控制
N	96	96	64	64
Pseudo R^2	0.034 4	0.068 7	0.001	0.020 3
Wald	11.46	21.60	0.269	5.125

注：***表示在 1%的水平显著，括号中的值为稳健标准误。

（3）教育程度异质性分析。按照教育程度将样本分为两个组，一个组的受教育程度为初中及以下，另一个组的受教育程度为初中以上，然后再分别进行回归，其估计结果见表 10.11。可以看出，价值型创业动机对教育程度比较低和教育程度比较高的新生代农民工的涉农创业规模均具有显著的正向影响，但是教育程度比较低的新生代农民工，价值型创业动机对涉农创业规模的影响效应更大。对于教育程度比较低的新生代农民工，当前的就业质量相对要差一些，收入水平也会低一些，资金的积累也比较少，为了控制创业风险，可能在创业之初不愿意投入更多的资金。但是当其创业的目的主要是实现更好发展的时候，可能愿意承受更大的风险，因此价值型创业动机对他们涉农创业规模的影响效应更大。

表 10.11　教育程度异质性分析

	初中及以下		初中以上	
	(1)	(2)	(3)	(4)
valumotive	1.348**	1.284*	0.701**	0.753**
	(0.657)	(0.735)	(0.322)	(0.335)
个体特征	未控制	控制	未控制	控制
家庭特征	未控制	控制	未控制	控制
N	34	34	126	126

（续）

	初中及以下		初中以上	
	(1)	(2)	(3)	(4)
Pseudo R^2	0.038 2	0.108	0.010 7	0.044 1
Wald	4.207	16.96	4.722	19.06

注：**、* 分别表示在 5%、10%的水平显著，括号中的值为稳健标准误。

10.3 影响新生代农民工价值型创业动机的因素

10.3.1 政府支持政策对新生代农民工价值型创业动机的影响

在问卷中询问了“您老家所在的村、镇或县级政府主要为农民工返乡创业提供了哪些帮助”，主要包括以下选项，“提供了技术培训”“提供了管理知识培训”“为土地租赁提供帮助”“提供信贷扶持”“简化审批手续”“提供税收优惠”“帮助推荐项目”“政府给予相应补贴”。据此设置了 8 个虚拟变量作为解释变量，用价值型创业动机作为被解释变量，并控制新生代农民工的个体特征和家庭特征变量，采用 Logit 模型进行分析，结果见表 10.12。可以看出，提供技术培训、提供管理知识培训、为土地租赁提供帮助、帮助推荐创业项目和给予相应的补贴等政策支持措施显著提高了新生代农民工的价值型创业动机。之前的许多研究已表明，价值型创业动机对提高创业绩效具有重要作用，本章的研究同时表明价值型创业动机能显著提高新生代农民工的涉农创业规模。涉农创业是一项风险较高，而收益相对不高的创业活动。如果纯粹是为了追求高收益，可能很多人不会选择涉农创业活动。因此，为了吸引更多的人从事涉农创业，或者说扩大涉农创业的规模，从而促进乡村产业振兴和人才振兴，需要更多地激发人们的价值型创业动机。政府对新生代农民工的涉农创业活动给予更多的支持，不仅可降低新生代农民工的涉农创业风险，提高创业成功的概率，还可让新生代农民工感受到政府的关怀和家乡的温暖，进一步激发他们为家乡作贡献的愿望。

表 10.12 政府支持政策对新生代农民工价值型创业动机的影响

政府支持政策	(1)	(2)	(3)	(4)	(5)	(6)	(7)	(8)
提供了技术培训	0.748*** (0.287)							
提供了管理知识培训		0.795** (0.317)						
为土地租赁提供帮助			0.830** (0.350)					

（续）

政府支持政策	(1)	(2)	(3)	(4)	(5)	(6)	(7)	(8)
提供信贷扶持				0.389 (0.302)				
简化审批手续					0.223 (0.333)			
提供税收优惠						0.350 (0.367)		
帮助推荐项目							0.641** (0.324)	
政府给予相应补贴								0.956*** (0.284)
个体特征	控制	控制	控制	控制	控制	控制	控制	控制
家庭特征	控制	控制	控制	控制	控制	控制	控制	控制
N	435	435	435	435	435	435	435	435
Pseudo R^2	0.042 9	0.042 3	0.040 8	0.031 5	0.028 8	0.029 9	0.036 6	0.054 9
Wald	16.06	16.58	18.59	11.90	10.68	12.06	14.06	19.61

注：***、**分别表示在1%、5%的水平显著，括号中的值为稳健标准误。

10.3.2　乡村振兴政策的关注程度对新生代农民工价值型创业动机的影响

在问卷中询问了“您经常关注国家的乡村振兴政策吗”“您清楚国家的乡村振兴战略吗”。据此设置了 2 个序数变量，用价值型创业动机作为被解释变量，并控制新生代农民工的个人特征和家庭特征变量，采用 Logit 模型进行分析，结果见表 10.13。可以看出，经常关注国家的乡村振兴政策，以及清楚国家的乡村振兴政策均显著提高了新生代农民工的价值型创业动机。新生代农民工经常关注国家的乡村振兴政策、对乡村振兴政策更加清楚，可以更加明白国家实施乡村振兴战略的重大意义，也更加清楚回乡创业的重要意义，从而有利于促进价值型创业动机的产生。

表 10.13　对乡村振兴政策的了解程度对新生代农民工价值型创业动机的影响

	(1)	(2)
对乡村振兴战略的关注	0.665*** (0.217)	
对乡村振兴政策的了解		0.249* (0.148)

（续）

	(1)	(2)
个体特征	控制	控制
家庭特征	控制	控制
N	435	435
Pseudo R^2	0.051 4	0.035 0
Wald	20.87	13.40

注：***、*分别表示在1%、10%的水平显著，括号中的值为稳健标准误。

10.3.3 农业生产经历对新生代农民工价值型创业动机的影响

表10.14是用农业生产经历对新生代农民工的价值型创业动机进行回归分析的结果。可以看出，农业生产经历显著促进了新生代农民工的价值型创业动机。一方面，具有农业生产经历的新生代农民工能更加明白农业生产经营的重要性；另一方面，具有农业生产经历的新生代农民工能更加感受到我国农业农村的落后面貌，从而具有更强的改变农业农村落后面貌的愿望。因此，农业生产经历可以促进新生代农民工的价值型创业动机。

表10.14 农业生产经历对新生代农民工价值型创业动机的影响

	(1)	(2)	(3)
农业生产经历	0.970*** (0.285)	0.876*** (0.304)	0.850*** (0.307)
个体特征	未控制	控制	控制
家庭特征	未控制	未控制	控制
N	435	435	435
Pseudo R^2	0.031 6	0.043 9	0.048 8
Wald	11.59	15.90	17.77

注：***表示在1%的水平显著，括号中的值为稳健标准误。

10.4 小结

农民工返乡创业对促进乡村产业振兴和人才振兴均具有重要意义。但是受到各种因素的影响，农民工返乡创业的绩效并不是很好，创业规模过小可能是影响农民工返乡创业绩效的重要原因。影响新生代农民工涉农创业规模的因素很多，本章重点关注创业动机对新生代农民工期望的涉农创业规模的影响。本章在对创业动机的概念与类型、创业动机对创业活动的影响、创业动机的影响因素进行综述的基础上，利用调查数据实证分析了创业动机对新生代农民工期望的涉农创业规模的影响。研究结果表明，价值型创业动机对新生代农民工的涉农创业规模具有显著的正向影响，而机会型创业动机和生存型创业动机对新生代农民工的涉农创业规模不具有显著影响。一系列稳健性检验的结果均表明价值型创业动机对新生代农民工的涉农创业规模具有显著的正向影响。年龄异质性分析的结果表明，无论是对于年龄较小的新生代农民工，还是年龄较大的新生代农民工，价值型创业动机对他们的涉农创业规模均具有显著的正向影响，并且两个组的影响系数的大小非常接近。性别异质性分析的结果表明，价值型创业动机对男性新生代农民工的涉农创业规模具有显著的正向影响，而对女性新生代农民工的影响不显著。教育程度异质性分析的结果表明，价值型创业动机对教育程度比较低和教育程度比较高的新生代农民工的涉农创业规模均具有显著的正向影响，但是教育程度比较低的新生代农民工，价值型创业动机对涉农创业规模的影响效应更大。本章最后进一步分析了影响新生代农民工价值型创业动机的因素。结果表明，提供技术培训、提供管理知识培训、为土地租赁提供帮助、帮助推荐创业项目和给予相应的补贴等政策支持措施显著提高了新生代农民工的价值型创业动机。经常关注国家的乡村振兴政策，以及清楚国家的乡村振兴政策均显著提高了新生代农民工的价值型创业动机。农业生产经历显著促进了新生代农民工的价值型创业动机。由此，要进一步加大对乡村振兴的宣传，加大对新生代农民工涉农创业的政策支持，以进一步激发新生代农民工的价值型创业动机，以吸引更多的新生代农民工回乡开展涉农创业活动，并尽量扩大涉农创业的规模，提高涉农创业绩效，促进乡村产业兴旺。

第11章 研究结论与政策建议

本书通过对435名新生代农民工的调研数据，综合运用了调查实验、二值Logit模型、有序Logit模型等研究方法，分析了在乡村振兴背景下，新生代农民工的涉农创业意愿和创业行为等。本章将对研究结论进行总结，并提出相应的政策建议。

11.1 研究结论

（1）**新生代农民工的涉农创业意愿与创业行为。**在所调查的435位新生代农民工中，不愿意开展涉农创业活动的有270人，占总调查人数的62.07%，愿意开展涉农创业活动的有165人，占总调查人数的37.93%。其中，女性愿意开展涉农创业的比例为31.28%，男性愿意开展涉农创业的比例为44.20%，男性愿意开展涉农创业的比例比女性高12.92个百分点。在30岁以下的新生代农民工中，有涉农创业意愿的占32.79%，在30岁及以上的新生代农民工中，有涉农创业意愿的占41.67%，30岁及以上的新生代农民工中有涉农创业意愿的比例比30岁以下的高8.88个百分点。在有意愿从事涉农创业的新生代农民工中，37%的新生代农民工选择了从事规模种植，43%的新生代农民工选择了从事规模养殖，28%的新生代农民工选择从事农产品加工，30%的新生代农民工选择从事农产品销售，28%的新生代农民工选择从事农村电商，31%的新生代农民工选择从事农家乐，25%的新生代农民工选择从事乡村民宿。在创业地点的选择上，54.55%的人表示将回老家所在的村创业，28.48%的人表示将回老家所在的乡镇创业，14.55%的人回答将回老家所在的县城创业，只有2.42%的人表示将去其他地方创业。在创业规模上，61.21%的人选择计划的初始投资都在10万元以内。在涉农创业动机上，有许多新生代农民工选择为家乡作贡献、提高家庭收入以及与家人团聚。在涉农创业具体的实施时间上，准备在1年内开展涉农创业活动的新生代农民工的比例只有18.79%，而计划在2年内开展涉农创业的新生代农民工的比例累积为43.03%，超过半数的新生代农民工准备在2年或5年后才开始实施涉农创业活动。在165名愿意从事涉农创业的新生代农民工中，18%的人表示正在选择创业场所，24%的人表示在筹集创业资金，12%的人表示在寻找合作者，56%的人表示在了解国家相关的支持政策和限制政策，41%的人表示在学习和了解相关的技术，48%的人表示在学习和了解相关的市场需求，34%的人表示在学习和了解相关的经营管理知识，而13%的人表示没有任何准备。

（2）对乡村振兴政策的熟悉情况。10%的新生代农民工表示非常清楚国家的乡村振兴政策，18%的表示比较清楚，27%的表示完全不清楚。18%的新生代农民工表示经常关注乡村振兴政策，60%的表示偶尔关注，22%的表示不关注。在新生代农民工了解乡村振兴政策的渠道方面，70%的新生代农民工表示通过网络了解，47%的表示通过电视了解，30%的新生代农民工表示通过报纸了解，20%的新生代农民工表示通过家人了解，15%的新生代农民工表示通过村干部了解，20%的新生代农民工表示通过亲戚朋友了解，18%的新生代农民工表示通过同事了解，即网络、电视、报纸是新生代农民工了解乡村振兴政策的主要渠道，而通过家人、村干部、亲戚朋友、同事了解乡村振兴政策的比例较低。进一步的分析表明，对乡村振兴政策的关注程度越高，新生代农民工开展涉农创业的愿望越强烈。

（3）乡村振兴对新生代农民工涉农创业意愿的影响。首先常规调查实验的分析结果表明，乡村振兴显著提升了新生代农民工的涉农创业意愿。然后，基于析因调查实验的方法，围绕乡村振兴的产业兴旺、生态宜居、乡风文明、治理有效、生活富裕五个维度，讨论了产业兴旺、基础设施建设、乡村景观、文化生活和生活环境对新生代农民工涉农创业意愿的影响，结果表明，产业兴旺、基础设施建设和生活环境对新生代农民工的涉农创业意愿具有显著的正向影响，并且产业兴旺的影响程度最为强烈，而乡村景观和文化生活对新生代农民工的涉农创业意愿没有显著影响。最后仍然采用析因调查实验的方法，讨论了在乡村振兴背景下，政府的创业支持政策对新生代农民工涉农创业意愿的影响，结果表明，政府提供的用地帮助政策、贷款支持政策对新生代农民工的涉农创业意愿具有显著的正向影响，而技术培训与指导、税收优惠对新生代农民工的涉农创业意愿没有显著影响。

（4）农业生产经历对新生代农民工涉农创业意愿的影响。实证分析的结果表明农业生产经历显著提高了新生代农民工的涉农创业意愿。异质性分析的结果表明，农业生产经历对 30 岁及以下新生代农民工涉农创业意愿的影响似乎不太显著，而对 30 岁以上新生代农民工涉农创业意愿的影响十分显著。可能的原因是，年龄较小的新生代农民工，从事农业生产活动的时间可能比较短，对土地的情结还未真正建立起来。农业生产经历对男性和女性新生代农民工的涉农创业意愿均具有显著的正向影响，但是农业生产经历对女性新生代农民工的涉农创业意愿的影响更大一些。对于受教育程度为初中及以下的新生代农民工，农业生产经历对他们的涉农创业意愿没有显著影响，对于受教育程度为初中以上的新生代农民工，农业生产经历对他们的涉农创业意愿具有显著的正向影响。可能的原因是，对于受教育程度比较低的新生代农民工，在城市的就业竞争力比较弱，选择涉农创业的原因主要是避开城市的就业压力，考虑更多的是农村的创业机会，而不是因为土地情结。最后的机制分析表明，对于有意愿从事涉农创业的新生代农民工，有农业生产经历的新生代农民工选择“喜欢从事农业生产经营”的比例要高于没有农业生产经历的新生代农民工；对于没有意愿从事涉农创业的新生代农民工，有农业生产经历的新生代农民工选择“对农业生产经营没有兴趣”的比例要低于没有农业生产经历的新生代农民工。由此表明，具有农业生产经历的新生代农民工具有更浓厚的土地情结，从而开展涉农创业的意愿也更强烈。

(5) 风险态度对新生代农民工涉农创业意愿的影响。涉农创业涉及市场风险、自然风险、人为风险、技术风险、管理风险、政策风险等风险，从调查的结果来看，技术风险、市场风险、资金风险和自然风险是新生代农民工最为关注的涉农创业风险。基准回归和一系列稳健性检验的结果均表明，风险偏好程度比较高的新生代农民工，涉农创业的意愿更为强烈。年龄异质性分析的结果表明，年龄小于或等于 30 岁的新生代农民工，其风险态度对涉农创业意愿的影响效应略微大于年龄大于 30 岁的新生代农民工。可能的原因是，年龄较小的新生代农民工文化素质较高一些，在城市的就业竞争力更强和发展前景更好，如果一旦创业失败，遭受的损失可能更大。另外，由于年龄较小的新生代农民工，对风险的感知度可能要高一些，从而风险偏好对其涉农创业意愿的影响更大一些。性别异质性分析的结果表明，男性新生代农民工的风险态度对涉农创业意愿的影响效应明显高于女性新生代农民工。可能的原因是，男性新生代农民工担负更多的家庭责任、对涉农创业的风险感知程度更高、将创业意愿转化为创业行为的可能性更大，将更加关注创业风险，从而其风险态度对创业意愿的影响将更明显一些。教育程度异质性分析的结果表明，受教育程度越高的新生代农民工，风险偏好对他们涉农创业意愿的影响更显著。可能的原因是，教育程度比较高的新生代农民工，创业的机会成本比较高，创业失败后遭受的损失更大，并且教育程度越高的新生代农民具有更丰富的知识，搜集信息的能力更强，对涉农创业的风险感知也更强，因此风险态度对他们的涉农创业意愿的影响就更加明显。农业生产经历、工作稳定性、收入满意度、涉农创业示范、社会资本在风险态度与新生代农民工涉农创业意愿的关系中具有调节作用，具体而言，农业生产经历、工作稳定性、收入满意度在风险态度与新生代农民工涉农创业意愿之间具有正向调节效应，即农业生产经历、工作稳定性、收入满意度进一步提高了风险态度对新生代农民工涉农创业意愿的影响，或者说农业生产经历、工作稳定性、收入满意度进一步降低了风险偏好比较低的新生代农民工的涉农创业意愿。可能的原因是具有农业生产经历的新生代农民工，对涉农创业的风险感知度越高，工作稳定性、收入满意度越高的新生代农民工开展涉农创业的机会成本更大。涉农创业示范、社会资本在风险态度与新生代农民工涉农创业意愿之间具有负向调节效应，即涉农创业示范、社会资本进一步降低了风险态度对新生代农民工涉农创业意愿的影响，或者说涉农创业示范、社会资本提高了风险偏好比较低的新生代农民工的涉农创业意愿。可能的原因是涉农创业示范降低了新生代农民工对涉农创业的风险感知，而丰富的社会资本提高了新生代农民工应对涉农创业风险的能力。

（6）创业机会识别对新生代农民工涉农创业意愿的影响。创业机会识别在创业活动中居于十分重要的地位。创业机会识别可能会影响到新企业的创建，同时也可能会影响到企业的发展。基准回归及一系列稳健性检验的结果均表明，创业机会识别能力显著提高了新生代农民工的涉农创业意愿。进行年龄异质性分析的结果表明，创业机会识别能力对于年龄较大的新生代农民工的涉农创业意愿具有显著的正向影响，但对年龄较小的新生代农民工的涉农创业意愿的影响不显著。年龄比较大的新生代农民工，可能需要担负更多的家庭责任，承担创业风险的能力比较低，因此，是否能识别到创业机会对其涉农创业意愿具有很大的影响。进行性别异质性分析的结果表明，创业机会识别能力对男性新生代农民工的涉农创业意愿具有显著的正向影响，而对女性新生代农民工的影响不显著。男性新生代农民工将涉农创业意愿转化为具体的创业行为的可能性要高于女性新生代农民工。因此，男性新生代农民工更加关注涉农创业机会，从而创业机会识别能力对他们涉农创业意愿的影响更为显著。进行教育程度异质性分析的结果表明，创业机会识别能力对教育程度比较高的新生代农民工的涉农创业意愿具有显著的正向影响，而对教育程度比较低的新生代农民工的涉农创业意愿的影响不显著。教育程度比较高的新生代农民工，放弃当前的工作去从事涉农创业的机会成本比较高，只有识别到较好创业机会，教育程度比较高的新生代农民工才有可能愿意去从事涉农创业，因此，创业机会的识别对教育程度比较高的新生代农民工的涉农创业意愿的影响更为显著。此外，对乡村振兴政策的关注以及对乡村振兴政策的了解均显著提高了新生代农民工的创业机会识别能力。

（7）创业动机对新生代农民工涉农创业规模的影响。实证分析的结果表明，价值型创业动机对新生代农民工的涉农创业规模具有显著的正向影响，而机会型创业动机和生存型创业动机对新生代农民工的涉农创业规模不具有显著影响。年龄异质性分析的结果表明，无论是对于年龄较小的新生代农民工，还是年龄较大的新生代农民工，价值型创业动机对他们的涉农创业规模均具有显著的正向影响，并且两个组的影响系数的大小非常接近。性别异质性分析的结果表明，价值型创业动机对男性新生代农民工的涉农创业规模具有显著的正向影响，而对女性新生代农民工的影响不显著。教育程度异质性分析的结果表明，价值型创业动机对教育程度比较低和教育程度比较高的新生代农民工的涉农创业规模均具有显著的正向影响，但是对于教育程度比较低的新生代农民工，价值型创业动机对涉农创业规模的影响效应更大。此外，提供技术培训、提供管理知识培训、为土地租赁提供帮助、帮助推荐创业项目和给予相应的补贴等政策支持措施显著提高了新生代农民工的价值型创业动机。经常关注国家的乡村振兴政策，以及清楚国家的乡村振兴政策均显著提高了新生代农民工的价值型创业动机。农业生产经历显著促进了新生代农民工的价值型创业动机。

11.2 政策建议

(1) 加强对乡村振兴战略的宣传。自习近平总书记在党的十九大报告中首次提出实施乡村振兴战略，距今已五年。由于各种媒体的大力报道，不仅是农村人，许多城里人也知道我国在大力推进乡村振兴战略。但是，为什么要实施乡村振兴战略？乡村振兴的目标是什么？乡村振兴当前的进展如何？乡村振兴的目标能实现吗？对此，除了一些政府工作人员和学者外，可能许多人对这些问题并不清楚，包括许多新生代农民工。为了吸引更多的新生代农民工回乡开展涉农创业，以促进乡村产业振兴和人才振兴，应进一步加大对乡村振兴战略的宣传。首先，应大力宣传乡村振兴的意义。当前，城乡差异非常明显，城乡生活设施、生产设施差距巨大，许多人感受到了乡村的衰败，觉得乡村没有希望，应把发展的重点放在城市。特别是许多年轻人，从来没有过缺吃少穿的经历，对农业基础地位的认识不足，从而觉得乡村振兴没有意义。因此，各级地方政府，应通过各种渠道，采取喜闻乐见的方式，大力宣传乡村振兴的意义。其次，应大力宣传乡村振兴取得的成绩。乡村振兴战略实施以来，许多地方根据当地实际，创新乡村振兴的模式、方法，取得了很好的成绩，农村的产业有了很好的发展，农民的收入大幅提高，农村的环境有了明显改善，但是这些成绩可能没有得到很好的宣传，或者是宣传的范围比较有限，很多人并不知道，对乡村振兴缺乏信心。因此，应进一步加大对乡村振兴的各种经验、成绩的宣传，坚定人们对乡村振兴的信心，使更多的人才（包括新生代农民工）到农村开展各种创业活动。最后，应大力创新宣传的形式。除了通过电视、报纸等传统媒体进行乡村振兴方面的宣传外，要充分顺应数字媒体、新媒体的发展趋势，创新宣传内容、宣传方式，提高宣传的效果，使乡村振兴深入人心，新生代农民工即使工作不在农村，也不经常回农村，他们也能主动关心家乡的发展。

（2）加强对在校学生的农业劳动教育。本书的实证研究表明，农业生产经历显著提高了新生代农民工的涉农创业意愿，并且，具有农业生产经历的新生代农民工，具有价值型创业动机的概率越高。但是，随着农业经营收入在农民总收入中的比重不断下降，农业生产兼业化的现象越来越突出，即使是在农村长大的年轻人，许多人也没有从事过农业生产，更不要说现在已经有越来越多的农民工的子女出生在城市、成长在城市，他们更不会有机会从事农业生产。近年来，在小学、中学、大学教育中，对劳动教育有所淡化、弱化，在部分青少年中出现了对劳动成果不珍惜，不愿意劳动，不会劳动的现象，如果放任这种现象的发展，必将损害我国的经济社会发展，为此中共中央、国务院在2020 年发布了《关于全面加强新时代大中小学劳动教育的意见》，明确提出要在大学、中学和小学阶段，将劳动教育设为必修课程，以切实加强劳动教育。当前应以国家大力加强劳动教育为契机，加强农业劳动教育。首先，在课程设置时间上，城市的学校建议每两年开展一次农业劳动教育，农村的学校可每个学期开展一次。其次，在教育的形式上，应以实践教育为主，理论教育为辅。城里的学校如果确实没有条件开展实践教育的，也可以应用元宇宙等现代数字技术以增强学生的农业劳动体验。最后，在农业劳动教育的课程内容上，应向学生充分展示现代农业科技发展的成果。在进行农业劳动教育的过程中，除了让学生充分体验农业劳动的过程、明白农业劳动的价值外，还应让学生充分了解现代农业、数字农业的发展趋势，转变农业是落后产业的看法。

（3）加大对新生代农民工涉农创业的政策支持。之前基于析因调查实验的分析结果表明，政府提供的用地帮助政策、贷款支持政策等政策对新生代农民工的涉农创业意愿具有显著的正向影响，并且提供技术培训、提供管理知识培训、为土地租赁提供帮助、帮助推荐创业项目和给予相应的补贴等政策支持措施显著提高了新生代农民工的价值型创业动机。因此，加大对新生代农民工的涉农创业政策支持力度非常重要。首先，应进一步加大创业培训力度。新生代农民工虽然在外务工期间增长了知识，开阔了视野，但是新生代农民工主要做的还是比较基层的工作，缺乏比较系统的管理知识和市场知识，与开创一个新的企业所要求的知识相比，还有很大差距。因此，对有意愿从事涉农创业的新生代农民工开展创业培训很有必要。当前创业培训还存在一些问题，包括有实践经验的培训导师极度缺乏，培训内容缺乏实践性，主要注重前期培训，缺乏后续指导，以及培训对象只针对已回乡的农民工，对未返乡的农民工的关注不够。因此，创业培训需在培训内容、培训方式、培训对象、培训激励机制建设等方面进行创新，以提高培训的效果。其次，应进一步加大对涉农创业的金融支持力度。涉农创业的投资回收期一般比较长，需要持续的资金投入，如果后续的资金无法及时跟上，即使再好的投资项目也可能会失败。但是涉农创业的前期投入很难形成满足银行贷款要求的抵押物，并且由于涉农创业面临的风险往往会高于其他创业项目，涉农创业很难获得银行贷款。当前，许多地区成立了农业担保公司，或者是开展了农业担保业务，可以为有资金需求而无有效抵押物的涉农创业提供担保，但是担保公司也有回避风险的需求，笔者在调研中发现，担保公司比较钟爱的是已取得较好效益而需要通过贷款扩大规模的创业企业，很多初创的涉农企业依然很难获得担保。因此应进一步创新金融支持农业发展的体制机制，加大涉农创业的金融扶持力度。最后，着力降低涉农创业的风险。地方政府应进行充分调研，充分研究当地涉农创业存在的主要风险，充分运用大数据技术和金融风险控制工具，着力降低涉农创业中的风险，使更多的新生代农民工，包括风险偏好比较低的新生代农民工也敢于开展涉农创业活动。

附录　乡村振兴背景下新生代农民工涉农创业意愿与行为调查

1. 您的性别［单选题］○男　　　　○女

2. 您的年龄［填空题］____________________

3. 您的民族［单选题］

○汉族　　　○少数民族

4. 您的最高学历［单选题］

○小学及以下　○初中　○普通高中

○职高或中专　○大专　○大学本科及以上

5. 您的婚姻状况［单选题］

○未婚　○在婚（有配偶）　○同居　○离婚　○丧偶

6. 您有几个孩子［单选题］

○0 个　○1 个　○2 个　○3 个　○3 个以上

7. 您的健康状况［单选题］

○非常健康　○比较健康　○一般　○不太健康　○非常不健康

8. 您老家所在的省份［填空题］__________________________

9. 您家共有多少人口［填空题］__________________________

10. 您家里有多少具有劳动能力的人［填空题］________________

11. 您家里目前有多少人在主要从事农业方面的工作［填空题］________

12. 您家里去年一年的总收入大约是多少［单选题］

○1 万元以内　○2 万～3 万元　○3 万～5 万元　○5 万～10 万元

○10 万～15 万元　○15 万～20 万元　○20 万元以上

13. 您家在农村还有土地吗［单选题］

○是　　○否

14. 您家里共有多少亩（1 亩=666.7 $米^2$）土地［填空题］（不包括从别人家里租来的土地）____________

15. 您家里是否将土地全部或部分出租给别人［单选题］○是　　○否

16. 您老家所在的村离乡镇大约有多少千米［单选题］

○2 千米以内　○2～5 千米　○5～10 千米　○10 千米以上

17. 您老家所在的村离县城大约有多少千米［单选题］

○5 千米以内　○5～10 千米　○10～20 千米

○20～50 千米　○50 千米以上

18. 您老家所在村的地势以什么为主［单选题］

○平原　○丘陵　○山地

19. 您老家所在村的灌溉条件好不好［单选题］

○很好　○一般　○不好

20. 您在外打工的年数［单选题］

○1 年以内　○1～3 年　○3～5 年　○5～10 年　○10 年以上

21. 您现在打工所在的省份［填空题］＿＿＿＿＿＿＿＿＿＿

22. 您现在的工作是［单选题］

○企业（或公司）的普通工人　○建筑工人　○企业（或公司）的技术人员　○企业（或公司）的办公室文员　○企业（或公司）的销售人员　○企业（或公司）的中高层管理人员

○企业（或公司）的基层管理人员　○自己当老板（包括开公司或从事个体经营）　○零工、散工（无固定雇主的受雇者）　○公务员　○教师（包括科研人员）　○律师　○医生　○其他＿＿＿＿＿＿＿＿

23. 您在城里是否已购买住房［单选题］

○是　○否

24. 您是否有参加农业生产活动的经历［单选题］

○有　○没有

25. 您认为在外打工，您主要得到了哪些收获［多选题］（最多可选 4 项）

□积累了一定的资金　□交往了更多的朋友

□眼界有所提高　□学到了有用的技术

□积累了管理知识和管理经验　□对市场有更好的判断能力

□对风险的承受能力更强　□娱乐生活更加丰富

□其他＿＿＿＿＿＿＿＿＿＿

26. 您每个月的收入大概是多少［单选题］

○1 000 元以内　○1 000～2 000 元　○2 000～3 000 元

○3 000～5000 元　○5 000～10 000 元　○10 000 元以上

27. 您是否有买卖股票、期货或基金等风险投资产品［单选题］

○是　○否

28. 您目前的工作是否稳定［单选题］

○很稳定　○一般　○不稳定

29. 您对当前工作所获得的收入是否满意［单选题］

○很满意　○比较满意　○一般　○不太满意　○非常不满意

30. 如果继续在外打工，您觉得您未来的收入、社会地位等能够较大幅度提高的可能性大不大［单选题］

○很大　○比较大　○一般　○比较小　○很小

31. 您对当前的生活状况满意吗［单选题］

○很满意　○比较满意　○一般　○不太满意　○非常不满意

32. 您清楚国家的乡村振兴战略吗［单选题］

○非常清楚　○比较清楚　○有一点了解　○完全不清楚

33. 您经常关注国家的乡村振兴政策吗［单选题］

○经常关注　○偶尔关注　○不关注

34. 你主要通过哪种渠道了解国家的乡村振兴政策［多选题］（最多可选 4 项）

□网络　□电视　□报纸、图书、期刊　□家人

□老家的村干部　□老家的亲戚、朋友　□现在工作的同事

□其他＿＿＿＿＿＿＿＿＿＿＿＿

35. 我国在 2017 年党的十九大正式提出了实施乡村振兴战略，自那以来，您认为您老家所在的村主要发生了哪些变化［多选题］

（最多可选 4 项）

□农业经营的收入增加了　□搞规模养殖的人增加了

□搞规模种植的人增加了　□农村的环境变得更干净了

□农村变得更加漂亮了　□农产品加工企业增加了

□搞乡村旅游（包括农家乐）的人数增加了　□来乡村旅游的人数增加了

□通过网络销售农产品的人数增加了

□农产品更容易销售了　□完全没有变化　□不清楚

□其他＿＿＿＿＿＿＿＿＿＿＿＿

36. 您目前有回农村从事规模种植、规模养殖、农产品加工、农产品销售、农村电商、农家乐、乡村旅游等创业活动的想法吗［单选题］

○有　　○没有

37. 实施乡村振兴战略，是党的十九大作出的重大决策部署。我国将举全党全国全社会之力，以更大的决心、更明确的目标、更有力的举措，推动农业全面升级、农村全面进步、农民全面发展，未来乡村的产业将更加兴旺、生态更加宜居、乡风更加文明、治理更加有效、生活更加富裕，农业将成为有奔头的产业，农民将成为有吸引力的职业，农村将成为安居乐业的美丽家园。

在此背景下，您目前有回农村从事规模种植、规模养殖、农产品加工、农产品销售、农村电商、农家乐、乡村旅游等创业活动的想法吗［单选题］

○有　○没有

38. 您不愿意回农村创业的原因主要是什么［多选题］（最多可选 4 项）

□创业风险大　□缺乏资金　□缺乏技术　□缺乏经营管理经验

□找不到合适的项目　□政府支持力度小　□不想回农村生活

□对农业生产经营没有兴趣　□借贷困难　□农村缺劳动力

□其他________________

39. 您想回农村创业的原因主要是什么［多选题］（最多可选 4 项）

□想为家乡作贡献　□想实现自身价值　□想提高家庭收入

□可以家人团聚　□外面打工辛苦、较累　□外面打工没有更好的发展

□有合适的项目　□政府支持力度大　□家乡创业机会好

□喜欢从事农业生产经营　□喜欢农村的生活环境

□想通过创业挣更多的钱在城里买房　□其他________________

40. 您主要想从事什么样的创业活动［多选题］（最多可选 4 项）

□规模种植　□规模养殖　□农产品加工　□农产品销售

□农村电商　□开农家乐　□搞乡村民宿　□其他________________

41. 如果要回农村创业，您可能会选择什么地方［单选题］

○老家所在的村　○老家所在乡镇　○老家所在县城

○其他地方________________

42. 如果要回农村创业，您计划的启动资金是多少［单选题］

○3 万元以内　○3 万～5 万元　○5 万～10 万元　○10 万～20 万元

○20 万～50 万元　○50 万～100 万元　○100 万元以上

43. 您想回农村创业但是现在还没有回去创业的原因是什么［多选题］（最多可选 4 项）

□政府支持力度小　□缺乏资金　□创业环境不好　□找不到合适的项目

□找不到合作者　□家人不支持　□缺乏社会关系　□担心招不到工人

□担心产品没销路　□怕失败　□其他________________

44. 您大概准备什么时候回农村去创业［单选题］

○1 年内　○1～2 年内　○2～5 年内　○5 年以后

45. 您目前在为您将来的创业活动在做哪些准备［多选题］（最多可选 4 项）

□在了解国家相关的支持政策或限制政策　□在学习和了解相关的技术

□在学习和了解相关的市场需求　□在学习和了解相关的经营管理知识

□在选择创业场所　□在筹集资金　□目前还没有任何准备

□在寻找合作者　□其他________________

46. 您认为回农村创业面临的最主要的困难是什么［多选题］（最多可选 4 项）

□不知道选择什么创业项目　□缺乏创业的启动资金　□缺乏相应的技术

□不知道市场需求情况　□不容易租到土地　□不容易得到政府的批准

□没有管理经验和知识　□缺乏销售渠道　□找不到合适的工人

□失败的风险可能比较大　□其他________________________

47. 从您所了解的情况来看，那些回农村从事规模种植、养殖、农产品加工经营或乡村旅游等创业活动而失败的人多不多［单选题］

○很少　○比较少　○一般　○比较多　○很多

48. 您是喜欢还是不喜欢冒风险［单选题］

○喜欢冒风险　○一般　○不喜欢冒风险

49. 您认为回农村从事规模种植、养殖、农产品加工经营或乡村旅游等创业活动主要面临哪些风险［多选题］（最多可选 4 项）

□技术缺乏导致的风险　□土地纠纷导致的风险　□产品（或服务）销售困难导致的风险

□农产品价格大幅波动导致的风险　□周转资金不足导致的风险

□自然灾害导致的风险　□管理能力不足导致的风险

□与合伙人闹矛盾导致的风险　□其他________________________

50. 您老家所在的村、镇或县级政府主要为农民工返乡创业提供了哪些帮助［多选题］（最多可选 4 项）

□提供了技术培训　□提供了管理知识培训　□为土地租赁提供帮助

□提供信贷扶持　□简化审批手续　□提供税收优惠　□帮助推荐项目

□政府给予相应补贴　□不清楚　□其他________________________

51. 您认为您老家所在的村、镇或县级政府为农民工提供的返乡创业政策的支持力度大吗［单选题］

○很大　○一般　○很小　○完全没有支持

52. 如果您希望回到农村创业，您最希望当地政府给您提供哪些支持［多选题］（最多可选 4 项）

□创业培训　□提供可供选择的创业项目　□用地优惠

□简化工商登记手续　□信贷扶持　□提供信息咨询

□提供税收减免　□提供相应的补贴　□其他

53. 您认为回农村创业最需要什么样的能力［多选题］（最多可选 4 项）

□有相应的技术　□有管理能力　□在当地有较好的人脉

□有销售经验　□学习能力较强　□有较高的学历　□有较强的抗风险能力

□较好的沟通能力　□其他________________________

54. 如果国家不实施乡村振兴战略，您回到农村从事规模种植、养殖、农产品加工经营或乡村旅游等创业活动的可能性有多大［单选题］

○非常可能　○比较可能　○一般　○不太可能　○非常不可能

55. 当前国家正在大力实施乡村振兴战略，您回到农村从事规模种植、养殖、农产品加工经营或乡村旅游等创业活动的可能性有多大［单选题］

○非常可能　○比较可能　○一般　○不太可能　○非常不可能

56. 如果您老家所在地的政府没有提供用地帮助，没有提供贷款支持，没有提供技术培训或指导，也没有税收优惠政策，您回到农村从事规模种植、养殖、农产品加工经营或乡村旅游等创业活动的可能性有多大［单选题］

○非常可能　○比较可能　○一般　○不太可能　○非常不可能

57. 如果您老家所在地的政府没有提供用地帮助，没有提供贷款支持，没有提供技术培训或指导，但提供税收优惠政策，您回到农村从事规模种植、养殖、农产品加工经营或乡村旅游等创业活动的可能性有多大［单选题］

○非常可能　○比较可能　○一般　○不太可能　○非常不可能

58. 如果您老家所在地的政府没有提供用地帮助，没有提供贷款支持，没有税收优惠政策，但提供技术培训或指导，您回到农村从事规模种植、养殖、农产品加工经营或乡村旅游等创业活动的可能性有多大［单选题］

○非常可能　○比较可能　○一般　○不太可能　○非常不可能

59. 如果您老家所在地的政府没有提供用地帮助，没有提供贷款支持，但提供技术培训或指导，也提供税收优惠政策，您回到农村从事规模种植、养殖、农产品加工经营或乡村旅游等创业活动的可能性有多大［单选题］

○非常可能　○比较可能　○一般　○不太可能　○非常不可能

60. 如果您老家所在地的政府没有提供用地帮助，没有提供技术培训或指导，没有提供税收优惠政策，但提供贷款支持，您回到农村从事规模种植、养殖、农产品加工经营或乡村旅游等创业活动的可能性有多大［单选题］

○非常可能　○比较可能　○一般　○不太可能　○非常不可能

61. 如果您老家所在地的政府没有提供用地帮助，没有提供技术培训或指导，但提供贷款支持，也提供税收优惠政策，您回到农村从事规模种植、养殖、农产品加工经营或乡村旅游等创业活动的可能性有多大［单选题］

○非常可能　○比较可能　○一般　○不太可能　○非常不可能

62. 如果您老家所在地的政府没有提供用地帮助，没有提供税收优惠政策，但提供贷款支持，也提供技术培训或指导，您回到农村从事规模种植、养殖、农产品加工经营或乡村旅游等创业活动的可能性有多大［单选题］

○非常可能　○比较可能　○一般　○不太可能　○非常不可能

63. 如果您老家所在地的政府没有提供用地帮助，但提供贷款支持，提供技术培训或指导，也提供税收优惠政策，您回到农村从事规模种植、养殖、农产品加工经营或乡村旅游等创业活动的可能性有多大［单选题］

○非常可能　○比较可能　○一般　○不太可能　○非常不可能

64. 如果您老家所在地的政府没有提供贷款支持，没有技术培训或指导，也没有税收优惠政策，但提供用地帮助，您回到农村从事规模种植、养殖、农产品加工经营或乡村旅游等创业活动的可能性有多大［单选题］

○非常可能　○比较可能　○一般　○不太可能　○非常不可能

65. 如果您老家所在地的政府没有提供贷款支持，没有提供技术培训或指导，但提供用地帮助，也提供税收优惠政策，您回到农村从事规模种植、养殖、农产品加工经营或乡村旅游等创业活动的可能性有多大［单选题］

○非常可能　○比较可能　○一般　○不太可能　○非常不可能

66. 如果您老家所在地的政府没有提供贷款支持，没有提供税收优惠政策，但提供用地帮助，也提供技术培训或指导，您回到农村从事规模种植、养殖、农产品加工经营或乡村旅游等创业活动的可能性有多大［单选题］

○非常可能　○比较可能　○一般　○不太可能　○非常不可能

67. 如果您老家所在地的政府没有提供贷款支持，但提供用地帮助，提供技术培训或指导，也提供税收优惠政策，您回到农村从事规模种植、养殖、农产品加工经营或乡村旅游等创业活动的可能性有多大［单选题］

○非常可能　○比较可能　○一般　○不太可能　○非常不可能

68. 如果您老家所在地的政府没有提供技术培训或指导，没有提供税收优惠政策，但提供用地帮助，也提供贷款支持，您回到农村从事规模种植、养殖、农产品加工经营或乡村旅游等创业活动的可能性有多大［单选题］

○非常可能　○比较可能　○一般　○不太可能　○非常不可能

69. 如果您老家所在地的政府没有提供技术培训或指导，但提供用地帮助，提供贷款支持，也提供税收优惠政策，您回到农村从事规模种植、养殖、农产品加工经营或乡村旅游等创业活动的可能性有多大［单选题］

○非常可能　○比较可能　○一般　○不太可能　○非常不可能

70. 如果您老家所在地的政府没有提供税收优惠政策，但提供用地帮助，提供贷款支持，也提供技术培训或指导，您回到农村从事规模种植、养殖、农产品加工经营或乡村旅游等创业活动的可能性有多大［单选题］

○非常可能　○比较可能　○一般　○不太可能　○非常不可能

71. 如果您老家所在地的政府提供用地帮助，提供贷款支持，提供技术培训或指导，也提供税收优惠政策，您回到农村从事规模种植、养殖、农产品加工经营或乡村旅游等创业活动的可能性有多大［单选题］

○非常可能　○比较可能　○一般　○不太可能　○非常不可能

72. 如果农村将来的产业仍然以传统的种植、养殖为主，缺少新的发展机会，并且水电路等基础设施、乡村景观、文化生活、生活环境都不会有太大变化，您回到农村从事规模种植、养殖、农产品加工经营或乡村旅游等创业活动

的可能性有多大［单选题］

○非常可能　○比较可能　○一般　○不太可能　○非常不可能

73. 如果农村将来的产业仍然以传统的种植、养殖为主，缺少新的发展机会，水电路等基础设施、乡村景观、文化生活都不会有太大变化，但生活环境变得更加干净整洁，您回到农村从事规模种植、养殖、农产品加工经营或乡村旅游等创业活动的可能性有多大［单选题］

○非常可能　○比较可能　○一般　○不太可能　○非常不可能

74. 如果农村将来的产业仍然以传统的种植、养殖为主，缺少新的发展机会，水电路等基础设施、乡村景观、生活环境都不会有太大变化，但文化生活变得更加丰富，您回到农村从事规模种植、养殖、农产品加工经营或乡村旅游等创业活动的可能性有多大［单选题］

○非常可能　○比较可能　○一般　○不太可能　○非常不可能

75. 如果农村将来的产业仍然以传统的种植、养殖为主，缺少新的发展机会，水电路等基础设施、乡村景观都不会有太大变化，但文化生活变得更加丰富，生活环境变得更加干净整洁，您回到农村从事规模种植、养殖、农产品加工经营或乡村旅游等创业活动的可能性有多大［单选题］

○非常可能　○比较可能　○一般　○不太可能　○非常不可能

76. 如果农村将来的产业仍然以传统的种植、养殖为主，缺少新的发展机会，水电路等基础设施、文化生活、生活环境都不会有太大变化，但乡村景观变得更加漂亮，您回到农村从事规模种植、养殖、农产品加工经营或乡村旅游等创业活动的可能性有多大［单选题］

○非常可能　○比较可能　○一般　○不太可能　○非常不可能

77. 如果农村将来的产业仍然以传统的种植、养殖为主，缺少新的发展机会，水电路等基础设施、文化生活都不会有太大变化，但乡村景观变得更加漂亮，生活环境变得更加干净整洁，您回到农村从事规模种植、养殖、农产品加工经营或乡村旅游等创业活动的可能性有多大［单选题］

○非常可能　○比较可能　○一般　○不太可能　○非常不可能

78. 如果农村将来的产业仍然以传统的种植、养殖为主，缺少新的发展机会，水电路等基础设施、生活环境都不会有太大变化，但乡村景观变得更加漂亮，文化生活变得更加丰富，您回到农村从事规模种植、养殖、农产品加工经营或乡村旅游等创业活动的可能性有多大［单选题］

○非常可能　○比较可能　○一般　○不太可能　○非常不可能

79. 如果农村将来的产业仍然以传统的种植、养殖为主，缺少新的发展机会，水电路等基础设施不会有太大变化，但乡村景观变得更加漂亮，文化生活变得更加丰富，生活环境变得更加干净整洁，您回到农村从事规模种植、养

殖、农产品加工经营或乡村旅游等创业活动的可能性有多大［单选题］

○非常可能　○比较可能　○一般　○不太可能　○非常不可能

80. 如果农村将来的产业仍然以传统的种植、养殖为主，缺少新的发展机会，乡村景观、文化生活、生活环境都不会有太大变化，但水电路等基础设施更加完善，您回到农村从事规模种植、养殖、农产品加工经营或乡村旅游等创业活动的可能性有多大［单选题］

○非常可能　○比较可能　○一般　○不太可能　○非常不可能

81. 如果农村将来的产业仍然以传统的种植、养殖为主，缺少新的发展机会，乡村景观、文化生活都不会有太大变化，但水电路等基础设施更加完善，生活环境变得更加干净整洁，您回到农村从事规模种植、养殖、农产品加工经营或乡村旅游等创业活动的可能性有多大［单选题］

○非常可能　○比较可能　○一般　○不太可能　○非常不可能

82. 如果农村将来的产业仍然以传统的种植、养殖为主，缺少新的发展机会，乡村景观、生活环境都不会有太大变化，但水电路等基础设施更加完善，文化生活更加丰富，您回到农村从事规模种植、养殖、农产品加工经营或乡村旅游等创业活动的可能性有多大［单选题］

○非常可能　○比较可能　○一般　○不太可能　○非常不可能

83. 如果农村将来的产业仍然以传统的种植、养殖为主，缺少新的发展机会，乡村景观不会有太大变化，但水电路等基础设施更加完善，文化生活更加丰富，生活环境更加干净整洁，您回到农村从事规模种植、养殖、农产品加工经营或乡村旅游等创业活动的可能性有多大［单选题］

○非常可能　○比较可能　○一般　○不太可能　○非常不可能

84. 如果农村将来的产业仍然以传统的种植、养殖为主，缺少新的发展机会，文化生活、生活环境都不会有太大变化，但水电路等基础设施更加完善，乡村景观变得更加漂亮，您回到农村从事规模种植、养殖、农产品加工经营或乡村旅游等创业活动的可能性有多大［单选题］

○非常可能　○比较可能　○一般　○不太可能　○非常不可能

85. 如果农村将来的产业仍然以传统的种植、养殖为主，缺少新的发展机会，文化生活不会有太大变化，但水电路等基础设施更加完善，乡村景观变得更加漂亮，生活环境变得更加干净整洁，您回到农村从事规模种植、养殖、农产品加工经营或乡村旅游等创业活动的可能性有多大［单选题］

○非常可能　○比较可能　○一般　○不太可能　○非常不可能

86. 如果农村将来的产业仍然以传统的种植、养殖为主，缺少新的发展机会，生活环境不会有太大变化，但水电路等基础设施更加完善，乡村景观变得更加漂亮，文化生活变得更加丰富，您回到农村从事规模种植、养殖、农产品

加工经营或乡村旅游等创业活动的可能性有多大［单选题］

○非常可能　○比较可能　○一般　○不太可能　○非常不可能

87. 如果农村将来的产业仍然以传统的种植、养殖为主，缺少新的发展机会，但水电路等基础设施更加完善，乡村景观变得更加漂亮，文化生活变得更加丰富，生活环境变得更加干净整洁，您回到农村从事规模种植、养殖、农产品加工经营或乡村旅游等创业活动的可能性有多大［单选题］

○非常可能　○比较可能　○一般　○不太可能　○非常不可能

88. 如果农村的水电路等基础设施、乡村景观、文化生活、生活环境都不会有太大变化，但农村的产业除了传统的种植、养殖以外，还面临许多新的发展机会，您回到农村从事规模种植、养殖、农产品加工经营或乡村旅游等创业活动的可能性有多大［单选题］

○非常可能　○比较可能　○一般　○不太可能　○非常不可能

89. 如果农村的水电路等基础设施、乡村景观、文化生活都不会有太大变化，但农村的产业除了传统的种植、养殖以外，还面临许多新的发展机会，并且生活环境变得更加干净整洁，您回到农村从事规模种植、养殖、农产品加工经营或乡村旅游等创业活动的可能性有多大［单选题］

○非常可能　○比较可能　○一般　○不太可能　○非常不可能

90. 如果农村的水电路等基础设施、乡村景观、生活环境都不会有太大变化，但农村的产业除了传统的种植、养殖以外，还面临许多新的发展机会，并且文化生活变得更加丰富，您回到农村从事规模种植、养殖、农产品加工经营或乡村旅游等创业活动的可能性有多大［单选题］

○非常可能　○比较可能　○一般　○不太可能　○非常不可能

91. 如果农村的水电路等基础设施、乡村景观不会有太大变化，但农村的产业除了传统的种植、养殖以外，还面临许多新的发展机会，并且文化生活变得更加丰富，生活环境变得更加干净整洁，您回到农村从事规模种植、养殖、农产品加工经营或乡村旅游等创业活动的可能性有多大［单选题］

○非常可能　○比较可能　○一般　○不太可能　○非常不可能

92. 如果农村的水电路等基础设施、文化生活和生活环境不会有太大变化，但农村的产业除了传统的种植、养殖以外，还面临许多新的发展机会，并且乡村景观变得更加漂亮，您回到农村从事规模种植、养殖、农产品加工经营或乡村旅游等创业活动的可能性有多大［单选题］

○非常可能　○比较可能　○一般　○不太可能　○非常不可能

93. 如果农村水电路等基础设施、文化生活不会有太大变化，但农村的产业除了传统的种植、养殖以外，还面临许多新的发展机会，并且乡村景观变得更加漂亮，生活环境变得干净整洁，您回到农村从事规模种植、养殖、农产品

加工经营或乡村旅游等创业活动的可能性有多大［单选题］

○非常可能　○比较可能　○一般　○不太可能　○非常不可能

94. 如果农村水电路等基础设施、生活环境不会有太大变化，但农村的产业除了传统的种植、养殖以外，还面临许多新的发展机会，并且乡村景观变得更加漂亮，文化生活变得更加丰富，您回到农村从事规模种植、养殖、农产品加工经营或乡村旅游等创业活动的可能性有多大［单选题］

○非常可能　○比较可能　○一般　○不太可能　○非常不可能

95. 如果农村水电路等基础设施不会有太大变化，但农村的产业除了传统的种植、养殖以外，还面临许多新的发展机会，并且乡村景观变得更加漂亮，文化生活变得更加丰富，生活环境变得更加干净整洁，您回到农村从事规模种植、养殖、农产品加工经营或乡村旅游等创业活动的可能性有多大［单选题］

○非常可能　○比较可能　○一般　○不太可能　○非常不可能

96. 如果农村的乡村景观、文化生活、生活环境不会有太大变化，但农村的产业除了传统的种植、养殖以外，还面临许多新的发展机会，并且水电路等基础设施更加完善，您回到农村从事规模种植、养殖、农产品加工经营或乡村旅游等创业活动的可能性有多大［单选题］

○非常可能　○比较可能　○一般　○不太可能　○非常不可能

97. 如果农村的乡村景观、文化生活不会有太大变化，但农村的产业除了传统的种植、养殖以外，还面临许多新的发展机会，并且水电路等基础设施更加完善，生活环境更加干净整洁，您回到农村从事规模种植、养殖、农产品加工经营或乡村旅游等创业活动的可能性有多大［单选题］

○非常可能　○比较可能　○一般　○不太可能　○非常不可能

98. 如果农村的乡村景观、生活环境不会有太大变化，但农村的产业除了传统的种植、养殖以外，还面临许多新的发展机会，并且水电路等基础设施更加完善，文化生活更加丰富，您回到农村从事规模种植、养殖、农产品加工经营或乡村旅游等创业活动的可能性有多大［单选题］

○非常可能　○比较可能　○一般　○不太可能　○非常不可能

99. 如果农村的乡村景观不会有太大变化，但农村的产业除了传统的种植、养殖以外，还面临许多新的发展机会，并且水电路等基础设施更加完善，文化生活更加丰富，生活环境更加干净整洁，您回到农村从事规模种植、养殖、农产品加工经营或乡村旅游等创业活动的可能性有多大［单选题］

○非常可能　○比较可能　○一般　○不太可能　○非常不可能

100. 如果农村的文化生活、生活环境不会有太大变化，但农村的产业除了传统的种植、养殖以外，还面临许多新的发展机会，并且水电路等基础设施更加完善，乡村景观变得更加漂亮，您回到农村从事规模种植、养殖、农产品

加工经营或乡村旅游等创业活动的可能性有多大［单选题］

○非常可能 ○比较可能 ○一般 ○不太可能 ○非常不可能

101. 如果农村的文化生活不会有太大变化，但农村的产业除了传统的种植、养殖以外，还面临许多新的发展机会，并且水电路等基础设施更加完善，乡村景观变得更加漂亮，生活环境变得更加干净整洁，您回到农村从事规模种植、养殖、农产品加工经营或乡村旅游等创业活动的可能性有多大［单选题］

○非常可能 ○比较可能 ○一般 ○不太可能 ○非常不可能

102. 如果农村的生活环境没有太大变化，但农村的产业除了传统的种植、养殖以外，还面临许多新的发展机会，并且水电路等基础设施更加完善，乡村景观变得更加漂亮，文化生活变得更加丰富，您回到农村从事规模种植、养殖、农产品加工经营或乡村旅游等创业活动的可能性有多大［单选题］

○非常可能 ○比较可能 ○一般 ○不太可能 ○非常不可能

103. 如果农村的产业除了传统的种植、养殖以外，还面临许多新的发展机会，并且水电路等基础设施更加完善，乡村景观变得更加漂亮，文化生活变得更加丰富，生活环境变得更加干净整洁，您回到农村从事规模种植、养殖、农产品加工经营或乡村旅游等创业活动的可能性有多大［单选题］

○非常可能 ○比较可能 ○一般 ○不太可能 ○非常不可能

参 考 文 献

蔡昉，2008. 刘易斯转折点后的农业发展政策选择［J］. 中国农村经济（8）：4-15.

曹普，2006. 改革开放前中国农村合作医疗制度［J］. 中共党史资料（3）：134-144.

曹宗平，2019. 返乡农民工进入农业领域创业的风险类别与化解对策［J］. 中州学刊（4）：38-44.

曹宗平，2019. 经济新常态下农民工返乡创业的多重动因与特殊作用［J］. 广东社会科学（3）：23-30.

曾照英，王重鸣，2009. 关于我国创业者创业动机的调查分析［J］. 科技管理研究，29（9）：285-287.

车蕾，杜海峰，2019. 就近务工农民工就业风险感知现状及其影响因素研究［J］. 西安交通大学学报（社会科学版），39（4）：48-56.

陈波，2009. 风险态度对回乡创业行为影响的实证研究［J］. 管理世界（3）：84-91.

陈聪，高建，李纪珍，2018. 创业者幸福吗？创业动机影响创业者心理幸福感的实证研究［J］. 科学学与科学技术管理，39（3）：144-152.

陈国生，李海波，喻琨，等，2021. 返乡农民工创业选择的影响因素及城际差异实证研究［J/OL］. 经济地理：1-11，10-13.

陈明，张姝骁，2016. 女性创业者的创业动机对创业承诺的影响研究［J］. 当代财经（12）：77-84.

陈卫洪，漆雁斌，2009. 贵州返乡农民工创业问题分析［J］. 贵州农业科学，37（7）：228-231.

陈锡文，2018. 实施乡村振兴战略，推进农业农村现代化［J］. 中国农业大学学报（社会科学版），35（1）：5-12.

陈子薇，马力，2020. 母体创业环境与科技型衍生企业绩效的关系研究——基于创业动机的中介作用［J］. 软科学，34（10）：63-69.

董静，赵策，2019. 家庭支持对农民创业动机的影响研究——兼论人缘关系的替代作用［J］. 中国人口科学（1）：61-75.

董延芳，张则月，2019. 中国创业者创业机会识别研究［J］. 经济与管理评论，35（6）：57-67.

窦大海，罗瑾琏，2011. 创业动机的结构分析与理论模型构建［J］. 管理世界（3）：182-183.

杜坤，2019. 新生代农民工返乡创业对区域经济发展的作用［J］. 农业经济（5）：69-70.

范波文，应望江，2020. 农民创业动机的实证分析及其转型路径探索［J］. 现代经济探讨（7）：123-132.

范建华，2018. 乡村振兴战略的时代意义［J］. 行政管理改革（2）：16-21.

方鸣，2021. 创业培训、政策获取和农民工返乡创业绩效［J］. 北京工商大学学报（社会科学版），36（6）：116-126.

封小平，2010. 回眸“幸福院”的幸福生活——新中国成立后我省农村首批敬老院的建立［J］. 浙江档案（1）：48-49.

高静，张应良，2014. 农户创业价值实现与环境调节：自资源拼凑理论透视［J］. 改革（1）：87-93.

高荣政，2010. 对“新生代农民工”问题的聚焦和探究［J］. 农村经济（12）：9-12.

高文敏，2009. 自主创业：返乡农民工持续增收的重要渠道［J］. 黑龙江社会科学（6）：72-74.

辜胜阻，武兢，2009. 扶持农民工以创业带动就业的对策研究［J］. 中国人口科学（3）：2-12.

郭铖，何安华，2017. 社会资本、创业环境与农民涉农创业绩效［J］. 上海财经大学学报，19（2）：76-85.

郭铖，2019. 中国农民涉农创业——基于社会资本视角的理论与实证研究［M］. 北京：经济科学出版社.

郭凤林，严洁，2016. 网络议程设置与政治参与：基于一项调查实验［J］. 清华大学学报（哲学社会科学版），31（4）：55-66.

郭红东，丁高洁，2012. 社会资本、先验知识与农民创业机会识别［J］. 华南农业大学学报（社会科学版），11（3）：78-85.

郭志仪，金沙，2009. 中西部地区扶持农民工返乡创业的机制探索［J］. 中州学刊（2）：106-108.

国务院研究室课题组，2006. 中国农民工问题调研报告［M］. 北京：中国言实出版社.

何瑞鑫，傅慧芳，2005. 新生代农民工的价值观变迁［J］. 山东省青年管理干部学院学报（6）：71-73.

贺雪峰，2020. 农民工返乡创业的逻辑与风险［J］. 求索（2）：4-10.

侯东民，王德文，白南生，等，2009. 从“民工荒”到“返乡潮”：中国的刘易斯拐点到来了吗？［J］. 人口研究，33（2）：32-47.

侯俊华，顾新华，2012. 农民工返乡创业意愿的实证研究——基于江西调查数据［J］. 调研世界，230（11）：31-33.

胡浩，王海燕，2019. 社会互动与农村家庭创业决策、创业动机［J］. 软科学，33（3）：25-29.

胡俊波，2009. 困境与突破：扶持农民工返乡创业的理论分析框架［J］. 农村经济（6）：113-116.

黄建新，2020. 农民工返乡创业突出短板与政策选择［J］. 中共福建省委党校（福建行政学院）学报（1）：146-151.

黄洁，蔡根女，买忆媛，2010. 农村微型企业：创业者社会资本和初创企业绩效［J］. 中国农村经济（5）：65-73.

黄迈，徐雪高，王宏，等，2016. 农民工等人员返乡创业的政策匹配［J］. 改革（10）：

73-83.
黄振华，2011. 我国农民工返乡创业调查报告［J］. 调研世界（8）：36-39.
贾先文，黄正泉，2010. “刘易斯拐点”离我们究竟还有多远［J］. 统计与决策（15）：76-78.
蒋丙生，2009. 湖南麻阳县探索返乡农民工创业渠道［J］. 宏观经济管理（8）：71-72.
蒋谦，2009. 四川省农民工回流意愿影响因素分析［D］. 成都：四川农业大学.
靳丽遥，张超，宋帅，2018. 先前经验、信息资源、政策环境与创业机会识别——基于三峡库区移民创业者的调研分析［J］. 西部论坛，28（4）：116-124.
柯健，2009. 返乡农民工创业就业的现状及对策研究［J］. 求实（6）：45-48.
孔祥利，陈新旺，2018. 资源禀赋差异如何影响农民工返乡创业——基于CHIP2013调查数据的实证分析［J］. 产经评论，9（5）：112-121.
黎嘉辉，2019. 城市房价、公共品与流动人口留城意愿［J］. 财经研究，45（6）：86-100.
李建民，1999. 人力资本通论［M］. 上海：上海三联书店.
李俊，2018. 人力资本与农民工城市创业绩效［J］. 华南农业大学学报（社会科学版），17（6）：42-51.
李俊，2018. 社会资本与农民工城市创业绩效研究——基于东部13城市数据的分析［J］. 兰州学刊（3）：173-184.
李录堂，王建华，2009. 回流农民工创业激励机制研究［J］. 贵州社会科学（4）：70-73.
李强，2004. 农民工与中国社会分层［M］. 北京：社会科学文献出版社.
李伟，2018. 新生代农民工就业问题研究综述［J］. 经济研究参考，2914（66）：48-59.
李长生，黄季焜，2020. 信贷约束和新生代农民工创业［J］. 农业技术经济（1）：4-16.
李忠民，1999. 人力资本——一个理论框架及其对中国一些问题的解释［M］. 北京：经济科学出版社.
厉以宁，2018. 农民工、新人口红利与人力资本革命［J］. 改革（6）：5-12.
梁栋，吴存玉，2019. 论乡村振兴的精准推进——基于农民工返乡创业与乡村振兴的内在逻辑与机制构建［J］. 青海社会科学（2）：122-128.
林嵩，姜彦福，张帏，2005. 创业机会识别：概念、过程、影响因素和分析架构［J］. 科学学与科学技术管理（6）：128-132.
林亦平，魏艾，2018. “城归”人口在乡村振兴战略中的“补位”探究［J］. 农业经济问题（8）：91-97.
刘斌，辛伟涛，2020. 互联网是否会激活机会型创业？——基于创业动机视角的实证研究［J］. 经济评论（5）：98-108.
刘斌，张巍，张翔，2022. 城市房价、定居意愿与户籍差异——对农民工“流入而留不下”的一个解释［J］. 西北人口，43（1）：51-63.
刘伯龙，竺乾威，程惕洁，等，2005. 当代中国农村公共政策研究［M］. 上海：复旦大学出版社.
刘传江，2010. 新生代农民工的特点、挑战与市民化［J］. 人口研究，34（2）：34-39，55.
刘金凤，魏后凯，2021. 城市高房价如何影响农民工的定居意愿［J］. 财贸经济，42（2）：

134-148.
刘美玉，2013. 创业动机、创业资源与创业模式：基于新生代农民工创业的实证研究 [J]. 宏观经济研究（5）：62-70.
刘沁玲，陈文华，2016. 创新与创业管理 [M]. 北京：清华大学出版社.
刘万利，胡培，许昆鹏，2010. 创业机会识别研究评述 [J]. 中国科技论坛（9）：121-127.
卢秉利，匡立波，2007. 农民工：亦工亦农的新阶层 [J]. 社会主义研究（1）：83-85.
芦炜，2018. 科技创业者创业动机与新创企业绩效的关系研究 [J]. 工业技术经济，37（10）：35-41.
陆学艺，2004. 当代中国社会流动 [M]. 北京：社会科学文献出版社.
罗竖元，2020. 农民工返乡创业环境的结构优化 [J]. 华南农业大学学报（社会科学版），19（5）：47-55.
吕诚伦，2016. 农民工返乡创业意愿的影响因素分析——基于湖南省 482 位返乡农民工调查数据 [J]. 求索（9）：139-143.
吕静，郭沛，程健，2018. 社会关系、风险偏好异质性与家庭创业活动 [J]. 金融发展研究（10）：22-28.
马建富，吕莉敏，2017. 返乡农民工创业资本积累的职业教育支持策略选择 [J]. 教育发展研究，37（21）：67-74.
孟宏斌，2011. 利益主体视角下的西部新农合制度运行困境分析 [J]. 中国人口资源与环境（8）：9-14.
孟宏斌，2019. 新中国成立 70 年来农村医疗保障制度变迁及其经验启示 [J]. 中国农业大学学报（社会科学版），36（5）：90-99.
孟天广，季程远，2016. 重访数字民主：互联网介入与网络政治参与——基于列举实验的发现 [J]. 清华大学学报（哲学社会科学版），31（4）：43-54.
孟天广，杨平，苏政，2015. 转型中国的公民意见与地方财政决策——基于对地方政府的调查实验 [J]. 公共管理学报，12（3）：57-68.
米红，刘悦，2018. 参数调整与结构转型：改革开放四十年农村社会养老保险发展历程及优化愿景 [J]. 治理研究，34（6）：17-27.
苗薇薇，段慧昱，李婧欣，等，2020. 返乡农民工风险防范能力对创业意愿的影响——基于山东省临沂市 393 份个案数据的实证分析 [J]. 农业经济与管理（2）：86-96.
彭安明，朱红根，2013. 农民工返乡创业政策扶持体系构建研究 [J]. 江西农业大学学报（社会科学版），12（2）：204-208.
彭仁贤，2011. 新生代农民工问题研究述评 [J]. 经济问题探索（4）：142-145.
彭少峰，赵奕钧，汪禹同，2021. 社会资本、资源获取与返乡农民工创业绩效——基于长三角地区的实证 [J]. 统计与决策，37（22）：81-84.
戚迪明，刘玉侠，2018. 人力资本、政策获取与返乡农民工创业绩效——基于浙江的调查 [J]. 浙江学刊（2）：169-174.
齐乐，陶建平，万文宇，等，2022. 金融科技进步与农户机会型创业动机：抑制还是促进 [J/OL]. 农业技术经济（5）：1-20.

全国总工会新生代农民工问题课题组，2010. 关于新生代农民工问题的研究报告［J］. 江苏纺织（8）：8-11.

任莉颖，2018. 用问卷做实验：调查实验法的概论与操作［M］. 重庆：重庆大学出版社.

任娜，2009. 两代农民工思想状态的差异性比较［J］. 中国农业教育（5）：35-37.

沈立人，2005. 中国农民工［M］. 北京：民主与建设出版社.

石丹淅，王轶，2021. 乡村振兴视域下农民工返乡创业质量影响因素及其政策促进［J］. 求是学刊，48（1）：90-101.

石智雷，谭宇，吴海涛，2010. 返乡农民工创业行为与创业意愿分析［J］. 中国农村观察，95（5）：25-37.

宋瑛，杨露，宋帅，2021. 互联网嵌入、社会资本与农户电商创业渠道选择——基于黔渝350份农户微观调查数据［J］. 宁夏社会科学（6）：169-179.

隋艳颖，马晓河，夏晓平，2010. 金融排斥对农民工创业意愿的影响分析［J］. 广东金融学院学报，25（3）：83-92.

孙红霞，郭霜飞，陈浩义，2013. 创业自我效能感、创业资源与农民创业动机［J］. 科学学研究，31（12）：1879-1888.

孙永波，丁沂昕，杜双，2022. 冗余资源、资源拼凑与创业机会识别的非线性关系研究［J］. 科研管理，43（1）：105-113.

孙永波，丁沂昕，2018. 创业导向、外部知识获取与创业机会识别［J］. 经济与管理研究，39（5）：130-144.

佟光霁，邢策，2020. 政府支持农民工返乡创业的多元化投资模式研究——基于演化博弈的分析［J］. 西部论坛，30（2）：57-65.

汪昕宇，吴克强，赵鑫，等，2020. 返乡农民工从机会型创业意愿到创业行为的转化机制——基于创业情境的叙事研究［J］. 北京联合大学学报（人文社会科学版），18（2）：96-106.

汪勇，2007. “农民工”称谓的历史演变及其启示［J］. 南京社会科学（11）：89-93.

汪忠，雷冬娣，唐苗，2020. 女性社会企业家创业动机、社会拼凑与反贫困创新绩效关系研究［J］. 财经理论与实践，41（6）：94-102.

王春光，2005. 农民工：一个正在崛起的新工人阶层［J］. 学习与探索（1）：38-43.

王德文，蔡昉，高文书，2005. 全球化与中国国内劳动力流动：新趋势与政策含义［J］. 开放导报（4）：6-12.

王东，秦伟，2002. 农民工代际差异研究——成都市在城农民工分层比较［J］. 人口研究（5）：49-54.

王华锋，谢从旋，2014. 大学生创业动机与创业绩效关系研究［J］. 广州大学学报（社会科学版），13（3）：39-44.

王辉，朱健，2021. 农民工返乡创业意愿影响因素及其作用机制研究［J］. 贵州师范大学学报（社会科学版）（6）：79-89.

王杰，蔡志坚，2022. 风险规避、数字技术使用与农村家庭创业行为［J］. 华南农业大学学报（社会科学版），21（2）：28-40.

王西玉，崔传义，赵阳，2003. 打工与回乡：就业转变和农村发展——关于部分进城民工回乡创业的研究［J］. 管理世界（7）：99-109

王肖芳，2017. 创业区位影响农民工创业动机吗？——基于河南省 379 位返乡创业农民工的实证研究［J］. 经济经纬，34（6）：38-43.

王亚欣，宋世通，彭银萍，等，2020. 基于交互决定论的返乡农民工创业意愿影响因素研究［J］. 中央民族大学学报（哲学社会科学版），47（3）：120-129.

王彦青，2020. 农民工返乡创业的实践困境及其政策与理论反思［J］. 云南行政学院学报，22（4）：81-85.

王勇，2017. 创业环境、风险态度与新生代农民工的创业倾向［J］. 经济体制改革（1）：67-75.

王玉帅，尹继东，2008. 江西地区创业者创业动机实证分析［J］. 当代财经（5）：80-84.

王玉帅，2017. 民族地区农民工返乡创业扶持政策优化研究——基于对贵溪市樟坪畲族乡创业者的调查［J］. 贵州民族研究，38（11）：5-9.

王展祥，2009. 金融危机背景下农民工返乡创业与中国城镇化发展研究［J］. 现代经济探讨（9）：63-66.

王兆萍，卢旺达，2021. 嵌入性视角下农村劳动力就地转移的影响因素研究［J］. 西北人口，42（4）：57-70.

王转弟，马红玉，郭鹏宇，2020. 创业激情、创业学习与农民工创业绩效［J］. 南方经济（5）：111-126.

魏江，权予衡，2014. "创二代"创业动机、环境与创业幸福感的实证研究［J］. 管理学报，11（9）：1349-1357.

吴红宇，谢国强，2006. 新生代农民工的特征、利益诉求及角色变迁——基于东莞塘厦镇的调查分析［J］. 南方人口（2）：21-31.

吴克强，赵鑫，谢玉，等，2021. 创业韧性对农民工返乡创业绩效的作用机制：一个有调节的中介模型［J］. 世界农业，505（5）：101-116.

吴琳，吴文智，牛嘉仪，等，2020. 生意还是生活？——乡村民宿创客的创业动机与创业绩效感知研究［J］. 旅游学刊，35（8）：105-116.

向丽，胡珑瑛，2019. 生计风险感知对农民参与电商扶贫意愿的影响及代际差异研究［J］. 农业技术经济（5）：85-98.

项国鹏，潘凯凌，张文满，2018. 网络关系、创业机会识别与创业决策——基于浙江新创企业的实证研究［J］. 科技管理研究，38（22）：169-177.

谢勇，2012. 外出农民工的土地处置方式及其影响因素研究——基于江苏省的调研数据［J］. 中国土地科学，26（8）：48-53.

邢海燕，2008. 农民工健康状况及其卫生政策研究［D］. 杭州：浙江大学.

徐辉，陈芳，2015. 公共支持政策对新生代农民工创业绩效影响评价及其影响因素分析［J］. 农村经济（8）：126-129.

徐杰，1997. 对我国卫生经济政策的历史回顾和思考［J］. 中国卫生经济（10）：7-8.

徐明，2016. 创新与创业管理学：理论与实践［M］. 大连：东北财经大学出版社.

许明，2020. 外出务工经历与返乡农民工创业成功率——基于倾向得分匹配法的反事实估计 [J]. 首都经济贸易大学学报，22 (4)：70-79.

严征，2006. 农民工子女健康和行为的比较研究 [D]. 杭州：浙江大学.

阳立高，廖进中，柒江艺，2008. 加大财政扶持力度促进农民工返乡创业 [J]. 财经理论与实践 (3)：56-59.

杨恒生，2010. 留乡创业农民工在新农村建设中的作用探讨 [J]. 开放导报 (3)：32-35.

杨学儒，杨萍，2017. 乡村旅游创业机会识别实证研究 [J]. 旅游学刊，32 (2)：89-103.

杨学儒，邹宝玲，2018. 模仿还是创新：互联网时代新生代农民工创业机会识别实证研究 [J]. 学术研究 (5)：77-83.

袁方，史清华，2019. 从返乡到创业——互联网接入对农民工决策影响的实证分析 [J]. 南方经济 (10)：61-77.

岳园园，万丛颖，赵婷，2018. 创业与农民工幸福感关系研究——基于 CFPS 数据的研究 [J]. 安徽师范大学学报 (人文社会科学版)，46 (5)：55-63.

张凤林，2011. 人力资本理论及其应用研究 [M]. 北京：商务印书馆.

张浩，孙新波，2017. 网络嵌入视角下创业者外部社会资本对创业机会识别的影响研究 [J]. 科学学与科学技术管理，38 (12)：133-147.

张静宜，李睿，陈传波，2021. 先前经验、政策支持与返乡创业机会识别 [J]. 调研世界 (9)：32-38.

张开平，汤峰，2020. 实验方法及其在美国政治研究的应用 [J]. 美国研究，34 (3)：142-160.

张立新，林令臻，孙凯丽，2016. 农民工返乡创业意愿影响因素研究 [J]. 华南农业大学学报 (社会科学版)，15 (5)：65-77.

张亮，李亚军，2017. 就近就业、带动脱贫与农民工返乡创业的政策环境 [J]. 改革 (6)：68-76.

张茂林，1996. "民工潮""逆潮回归"现象的理论思考 [J]. 经济研究 (7)：54-58.

张若瑾，2018. 创业补贴、小额创业贷款政策对回流农民工创业意愿激励实效比较研究——一个双边界询价的实证分析 [J]. 农业技术经济 (2)：88-103.

张思阳，赵敏娟，应新安，等，2020. 社会资本对农民工返乡创业意愿的影响效应分析——基于互联网嵌入视角 [J]. 农业现代化研究，41 (5)：783-792.

张婷，王三秀，2019. 新中国 70 年农村养老保险制度改革历程与基本经验 [J]. 改革 (8)：15-26.

张文学，张立，2011. 中国农民工社会养老保险研究述评 [J]. 西北人口，32 (2)：1-5.

张秀娥，祁伟宏，李泽卉，2017. 创业者经验对创业机会识别的影响机制研究 [J]. 科学学研究，35 (3)：419-427.

张秀娥，徐雪娇，2017. 创业学习、创业警觉性与农民创业机会识别——一个中介效应模型及其启示 [J]. 商业研究 (11)：178-186.

张自宽，1992. 对合作医疗早期历史的回顾 [J]. 中国卫生经济 (6)：21-23.

赵佳佳，刘天军，阮俊虎，2020. 信任对农民创业机会识别的影响 [J]. 西北农林科技大学学报（社会科学版），20（4）：141-152.
赵立祥，张芸笛，2017. 既有知识、创业警觉性、创造性思维对创业机会识别的影响研究［J］. 科技管理研究，37（8）：193-200.
赵联飞，2021. 新时期开展农民工返乡创业促进城乡融合发展刍议［J］. 江淮论坛（3）：141-146.
郑秉文，和春雷，2001. 社会保障分析导论［M］. 北京：法律出版社.
郑英隆，2007. 比较利益的递进追求：农民工演进的劳动经济学解读［J］. 经济学家（2).
周菁华，2013. 农民创业绩效的影响因素分析——基于366个创业农民的调查数据［J］. 江西财经大学学报（3）：77-84.
周寿祺，2002. 探寻农民健康保障制度的发展轨迹［J］. 国际医药卫生导报（6）：18-19.
周天勇，2010. 中国劳动力是否过剩——刘易斯拐点来临或待2020年后［J］. 上海经济（10）：17-19.
周天勇，2010. 中国的刘易斯拐点并未来临［J］. 江苏农村经济（11）：11.
周勇，凤启龙，2015. 异质性创业动机影响下的大学生创业模式选择研究——基于江、浙、沪高校的调研［J］. 武汉理工大学学报（社会科学版），28（6）：1206-1211.
朱必祥，2005. 人力资本理论与方法［M］. 北京：中国经济出版社.
朱红根，康兰媛，2013. 农民工创业动机及对创业绩效影响的实证分析——基于江西省15个县市的438个返乡创业农民工样本［J］. 南京农业大学学报（社会科学版），13（5）：59-66.
朱红根，2012. 政策资源获取对农民工返乡创业绩效的影响——基于江西调查数据［J］. 财贸研究，23（1）：18-26.
朱明宝，杨云彦，2018. 大城市有利于农民工创业吗［J］. 财贸研究，29（2）：33-42.
朱志胜，2021. 非认知能力与农民工城市创业回报——事实与机制［J］. 人口与经济（3）：18-34.
庄晋财，马婧，王春燕，2015. 产业网络嵌入对农民工创业成长的影响研究——基于知识能力累积视角的实证分析［J］. 云南财经大学学报，31（1）：131-140.
AMIT R，MULLER E，1995. “Push” and “pull” entrepreneurship［J］. Journal of small business & entrepreneurship，12（4）：64-80.
ARDICHVILI A，CARDOZO R，RAY S，2003. A theory of entrepreneurial opportunity identification and development［J］. Journal of business venturing，18（1）：105-123.
BROCKHAUS S R H，1980. Risk taking propensity of entrepreneurs［J］. Academy of management journal，23（3）：509-520.
CHAGANTI R，DECAROLIS D，DEEDS D，1996. Predictors of capital structure in small ventures［J］. Entrepreneurship theory and practice，20（2）：7-18.
COOPER A C，DUNKELBERG W C，1986. Entrepreneurship and paths to business ownership［J］. Strategic management journal，7（1）：53-68.
DE COULON A，PIRACHA M，2005. Self-selection and the performance of return migrants：the source country perspective［J］. Journal of population economics，18（4）：

779-807.

DÉMURGER S, XU H, 2011. Return migrants: the rise of new entrepreneurs in rural China [J]. World development, 39 (10): 1847-1861.

DRNOVSEK M, GLAS M, 2002. The entrepreneurial self-efficacy of nascent entrepreneurs: the case of two economies in transition [J]. Journal of enterprising culture, 10 (2): 107-131.

DUSTMANN C, KIRCHKAMP O, 2002. The optimal migration duration and activity choice after re-migration [J]. Journal of development economics, 67 (2): 351-372.

ECKHARDT J T, SHANE S, 2003. Opportunities and entrpreneurship [J]. Journal of management, 29 (3): 333-349.

HAMDOUCH B, WAHBA J, 2015. Return migration and entrepreneurship in Morocco [J]. Middle east development journal, 7 (2): 129-148.

HAMILTON R T, 1987. Motivations and aspirations of businessfounders [J]. International small business journal, 6 (1): 70-78.

ILAHI N, 1999. Return migration and occupational change [J]. Review of development economics, 3 (2): 170-186.

KRUEGER N F, CARSRUD A L, 1993. Entrepreneurial intentions: applying the theory of planned behaviour [J]. Entrepreneurship & regional development, 5 (4): 315-330.

LECORNU M R, MCMAHON R G P, FORSAITH D M, et al., 1996. The small enterprise financial objective function [J]. Journal of small business management, 34 (3): 1-14.

LITZINGER W D, 1963. Entrepreneurial prototype in bank management: a comparative study of branch bank managers [J]. Academy of management journal, 6 (1): 36-45.

LIU J, 2011. Human capital, migration and rural entrepreneurship in China [J]. Indian growth and development review, 4 (2): 100-122.

MARIA H J, WASSINK J, 2016. New skills, new jobs: return migration, skill transfers, and business formation in Mexico [J]. Social problems, 63 (4): 513-533.

MASSEY D S, PARRADO E A, 1998. International migration and business formation in Mexico [J]. Social science quarterly: 1-20.

MASTERS R, MEIER R, 1988. Sex differences and risk-taking propensity of entrepreneurs [J]. Journal of small business management, 26 (1): 31.

MCCORMICK B, WAHBA J, 2003. Return international migration and geographical inequality: the case of egypt [J]. Journal of African economies, 12 (4): 500-532.

MESNARD A, 2004. Temporary migration and capital market imperfections [J]. Oxford economic papers, 56 (2): 242-262.

MEYER H H, WALKER W B, LITWIN G H, 1961. Motive patterns and risk preferences associated with entrepreneurship [J]. The journal of abnormal and social psychology, 63 (3): 570.

REDFIELD R，1956. Peasant Society and Culture [M]. Chicago University Press.
SEXTON D L，BOWMAN N，1984. Personality inventory for potential entrepreneurs：evaluation of a modified JPI/PRF-E test instrument [J]. Frontiers of entrepreneurship research：513-528.
SHAMSUDEEN K，KEAT O Y，HASSAN H，2017. Entrepreneurial success within the process of opportunity recognition and exploitation：an expansion of entrepreneurial opportunity recognition model [J]. International review of management and marketing，7 (1)：107-111.
SHANE S，VENKATARAMAN S，2000. The promise of entrepreneurship as a field of research [J]. Academy of management review，25 (1)：217-226.
STEWART W H，ROTH P L，2007. A meta-analysis of achievement motivation differences between entrepreneurs and managers [J]. Journal of small business management，45 (4)：401-421.
SUTTON S，1998. Predicting and explaining intentions and behavior：how well are we doing? [J]. Journal of applied social psychology，28 (15)：1317-1338.
VENKATARAMAN S，1997. The distinctive domain of entrepreneurship research [J]. advances in entrepreneurship，firm emergence and growth，3：119-138.
WAHBA J，ZENOU Y，2012. Out of sight，out of mind：migration，entrepreneurship and social capital [J]. Regional science and urban economics，42 (5)：890-903.